目取真俊

沖縄・地を読む 時を見る

世織書房

沖縄／地を読む 時を見る — 目次

2001年

2002年

2003年

２００４年

2005年

2006年

＊初出は論文末に付した。

2001年

2001年

沖縄の選択

米同時テロを超えて

米・英軍がアフガニスタンを空爆し、米国の「報復戦争」が本格的に始まったという報道に接して、相手の罠にはまったな、と思った。米国の経済・軍事の中枢部に、あれだけ的確な自爆攻撃を仕掛けることのできる集団が、その先の展開を計算していないはずがない。

聖戦の拡大

第二、第三の「テロ」の可能性が言われながら、九月一一日以降は表だった動きを見せなかったこと。それは、米国が大規模な「報復攻撃」に出ること（出ざるを得ないこと）を見越した上で、次の攻撃を正当化するための機会を待っていたのであろう。

アフガニスタンへの攻撃によって民間人の死者が出れば、それは反米意識を煽り立てる格好の宣伝材料となる。アメリカの攻撃が規模を拡大するほどに高まる反米の国際世論を利用しながら、アメリカへの攻撃をもくろむ者たちは、自爆攻撃だけでなく、アメリカに富を集中させている世界経済の仕組みに打撃を与える「戦争」をも拡大していくだろう。

戦場はアフガニスタンだけにあるのではない。いくら空爆を繰り返し、貧しい兵器で戦っているイスラム復興勢力の兵士たちを殺戮しても、それは世界の反米勢力をさらに拡大し、新しく「聖戦」に参加する若者を増やしていくだけだ。その時、アメリカは仕掛けられた罠から逃れることができず、自国兵士の戦死者の増加と「国内テロ」の打撃、そして政治・経済・軍事におけるアメリカ一極支配の崩壊におびえ続けることになるだろう。

悪循環を断つ

日本もまた、そのアメリカと運命をともにしようとしている。実質的には意味をなさない「後方支援」という名目で自衛隊を派兵し、アメリカの同盟軍として、集団的自衛権の行使にさえ踏み出そうとしている。泥沼化が必至の戦場で、自衛隊員に戦死者が出れば、日本国内でもナショナリズムが扇動され、有事立法の制定どころか、徴兵制の動きにまでいきかねない危険性を感じる。

戦争に参加するということが、相手にも、自らにも、どれだけの惨禍をもたらすか。今、そのことを考える力があまりにも弱くなってはいないか。「テロ根絶」という言葉を口にする前に、アメリカや日本が「自由と繁栄と平和」を謳歌するために、世界各地でどれだけの「抑圧と貧困と戦争」が生み出されているかを、私たちは考える必要がある。日本が今取るべき行動は、「テロ」と「戦争」の悪循環を断つことであり、戦争に参加することではない。

沖縄の役割

九月一一日以降、沖縄の米軍基地は厳重な警戒態勢がとられている。観光客も激減し、沖縄はやはり世界各地の戦争と直結した「軍事基地の島」であるという現実を、まざまざと見せつけている。それにしても、沖縄が危険だからと観光をやめた「本土」の人たちは、その「危険な島」で生活している沖縄県民のことをどれだけ考えているのだろうか。

アラブ諸国やイスラム圏と歴史的遺恨の少ない日本が、話し合いによる問題解決の方法を模索し、貧困対策で経済支援を行なうこと。日本が果たしうる平和的な問題解決の方法を、地上戦の悲惨さを知り、基地との緊張の中で暮らしている沖縄人は、日本全体にもっと訴えるべきだ。

（「沖縄タイムス」二〇〇一年一〇月一一日）

沖縄の歴史体験を声に

教科書問題に淡白な県民

去る七月二〇日、東京で開かれた「コンパッション（共感共苦）は可能か？」というシンポジウムに発言者の一人として参加した。「新しい歴史教科書をつくる会」（以下、「つくる会」と略す）のメンバーが執筆・監修し、扶桑社が刊行した歴史と公民の教科書が国内外で物議をかもす中で、その教科書の内容や採択に反対し、中国や韓国、北朝鮮をはじめとしたアジア諸地域の人たちとのコンパッションの可能性を探るという試みである。

シンポジウムの中身については紙数の都合上触れられないが、都内の各地域で採択をめぐる教育委員会の会議が間近に迫り、特に国立市や武蔵野市では「つくる会」の教科書を推す動きが強いということもあって、シンポジウムの実行委員会や参加者の危機感は並々ならぬものがあった。それに対して、沖縄では早い時期に各教育委員会が不採用を決定したこともあり、反対運動も盛り上がらないまま、どこか他人事のように眺めている雰囲気があるように感じる。

しかし、沖縄ではさしあたり採択されそうにないからといって、この教科書をめぐる問題が軽視されていいはずはない。むしろ、「つくる会」の教科書で「琉球・沖縄」がどのように記述されているかを検証し、事実の誤りや隠蔽、記述の背後にある政治的意図などを、韓国や北朝鮮、中国などと同じように批判・抗議する運動を起こしてもいいはずなのだ。

現実は、そういう運動もなかなか起こらないほどに、日本国家への「同化」が進んでいるのだが、日本の近代国家形成過程でその中に組み込まれ、自らの言語や文化、生活習慣にいたるまで否定したあげくに、帝国日本の侵略政策の一翼をにない、果ては天皇制護持のために「捨て石」とされて地上戦の地獄を見た沖縄であるなら、他府県とは違った対応があっていいはずだ。

例えば、沖縄戦についてつくる会の教科書は次のように書いている。

「沖縄では、鉄血勤皇隊の少年やひめゆり部隊の少女たちまでが勇敢に戦って、一般住民約九万四千人が生命を失い、十万人近い兵士が戦死した」

この部分に関して、「ひめゆり部隊」の名称の誤りや、一般住民の死者数を兵士より少なく扱っていることなどの問題点が指摘されてはいる。しかし、正確な記述への訂正を求める運動が、沖縄で起こっているかといえばそうではない。それらの問題点は、このまま見過ごされていいのだろうか。

書かれていることだけではない。書かれていないことはさらに問題なのだ。日本兵による住民虐殺や壕追い出し、食料略奪や住民の「集団自決」などについては、「つくる会」以外の他社の教科書でも、軒並み記述が削減されている。「南京大虐殺」や「従軍慰安婦」などについて否定したり隠蔽しようという動きに対し、アジア諸国が猛反対するのに比べ、沖縄県民の反応は冷ややかすぎるのではないか。

沖縄戦の諸相の中で、「鉄血勤皇隊」や「ひめゆり部隊」などが選択されたのは、それらの「勇敢に戦って」死んだ「少年」や「少女」たちが、この教科書で学ぶ中学生たちと年齢が近いからだろう。沖縄戦の記述があるページには特攻隊員の遺書が二通載り、隣のページには花を振って特攻機を見送る女学生の写真が載っている。

きみたちとそんなに歳の違わない少年や少女、若者たちが、国を守るためにこんなに勇敢に戦ったんだよ。

そういうメッセージが伝わってくる。「つくる会」の教科書では、沖縄戦の記述はそのようなメッセージを伝えるための手段にすぎない。だが、大多数の沖縄県民にとって、沖縄戦とは「勇敢に戦った」という言葉で集約されるものではないはずだ。一昨年、稲嶺恵一知事やそのブレーンの学者、県幹部らによって、新平和祈念資料館の展示内容が改ざんされようとした事件が起こった。そのときの県民の反発ぶりを見ても、沖縄戦の実相を伝えようという県民の意志の強さは明らかだろう。

しかし、沖縄県民がもっと積極的に声をあげていかない限り、沖縄戦をはじめとした沖縄の歴史に対する国民一般の認識は、この国の保守勢力に都合のいい形に、どんどん変質させられていくだろう。

ガイドライン関連法が制定され、米軍の「後方支援」という形で日本が戦争に参加する体制作りが日々進められている。圧倒的な人気を誇る小泉内閣の下で、憲法九条の改悪や有事立法の制定が、いつ具体的な政治日程に上ってもおかしくない。そういう中で、再び国のために勇敢に戦う新しい「臣民」

を作るための教科書が、様々な手段を使って教育の場に持ち込まれようとしているのである。

アジア諸地域に侵略した日本の戦争責任の問題は、沖縄にとっても自らの問題である。中国や韓国・北朝鮮の批判を受け止めながら、同時に沖縄独自の歴史体験にふまえた抗議行動がもっと必要である。

（「沖縄タイムス」二〇〇一年八月一五日）

2002年

2002年

無責任の果てに

去る（二〇〇一年）一一月四日に名護市辺野古区の行政委員会が開かれた。会場となった区のコミュニティセンターの玄関前には、新聞やテレビの報道陣が二〇人以上つめかけた。一地方の区の行政委員会にこれだけの報道陣が集まったのは、五年越しで問題となってきた普天間基地の「移設問題」（実は最新鋭の機能を備えた巨大な新基地の建設問題）が、大きなヤマ場を迎えていたからである。

政府から示された海上基地建設の三工法八案の絞り込み作業が進み、その日の話合いでリーフ上の埋立て案が決定されるのではないか。そのような予想から報道陣がつめかけ、反対派の住民たちも傍聴を希望して訪れた。だが、行政委員たちはドアと窓を閉ざし、住民や報道陣が中に入れたのは会議終了後だった。

「たかだか一四名の行政委員の判断で、沖縄の将来が決まろうとしてるんですよ。それでいいんですか」

住民の一人が叫んだ言葉が胸に迫った。

結局、この日の行政委員会では結論を出すことができなかった。二六〇〇メートルの滑走路を持つ「軍民共用空港」を辺野古区と周辺海域の航空写真に重ね合わせたとき、その余りの巨大さに行政委員たちもたじろがずにはおられなかったのだ。

それにしてもだ。名護市内の一区の区長と行政委員が賛成すれば、「地元」からの同意を得たという形が作られ、普天間基地の「移設」に名を借りた新基地の建設が大きく前進する。この構図はいったい何なのだ。そうやって、「地元」が望んだから海上基地を建設するのだ、と問題をすりかえ、市長も知事も、あるいは首相でさえも責任を曖昧にすることができる。巨大な新基地の建設がこのような「無責任の体系」の中で強行されようとしている。それはまた、これから建設に伴ってどのような問題が生じても、誰も責任を取らないで曖昧にする。あらかじめそう宣言しているかのようだ。

思えば、この問題は最初から無責任が繰り返されてきた。戦後半世紀余も沖縄に米軍基地を集中させ、事件や事故が繰り返されても、その解決のための責任を果たそうとしなかった日本政府。一九九五年九月に発生した少女暴行事件によって、沖縄県民の怒りが高まり、さすがに対応を考えざるを得なくなった日本政府だったが、その結果として出されたのは普天間基地の「返還」の名のもとに「県内移設」を進めるという、それこそ無責任極まりないマヤカシだった。

そのような日本政府の策動を、名護市民は民主的な手法で否定した。一九九七年一二月に行なわれた名護市民投票で、海上ヘリ基地建設反対が多数を占める。これで決着が付いたはずだった。にもかかわらず、当時の比嘉鉄也市長は、橋本首相に建設容認を告げた上で辞任するというどんでん返しを行なう。市長としての責任を放棄して、民主主義を否定する暴挙だった。

以来、日本政府はより緻密に基地政策を進めるようになった。名護市だけでなく北部の市町村全体に「北部振興策」として一〇年で一千億円という金をばらまき、外堀から埋めていく方法を採ってきた。海上基地の建設予定地である名護市の東海岸では、区の公民館が次々と建てかえられ、目に見える形で「恩恵」を施すことによって住民の意識を徐々に変えていく。

ばらまかれたアメは金だけではない。基地の負担をになう沖縄への「格段の配慮」として、サミット主会場の強引な決定が行なわれ、さらに二千円札の図柄に守礼門を用いることが決定される。巷では宜野座高校が春の選抜高校野球の二一世紀枠に選ばれたのも、NHKの朝の連続ドラマで沖縄を舞台にした「ちゅらさん」が決まったのも、「格段の配慮」の流れという声さえささやかれた（実力で甲子園に旋風を起こした宜野座高校ナインにはまったく迷惑だったろうが）。そこには基地問題を正面から論じあうことで問題解決を図るという姿勢はなかった。むしろ、問題を押し隠し、からめ手で攻めるという狡猾な姿勢が見えるだけだった。

日本政府のこのような追求に、沖縄内部からも積極的に呼応する動きが起きる。昨年の九州沖縄サミットを前に、琉球大学の高良倉吉、真栄城守定、大城常夫の三名の教員によって「沖縄イニシアティブ」という提言がなされた。日米同盟が果たす安全保障上の役割を積極的に評価し、沖縄の米軍基地の存在を認めた上で「効果的な運用と住民生活をいかに矛盾なく調整できるかが課題」とする提言は、沖縄県内では袋だたきに近い批判を浴びたのだが、日本政府には大いに受けたのはいうまでもない。

もっとも、この「沖縄イニシアティブ」は打ち上げ花火としての効果を上げただけで、その後はほとんど聞かれなくなった。研究者としての責任や良心よりは、政治的嗅覚が発達しているらしい三名の教員たちが、相次ぐ米軍事件や事故に沈黙を守ることによって、自らが豪語した「我々は基地の告発者なのではなく、安全保障に大きく貢献する地域として、その基地の運用のあり方を生活者の目線で厳しく点検する一方の当事者の役割を果たさなければならない」という言葉をまったく実践しなかったのだ。

こういう御用学者たちに学問的良心や自らの発言への責任を問うのは空しい行為かもしれない。しかし、一年少ししか経たないのに忘れた振りをするのもおかしな話だ。むしろ今こそ「沖縄イニシアティブ」を提唱した者たちに自己検証と責任を問うべきなのだ。

九月一一日の米国中枢部に対する自爆攻撃以降、在沖米軍基地をめぐる状況も大きく変わった。基地とその周辺の厳戒態勢は住民生活にも影響を与えているだけではない。観光客のキャンセルが沖縄経済に深刻な打撃を与え、基地を誘致して補助金を引き出し、政府の支援で産業振興を図るという論理が完全に破綻している。それこそ、沖縄にとって基地が「諸悪の根源」であることが露呈している。

このような事態を前にして、「沖縄イニシアティブ」論者たちは今発言しなくていったい、いつ発言するというのだろうか。いや、問われているのは彼らだけではない。「思想」を口にする「本土」の「知識人」にも沖縄の基地問題への見解と態度は問われているのだ。


（「思想」二〇〇二年一月号）

新たな戦争の世紀へ

昨年一一月の中旬、夜の辺野古の街を歩いた。二、三日前に、普天間基地「移設」という名目で進められている海上基地建設の場所と工法をめぐって行政委員会が開かれ、県内外から二〇人ほどの報道陣が訪れて緊迫した雰囲気となったコミュニティーセンターやその周辺の歓楽街は歩く人もなく、晩秋の風が冷たい。

坂を上がって街の中を歩くと、建ち並ぶスナックで開いているのは半数もない。ペンキの剥げた壁の横文字。下りたまま錆びていくシャッター。まばらに灯りのともった店からは、英語のカラオケが聞こえてくる。大声で話しながら通りを歩く米兵のグループとすれ違ったのも二回だけ。軽食を売っている店の前に座り、ヤキソバやチーズバーガーを待っている兵隊たちは、みな二〇歳前後だ。夜なのにカウボーイハットをかぶり、うつむいて注文の品を待っている白人の若者。幅の広いジーンズをはいて立ったまま話し続けている黒人の若者。意外と小柄で、筋肉もまだ十分についていない彼らも、これから海兵隊の兵士として鍛えあげられていくのだろう。

ヤキソバをほおばりながら彼らが帰っていくキャンプ・シュワブのゲート前では、二四時間態勢で日本の警察が警備をしている。赤いライトを点灯した装甲車が陣取り、ライフル銃を肩にかけた米兵と日本の警察官が、民間地域を睨んで立哨している。9・11の自爆攻撃以来、四百人以上の警察官が「本土」から動員され、沖縄の米軍基地の警備にあたっている。海を渡ってやってきた米国の兵士と日本の警察が守るものはいったい何なのか。

二一世紀の最初の年である昨年も、沖縄は基地問題から逃れることはできなかった。いや、むしろ問題はさらに深刻になりつつある。年明けから相次いだ米兵によるわいせつ事件、放火、傷害、窃盗、偽ドル札使用etc。この二、三年、沖縄版自公連立体制の威力で県内の各自治体の首長選挙で保守が連勝し、基地受け入れ容認の雰囲気が広がっていった。そういう沖縄の変化を感じとって「よき隣人」政策を取るまでもないと思ったのか、在沖米軍のトップである四軍調整官の「県知事はばかで腰抜け」という発言まで飛び出した。県議会や各自治体の議会で海兵隊への抗議決議が相次いだのを見て、さすがにまずいと思ったのか、しばらくは大きな米兵犯罪も起きなくなった。

その間にNHKの朝の連続ドラマ「ちゅらさん」ブームが起こる。ひたすら明るくお人好しでおっちょこちょいの沖縄ねーねーが主人公で、沖縄男は酒好きで怠け者で頼りなく、沖縄女は働き者でたくましく霊感があり、出てくるウチナーンチューもヤマトゥンチューもひたすら善人であたたかい。「癒し系」といわれたこのドラマのおかげで観光客も増え、反基地運動も低迷しているし、浦添市、那覇市と主要な首長選挙も保守が連勝して、那覇軍港や普天間基地の「県内移設」も順調に進むと、県も日本政府もタカをくくっていたのかもしれない。

そこに発生したのが9・11のアメリカ中枢部に対する自爆攻撃だ。沖縄の米軍基地は即座に最高度の厳戒態勢に入り、陸軍特殊部隊グリーンベレーや輸送機が出動していく。好調に見えた観光はキャンセルが相次いで一転して危機に陥る。二〇〇一年九月の完全失業率が九・四%という深刻な状況に観光業の危機が加わり、「経済の稲嶺」という知事の看板も崩れ落ちた。順調に進むように見えた普天間基地の「移設」も、場所や工法の選定が具体的になるにつれて不安が広がり、辺野古区の行政委員会も動揺をきたしている。高まる不安と不満を解決する目処もつけきれないまま、新たな「戦争の世紀」へ日本も沖縄も一歩を踏み出している。

（「部落解放」四九五号、二〇〇二年一月）

傷ついた海の生命

沖縄や奄美の海が日本の他地域と大きく違うのは、珊瑚礁が発達していることだ。島のまわりを取り巻いている珊瑚礁によって、リーフの中は外洋の荒波から守られている。海底には藻が群茂し、幾層にも重なった珊瑚の隙間と合わせて、魚貝類の産卵や稚魚の成育の場となっている。そこは沖縄の海の豊かさの源である。

その豊かさを沖縄の人々は、はるかな昔から享受してきた。旧暦の三月三日には浜下り（はまうり）という行事があり、大潮で干上がった珊瑚礁に家族総出で繰り出し、貝やタコを採る。夜は海の幸を家族で囲み、味わう。その日以外にも、干潮を見計らって海を歩くのは、沖縄人にはごく日常的なことだった。大型の哺乳動物が少ないこの島嶼に住み着いた人々にとって、海、とりわけリーフは命を支えるタンパク源を確保する場であり、祭りと遊びを楽しむ生活の場であった。

だが、沖縄の人々がその海に対する感謝と畏敬を忘れ去って久しい。特に「日本復帰」後、各島の海岸線は「本土」の大手企業に買い占められ、リゾート地として囲い込まれていった。そして、公共工事による赤土汚染により多くの海で珊瑚が死滅し、雨が降れば赤く染まることが当たり前となっていく。汚染と乱獲によって、以前なら部落の前の海岸でも簡単に採れた貝やタコも激減し、アオサやモズクなどの海藻を採る人も少なくなった。大量消費社会で物が店にあふれ、海が人々の生活の場から遠ざかるにつれて関心も薄まり、それがますます海の荒廃を促進するという悪循環に陥っていった。

雨が止めば赤土はいずれ沈殿し、海は青くなる。遠目にはエメラルドグリーンの美しい海に見える。しかし、その下には泥に覆われた珊瑚の残骸が散らばっている。海草もなければ魚影もない海。そういう海を派手な宣伝文句で飾り立て、詐欺商売を重ねてきた。9・11に決行されたアメリカの軍事と資本の牙城に対する自爆攻撃以降、沖縄の観光業が打撃を受けたといわれる。だが、危機はもっと以前から進行していたのだ。

傷ついた海の生命をさらに痛めつける計画が進んでいる。

バブル期に作られた需要予測に基づいて、南西諸島に残された最大の干潟といわれる泡瀬干潟を沖縄市は埋め立てようとしている。そして、多種多様な生物が住み、地域の人々の生活の場として今も息づいている名護市辺野古の海に、海兵隊の海上基地が建設されようとしている。県内外のゼネコンと米軍の利益を代弁する岸本建男名護市長や稲嶺沖縄県知事、そして日本政府は、「代替施設協議会」で具体的な工法や場所の議論を進めている。

もはや、沖縄島周辺に残された干潟や藻の茂る海がわずかであることを知らない者はない。海が沖縄観光の生命線であり、観光業が巨大な米軍基地の存在と相容れないものであることもはっきりした。にもかかわらず、沖縄市や名護市、沖縄県、日本政府は、住民の反対運動を押し切ってこの二つの計画を強行しようとしている。

広大な埋立地を作ったからといってホテルや企業が進出するめどが立っているわけでもない。軍民共用空港といったところで、乗り入れする航空会社がどれだけあるかも分からず、全国の地方空港の例が示すように、毎年赤字を重ねて財政負担を生じさせることは目に見えている。一時的に建設ラッシュに湧いても、泡銭が消えるのは早い。生活環境は破壊され、基地の被害と加害を背負い、失われた自然の価値の大きさに深い後悔を残す。これまで、この沖縄で何度も見てきた光景だろうか。

巷では、沖縄県やマスコミをあげて「だいじょうぶさー沖縄」キャンペーンが行なわれている。心ある人々よ、今しばらく沖縄に足を運ぶな。この島の住民はもっと痛い目に合わなければ、目を開きはしないのだ。

（「思想運動」二〇〇二年一月一日）

選択のゆくえ

名護市長選を受けて

全国から注目されていた名護市長選挙は、現職の岸本建男氏の圧勝に終わった。今回の結果について、自民党と公明党の協力体制や深刻な不況下で基地問題よりも産業振興に市民が選択の重点を置いたこと、基地問題に対する市民の疲労感など、いくつかの要因が挙げられている。確かにこれらの要因は大きな意味を持っているだろう。

しかし、それだけでこれだけの票差にはなるまい。この四年間の海上基地反対運動や革新陣営の組織のあり方に、今回の結果をもたらした最大の原因はあるはずだ。口を開けば、基地問題の今後を左右する重大な選挙といいながら、告示一カ月前にしか候補者を擁立し得ない革新陣営を見て、それだけで離れていった人たちも多いはずである。

とりわけ、海上基地反対運動をリードし、候補者の選考にあたった政党、労組、市民団体の幹部たちの責任は重い。一部の幹部には、名護市外からきた支援者たちの取り組みのミスをあげつらって責任転嫁するような発言も見られるが、情けないことだ。今回の名護市民の投票行動をこれまでの運動に対する「良識ある批判」と受けとめ、主体的かつ真摯に反省する姿勢がなければ、海上基地反対運動を再構築することはできない。

一方で地滑り的勝利をおさめた岸本氏にしても、票差に表れたほどの熱烈な支持があるかといえば、そうは見えない。基地問題をはじめとした市政全般の情報公開の遅れや市民との対話不足、改善のきざしがない市街地の空洞化や農業対策の遅れ、公立保育所の廃止問題や財政の硬直化など、市民の不満や批判の声は選挙中も数多く聞かれた。北部振興策や九州沖縄サミット、金融特区の設定など、日本政府の全面的なバックアップに支えられて初めて得られた市民の支持であり、革新陣営の候補者擁立の遅れという失敗がなければ、今回のような結果になったとは思えない。

実際、今回の選挙の最大の焦点となるはずであった「海上基地」問題に関して、岸本氏に強固な自信があったとはとても思えない。その自信のなさは「争点ぼかし」の戦術をとりつづけたことに端的に表れていよう。

今回の選挙では、名桜大学の学生たちが候補者に公開討論会を呼びかけた。宮城康博氏がすぐにそれに応じたのに対し、岸本氏は最後まで応じなかった。岸本氏はマスコミ各社の討論設定にも応じようとせず、候補者同士が政策を論じ合う場はついになかった。

選挙前には自ら「海上基地問題の是非を問う」と公言しながら、一貫して「争点ぼかし」の戦術をとった岸本氏の姿勢は、行政の情報公開や政治家の説明責任が問われている時代に逆行し、市民に開かれた議論を回避するものだ。名護市の抱えている問題は基地問題以外にも数多くあり、それらを市民の前で議論することを通して市民の関心も高まり、市政への積極参加も可能となるのである。岸本氏による「争点ぼかし」は、投票率低下の一因になったとも考えられ、不在者投票の企業動員と合わせて、批判されてしかるべきだ。

今回の選挙結果に関して、私たちが忘れてならないのは、圧倒的な票差のついたこの結果が、全国にどのようなメッセージを送ったか、ということである。この四年の間に、沖縄の基地問題に対する日本人全体の関心は急速に薄らぎ、沖縄に荷重な負担を強いているという負い目意識や自責の念も消えていった。逆に「基地がないと沖縄の人は困るんでしょう」という言葉が平然と言われるようになっている。

昨年九月に起こったアメリカ「本土」への自爆攻撃によって、沖縄の観光関連産業は甚大な打撃を受けている。その直前には「ちゅらさん」ブームが言われていたにもかかわらず、「本土」の人々の手のひらを返すような反応は早かった。大多数の日本人にとって沖縄は、もはやその程度のものでしかなくなっているのだ。沖縄戦や基地問題といった重い歴史や現実を除去した「癒しの島」としての沖縄はもてはやしても、危険な軍事基地が集中しているという現実が露呈すると、とたんに顔をそむける。沖縄旅行のキャンセルは、この四年間に「本土」の人々の沖縄に対する意識が変容した結果なのだ。

今回の選挙で岸本氏は、海上基地建設と北部振興がリンクしていることを公然と訴え、市民は大差でそれを選択した。今後、名護市民および沖縄県民は、日本政府や米軍だけでなく、全国の人々から足元を見られるだろう。沖縄県民が自らの意志で「基地との共存」を受け入れたのだから、もはや同情も後ろめたさも必要ない。レイプや放火、傷害、器物損壊に偽ドル使用と、あらゆる犯罪が起こっても基地を受け入れてくれる沖縄。沖縄の「平和」ブランドなどとっくに崩れ落ちている。名護市民および沖縄県民が今回の「選択」の重みを肌身に感じるのはこれからだ。その重みに屈してはならない。

（「沖縄タイムス」二〇〇二年二月一三日）

二つの平和

醜悪さ漂う参戦意識の欠如

三月二一日、反戦地主として、そして平和運動家として生涯をつらぬいた阿波根昌鴻《あはごんしょうこう》氏が亡くなった。昨年一〇月には瀬長亀次郎《せながかめじろう》氏（元衆議院議員）が、一一月には西銘順治《にしめじゅんじ》氏（元沖縄県知事・衆議院議員）が逝去しており、沖縄の戦後政治史に大きな位置を占める人々が相次いで「唐旅《とうたび》に出た（死んだ）」という印象が強い。「日本復帰」三〇周年を前に一つの時代が終わりつつある、という感想を抱いた人も多いであろう。

七年程前、職場の組合で伊江島に研修旅行を組み、命《ぬち》どぅ宝の家を訪ねたことがある。そのときすでに阿波根氏は九〇代半ばに達していた。それでも一時間余にわたって自らの半生や反基地のたたかい、平和に対する思いを話してくれ、みな襟を正して聞き入っていた。外は土砂降りの雨で、独特の口調でゆっくりと話す阿波根氏とそれに耳を傾けている十数名の同僚の姿が目に浮かぶ。

阿波根氏の唱えた絶対的な非暴力の思想を、私は必ずしも肯《うべな》うわけではない。どのような主体が、いつ、いかなる条件で、どのような理由を持って暴力を行使するのか。そのことを具体的に検討することを抜きに、暴力一般を否定することはむしろ安易であるとの考えは、あの頃も今も変わりはしない。強大な権力を持つものが、軍隊や警察といった暴力装置を全面に出して弾圧・抑圧を加えてくるときに、非暴力の思想と実践はどこまで意義を持ち、有効であるのか。そのことがこれからこの日本においても問われるときが来るであろうとも考えている。その時に、たんに口先で非暴力を唱えているものと、それを徹底して実践するものとの違いも歴然と浮かび上がってくるであろう。

一九五〇年代の沖縄において、非暴力はたんに口先だけのことではすまされなかった。カービン銃を突きつけ、文字通り「銃剣とブルドーザー」で土地を強奪していく米軍に対して、非暴力的な抵抗をしていくということはぎりぎりの選択であったはずだ。圧倒的な彼我の力の差があるときに、あきらめてなし崩し的に迎合することも可能なのだ。しかし、そこで米軍の暴力と圧政に屈することなく、米軍に対してもあえて寛容と博愛の精神を説き、武力に対する精神の優位性を訴えて「非暴力」を貫くこと。そしてそれを半世紀近くにわたって持続することは並大抵のことではできない。

おそらく、非暴力の思想が根本的に試されるのは、自分自身や家族、同胞が生命の危険にさらされるときであろう。そのときも本当に非暴力を貫くことができるのか。いや、この人ならできるかもしれない。私がそう思ったのは阿波根氏くらいのものであり、その点において「平和」という言葉もこの人が口にするときには重みがあった。

一方で、これほど軽々しく、まやかしに満ちたものはないと思わせる「平和」が、「日本復帰」三〇周年に向けて宣伝されている。稲嶺恵一・沖縄県知事が鳴物入りで打ち出した「沖縄平和賞」がそれだ。

そもそもこの賞は、九八年に行なわれた沖縄県知事選挙において、革新系候補者の大田昌秀氏が打ち出していた平和政策に対抗するために、にわか仕立てでひねり出されたアイディアに過ぎなかった。そのせいもあって稲嶺県政が誕生してから三年近くも店ざらしにされ、四年目になってやっと「日本復帰」三〇周年記念の目玉として実現されようとしている。

賞の詳細についてはインターネットで「沖縄平和賞」を検索して確かめてほしいのだが、副賞として賞金一〇〇〇万円を打ち出し、顕彰対象としては以下の三点を挙げている。

①アジア太平洋地域における平和・非暴力実現の促進に貢献する活動。

②「人間の安全保障」いわゆる人間の生命や基本的な権利を脅かす貧困、飢餓、環境問題、感染症等の問題を解決し、豊かに生活できる社会の実現に貢献する活動。

③世界の各々の地域の内部で培われた多様な文化や考え方を相互尊重することを基礎として、平和の実現を図る活動。

「平和賞」というから戦争や民族紛争、国際政治上の対立などの解決に貢献した人や団体に授けられるのかと思いがちだが、顕彰対象は実に広い。③にいたっては、例として音楽やスポーツの普及、交流まで挙げられているほどだ。

私などはそういう点にすでに姑息なまやかしを感じてならない。海外における最大規模の海兵隊の拠点であり、陸・海・空軍の多様な軍事機能を備えた沖縄の米軍基地を積極的に肯定するだけでなく、

「県内移設」という名目で最新の機能を備えた新たな基地を建設しようとしていて、何が「平和賞」なのだ。顕彰対象を①に絞ると、戦争と暴力に明け暮れている米軍との共存を打ち出す稲嶺知事の政策との矛盾が露わになるが故に、対象を②③まで広げてぼかしているだけの話じゃないのか。

昨年九月一一日の米国本土への自爆攻撃とそれに対する米英軍のアフガニスタンへの無差別爆撃。そしてシャロン率いるイスラエルによるパレスチナへの軍事攻撃とパレスチナ人民の対抗的な自爆攻撃。このような世界情勢の中で米軍に荷担をしながらその自覚も乏しく、「沖縄平和賞」なるものを打ち出してそれが世界に通用すると考えている連中は、ウスラマヌケであるだけでなく醜悪でさえある。

それは沖縄人だけに限らない。アフガニスタンに軍事攻撃を行なっている米軍への支援としてインド洋に自衛隊艦隊を送っていながら、参戦意識が欠落している今の日本人全体に共通する醜悪さだ。私たちは今戦争をしているのだ。

「平和」という言葉を実質を持って語り、天寿を全うできた阿波根氏はまだ幸せだったのかもしれない。

（「週間金曜日」四〇七号、二〇〇二年四月一二日）

「軍が守ってくれる」は幻想

有事関連法案が国会に提出され、その推進論者たちが勇ましい言葉を口にしている。テロの脅威や「備えあれば憂いなし」などという分かりやすい単純化された言葉を並べ、軍（自衛隊）の力で国民を守って見せます、と吹聴する。

おそらくは、五十有余年前もそうだったんだろうな、と思う。国内の政治・経済の矛盾、腐敗が深まり、国民の不満が高まったとき、共同体の外部に「敵」をしつらえて「愛国主義」と「排外主義」で国民を統合していくのは、権力者の常套手段だ。

もっとも、ここで言う「敵」とは外国のみを指すのではない。「テロリスト」や「スパイ」という姿の見えない「敵」が共同体の内部に侵入し、市民生活の破壊を狙っている。そして外の「敵」と連動しながらこの国に有事（戦争）を引き起こそうとしている。そういう情報・イメージが大量に流され、日本でもいつテロが起きるかもしれないという脅威と恐怖が煽られている。

それをふまえて、有事（戦争）に備えるとは、外からの武力攻撃に対抗する軍（自衛隊）の強化と同時に、内における市民生活の監視・統制も強化されなければならないとされる。有事関連法案と連動して個人情報保護法案などが国会に提出され、全国の幹線道路や繁華街の街角、公共・民間の諸施設に監視カメラが増設されているのもそのためだ。

だが、それらは私たちを有事（戦争）から守るためにあるのか。そうではあるまい。見えない「敵」とはだれか。それは私であり、あなただ。監視カメラの向こうで私たちを見ている目は、私たちが彼らの「敵」に変わるのを監視しているのだ。

有事関連法案も同様である。有事（戦争）の際に、自衛隊が市民の土地や家屋を強制的に使用でき、かつ、市民が「協力」を義務づけられるような法律が、なぜ作られなければならないのか。

あるいは、地方自治体の長の独自判断を不可能とし、首相＝政府に権限を集中させる法制度がなぜ作られなければならないのか。それは有事（戦争）の際に市民や自治体の長が、政府・自衛隊の指示、命令に逆らい、抵抗することを防止するためだ。

つまり、市民がいつ「敵」（政府の意に従わない存在）に変わるかもしれないという不信感の上に築かれるのが有事法制なのだ。この法律で守られる市民とは、政府や軍（自衛隊）の命令に絶対服従する市民であり、それ以外ではない。その命令があなたにとってどれだけ理不尽であっても、抵抗した瞬間に、あなたは国家の「敵」となり、処罰・拘束の対象となる。

それでは、政府や軍（自衛隊）の命令に従っていれば安全は守られるのか。私たちは、地上戦が戦われた沖縄で何が起こったのかを、いまこそ歴史の教訓として熟考する必要がある。友軍（日本軍）による食糧強奪（徴発）や壕からの追い出し。スパイの嫌疑をかけられて虐殺された住民。沖縄戦の記録で語られるのは、米軍に対する恐怖よりも、むしろ日本軍に対する恐怖なのだ。

いざ有事（戦争）となったとき、軍（自衛隊）が自分を守ってくれる、などという幻想を私はひとかけらも持たない。沖縄を「捨て石」にして「本土決戦」を回避した日本人たちは、今度は本気で「本土決戦」を戦うつもりか。

（「朝日新聞」二〇〇二年五月四日）

日本の中の「特殊な場所」

一〇年前のことだ。「復帰」二〇年を期に講演で沖縄に来た「本土」のある文筆家がこういうことを話していた。「復帰二五年では、本土のマスコミはもうこんなに取材しないでしょうね。九七年には沖縄よりもむしろ香港返還のほうに注目がいくでしょう。復帰何年と特集を組むのも、今回が最後かもしれませんね」

そのとき、この発言を聴きながら、それもあり得ることだ、と思った。「本土」のマスコミの報道のあり様や、日本人全体の関心の度合いを見て、沖縄（問題）に対する意識がかなり低下していることを感じずにはおられなかったからだ。

トカゲのしっぽ

「日本復帰」三〇年を迎えた今年、五月一五日に向けてテレビや新聞、雑誌などでかなりの「沖縄特集」が組まれた。そういう現在から先の文筆家の発言をみると、的はずれだったように見える。しかし、一〇年前にはその言葉が一定のリアリティを持っていたのも事実なのだ。私たちはともすれば歴史が単線的に進んでいるかのようにとらえてしまうのだが、実際にはしばしば後戻りしたり左右にぶれたりしながら変化していて、その複雑さは容易に把握できるものではない。

復帰三〇年の沖縄の現在を指して、いくつかの「特集」の中で、日本への「同化」が完成した、という表現が見られた。しかし、政党や労組の系列化、都市景観の変容、住民の日常生活のあり様や政治意識の変化など、すでにかなりの度合いで一〇年前に「同化」は進んでいたのだ。むしろ、文化・芸能面で「沖縄ブーム」が起こり、それが若者に地域文化の見直しを促したことや、急速化する『同化』への反動があったりして、現在のほうが沖縄ナショナリズムの新しい展開が見られたりしている。例えば、「本土」で暮している沖縄出身の若者が、自分のことを「在日沖縄人」と表現することなどは、この一〇年の新しい動きだ。

日本に「復帰」したのだから「同化」が進むのは当然であり、それは五年おきに示される「復帰してよかったか」という問いへの答えとして示される。そのような単純化された説明がマスコミを通して流布される。

だが、「復帰してよかったか」という設問自体が、すでに時代錯誤でしかない。「復帰」の時点で一〇歳だった人が現在は四〇歳だ。生活体験として「復帰前」の状況を覚えている、それがぎりぎりの世代だろう。「復帰前」の状況を歴史の知識としてしか知らない世代が年々増えていく中で、「復帰前」と

「復帰後」の比較といっても、生活実感の比重がまるで違ってきているのだ。現在の生活が余程困窮しているのでない限り、あるいは沖縄の政治・経済状況が大きな混乱にでも陥らない限り、現状肯定的な答えが多数を占めるのは当然ではないか。

「復帰してよかったか」という設問に、「よい」という答えが多いから「日本復帰」は沖縄県民に肯定されている、したがって「復帰」は成功したといえる。そして日本への「同化」が進行している、と描き出す手法は、それ自体が一定の方向へ世論を形成していくイデオロギー装置と化している。

そのような作為に私たちは注意する必要がある。「日本復帰」から三〇年経った今でも、多くのメディアで「沖縄特集」が組まれている。そのこと自体、沖縄がいかに日本の中に「同化」されがたい存在であるかを示している。その「同化」のされがたさは、「復帰」二〇年の時点よりも、むしろ現在のほうが強まっている。

これはけっして逆説的な物言いではない。「同化」という視点が強調されることによって、沖縄と日本の間に横たわる矛盾が解消され、沖縄人と日本人が完全に重なったかのように描き出されるとしたら、それこそ政治的なまやかしだろう。全国の米軍専用施設の七五％が集中しているということが、すでに沖縄を日本の他の地域とは違う場所にしている。そのように日本の中の「特殊な場所」に生きている者たちの意識が、完全に「同化」されてしまうことなどあり得ない。仮に沖縄人自らが完全な「同化」を求めて努力したとしても、いつでも切り捨てられるトカゲのしっぽとして、日本の一部に組み入れられているという現実は変わりはしない。9・11の米国本土への自爆攻撃以降、沖縄から観光客がいっせいに引きあげたのは、有事＝戦争のときに日本人の大多数がどういう行動をとるかの予兆である。「同化」の強調はそのような日本人の本音をおおいかくす。

「本土並み」の実態

復帰闘争の中で沖縄側が要求し続けたのは、米軍基地の「即時無条件全面返還」ということだった。しかしそれは「核抜き本土並み返還」へとすりかえられた。しかも、その「本土並み」さえ実現はしなかった。知花《ちばな》弾薬庫（沖縄市）などに保管されているといわれていた核兵器の撤去はもとより、平和憲法に守られ、米軍基地のない「本土並み」の生活を送りたい。それが当時の沖縄民衆の最低限の願いだっただろう。

その願いは最初から裏切られた。日米間の返還協定に「核抜き」は明記されず、沖縄（日本）への「核持ち込み」は「復帰」後も半ば公然と行なわれていく。米軍基地の撤去はなされず、逆に沖縄戦で住民虐殺を行なった日本軍の末裔である自衛隊が、「国土防衛」の名の下にのりこんでくる。その後の沖縄基地の推移を詳述する必要はあるまい。現在でも、在日米軍専用施設の七五％が沖縄に集中しているという現実が、日本政府と日本人全体の姿勢を示している。

このように、軍事基地に関して「本土並み」への要求が拒否される一方で、行政組織や教育、政党、経済面などにおいては「本土並み」が推し進められていく。

とりわけ経済に関しては、三次にわたる沖縄振興開発計画に基づいて、六兆七〇〇〇億円に及ぶ資金が投下され、社会資本の整備を目的とした公共工事が進められていった。それによって道路や港湾などの整備は確かに進んだ。「復帰してよかった」という意見が増えていくのも、このような社会資本の整備によって、生活の利便性が向上したことによる。だが、肝心の企業誘致は進んでいない。県内総生産に占める第二次産業の比率は一九九九年で一七％（全国二八・一％）にすぎず、なかでも製造業は五・五％（全国二〇・七％）にすぎない（内田真人『現代沖縄経済論』沖縄タイムス社、参照）。投下された資金は、田中―竹下―橋本派とつづく、政府と沖縄を結ぶ自民党「沖縄族議員」たちの利権となり、第三次産業偏重のいびつな経済構造の下で、全国平均の二倍にあたる八％前後の失業率が恒常化している。

また、大規模な公共工事は、各島々の自然を破壊しただけでなく、財政依存度三六％（全国平均の二倍）という中央依存体質を生み出した。必然的に地方自治体の自治能力は低下し、予算配分によって地方への政治支配を進めていく自民党的談合政治は「本土並み」以上に発達した。その力が、米軍基地の「県内移設」を進める上でも遺憾なく発揮されていることは周知の通りだ。

このように、「復帰」後の沖縄で日本政府や県内の保守勢力が追求してきたことは、経済や行政、教育面などでの「本土並み」＝「同化」ではあっても、基地に関するそれではなかった。むしろ、基地に関しては最初から除外され、日本のなかでの「特殊な場所」として位置づけられ続けてきたのだ。

九五年の少女への事件以降、沖縄の反基地運動が高揚したことに危機感を持った政府・自民党は、公明党との連立を組み、政・財界の総力を挙げて稲嶺保守県政を誕生させた。以降、政府も稲嶺知事も基地の「整理縮小」を口にしてはいる。

しかし、それが老朽化し機能低下した基地を最新の軍事機能を備えたものへと造り替え、沖縄基地を総合的に再編強化するという狙いを持ったものであることは、多くの論者が指摘している。実際、基地の「整理縮小」とは、あくまで「県内移設」によるものであり、彼らに沖縄の基地を「本土並み」にする意志などあるはずがない。むしろ、「復帰」の時点でも言われたように、日本全体を「沖縄並み」にする追求が行なわれてきたのだ。

底流なす反基地感情

このような米軍基地の沖縄への固定化と強化を進める上で障害となるのが、反戦・反基地のたたかいを取り組んでいる組織であり個人だ。「復帰」後もやむことのない爆音被害や演習にともなう事故、米兵による犯罪。それらを日常的に目にしていて、怒りや屈辱感を覚えずにすますことは難しい。生活のために基地は必要だ、という人たちでさえ、現在の沖縄への基地集中をよしとするものは少数だ。九五年の少女への事件に抗議して開かれた県民大会に、全県で一〇万人近い人々が集まったように、ひとつ大きな事件や事故が起これば、日米安保体制を揺るがしかねないほどの反基地感情が、沖縄民衆のなかに底流として流れている。そして、その流れの源には沖縄戦の歴史体験がある。

その流れを断ち切り、あるいは別の方向に変えるために、日本政府や稲嶺県政は多様な策動を行なってきた。米軍用地特措法を改悪することによって、軍用地の強制収用を進め、反戦地主の財産権を否定する。一方で、経済原則を無視した軍用地料の値上げによって基地の固定化を図る。全国の地価が大幅に下落する中でも上がり続ける軍用地は、今や投機の対象となり「軍用地買います」の広告は新聞や街角に氾濫している。

また、基地受け入れと引き替えにばらまかれる補助金は、とりわけ自治体の長の意識を変質させている。「復帰」三〇年を期に行なわれた世論調査では、沖縄県民の七割近くが基地の「県内移設」に反対しているが、自治体首長ではまったく逆の比率になっている。いつ市民を巻き込む事件・事故が発生してもおかしくない状況にありながら、自治体首長の目は政府に向いていて市民には向けられていない。補助金を取って自立のための開発を行なうという、矛盾し、倒錯した論理を平然と口にできる物乞い政治が沖縄中に蔓延している。

普天間基地の「県内移設」を進めるために稲嶺県政が打ち出している軍民共用空港。那覇軍港の「移設」受け入れを進めるために浦添市が打ち出している湾岸開発事業。そして沖縄市が進めている泡瀬《あわせ》干潟の埋立てによる開発事業。県内外から挙がる反対の声を押し切って進められているこれらの大型公共工事は、どれも沖縄経済の実態を無視した過大な見積もりと、自然および社会環境の破壊をともなうものであり、「基地の県内移設」推進という背景がなければ、緊縮財政の中で政府も金を出すとは思えない代物だ。

このような日本政府の「格段の配慮」という餌をもらって、忠犬よろしく稲嶺知事がやろうとしたのが、新平和祈念資料館の展示内容の改竄《かいざん》である。日本軍の住民虐殺や壕追い出しなどを隠蔽し、沖縄戦の悲惨さや基地被害よりも、戦後をたくましく生きた住民の明るい側面に光を当てる。自由主義史観グループの発想に通じる「沖縄版歴史修正主義」の動きは、県民の猛反発を食らって頓挫した。しかし、それで終わったわけではない。

稲嶺ブレーンとして改竄問題でも重要な役割を果たしたと目されている歴史学者の高良倉吉ら琉球大学の教員三名が打ち出した「沖縄イニシアティブ」に、「修正主義」の動きは引き継がれた。そこでは、ベトナム戦争などの米軍が行なった侵略戦争を隠蔽したうえで、日米同盟と沖縄への米軍駐留が東アジアに安定をもたらしているとし、過大な米軍基地を受け入れることで「安全保障の面で沖縄はわが国のなかで最も貢献度の高い地域として存在する」という倒錯した論理が展開されている。

沖縄が日本に完全に「同化」するのは、「沖縄イニシアティブ」のような主張が大多数の沖縄人に受け入れられたときだろう。だが、そのためにはマゾヒスティックなまでの倒錯した感性と思考様式を持たなければならない。高良倉吉のように政治的野心を持った学者なら知的操作ですませるのだろうが、実際に基地の被害にさらされる庶民には、多大な苦痛と意識の分裂を伴わずにはおかない。

有事（戦争）法案や個人情報保護法案が国会に提出され、審議が始まっている。それらは無論沖縄だけでなく全国民を対象にしているのだが、成立したときに真っ先に適用の対象となるのは沖縄だろう。沖縄戦の時に「日本人」であろうとして献身的に軍に協力し死んでいった若者たちのように、これからの沖縄人も、よき「日本人」として完全に「同化」することが求められる。いや、基地問題に関しては日本の沖縄への「同化」=「沖縄並み」が有事法制によって完成しようとしている。再び日本の「捨て石」とならないために、何をなすべきか。

体を張ってたたかうしかない。

（「週刊金曜日」四一二号、二〇〇二年五月二四日）

再び「捨て石」にさせない　復帰30年

節目の年の危機

四月二七日、沖縄島最北端の辺戸岬で行なわれたかがり火集会に参加した。沖縄では例年、四・二八の沖縄デーから五・一のメーデー、五・三の憲法記念日、そして五・一五の「日本復帰」の日にいたる期間、集会や講演会、平和行進などが連続して取り組まれる。その起点となる集会として、かつて沖縄と「本土」を隔てた北緯二七度線を目の前にする辺戸岬で、三メートルほどの高さに積み上げた薪を燃やし、「復帰」の意味と現在の状況を問い返す集会が開かれている。

四・二八といっても今では、知らないか記憶の彼方に置き忘れた人が大半だろう。一九五二年四月二八日にサンフランシスコ講和条約が発効し、日本の独立と引き換えに沖縄は、さらに米国の支配下に置かれることになった。以来、この日は沖縄では「屈辱の日」と呼ばれるようになる。六〇年代になると、四・二八に向けて島内各地を「復帰行進」が練り歩き、当日は辺戸岬をはじめ那覇・宮古・八重山でも集会がもたれた。北緯二七度線上では海上集会が開かれ、船の上から身を乗り出して握手を交わす「本土」と沖縄の代表団の姿は、沖縄戦後史を記録した写真集やフィルムに必ず出てくる。

そのサンフランシスコ講和条約発効から五〇年、そして七二年に「日本復帰」が実現してから三〇年の節目を迎えた。かがり火を前にして、集会で発言する人たちは誰もが、その節目の年に有事法案が国会に提出されていることへの怒りと危機感を口にした。

「復帰前」の姿に

「復帰運動」の中で沖縄の人々が求めたのは何だったのか。米兵の引き起こす事件や事故の犠牲になっても、裁判では勝ち目がなく、ひどいときには裁判さえ行なわれずに犯人が米本国に逃げ帰っていく。そういう治外法権に等しい米軍支配下で、絶対平和主義や国民主権、基本的人権の尊重をうたった日本国憲法が、当時の沖縄の民衆にとって、どれだけ尊いものに見えたことか。

そのころすでに自衛隊の強化は進み、憲法の形骸化が言われてはいた。実際、日米間で施政権の返還が合意され、「復帰」が近づくにつれてその内実も明らかになり、沖縄の民衆の期待は裏切られていく。米軍基地は変わらずに残るばかりか、新たに自衛隊まで配備される。「太平洋の要石」と呼ばれた軍事拠点としての機能は、日米安保体制下でさらに強化されるという現実を目にし、「復帰」への失望は怒りへと変わる。

六〇年代末になると「祖国」「国家」「民族」とは何か、という根底的な問いをふまえて、「復帰運動」を内からのりこえていこうとする思想や運動が生まれ、「反復帰論」も台頭してくる。だが、そのような状況下でも、沖縄人の多くが「日本国憲法」を渇望していたことは間違いないだろう。

それが今、国会では「有事法案」が審議され、憲法の骨格である戦争放棄や基本的人権の尊重などが否定され、制限されようとしている。日本全体が「復帰」前の沖縄のような状況に変わろうとしているのだ。

抑圧の具として

国内で有事＝戦争が起こることを想定して、自衛隊の円滑な活動のために市民の基本的人権を制限しようとする法律が制定されることが、憲法の実質的な改定でなくしてなんだろうか。思えば、「復帰」したとは言っても、沖縄は憲法から疎外されつづけたのだ。米軍の出撃拠点および兵站《へいたん》基地として絶え間なく戦争にかかわり、米兵による犯罪や演習に伴う事故、爆音被害、軍用地の強制収用など、生存権や財産権といった基本的人権を繰り返し侵害されてきた。これから先、憲法の形骸化が進むのにあわせて、沖縄は有事法制の負担と犠牲をも背負わされていくだろう。

有事法案をめぐる報道に接しながら、こう考えずにはおられない。「本土」に住む大多数の日本人たちは、自分の生活圏が戦場になることなど想像もつかないし、仮に有事法案が成立しても、そのとばっちりを受けるのは沖縄などの「周辺」で、自分たちはだいじょうぶと考えているのではないか。かつて沖縄を「捨て石」にしたあげくに本土決戦を回避したように、今度もまた有事＝戦争のときには沖縄の米軍と自衛隊に守ってもらい、仮に攻撃を受けたとしても沖縄までにとどめておきたい、というのが本音ではないのか。

昨年の9・11以降、沖縄の観光客が激減した現象はそのことを予感させる。いざというときは、そうやって簡単に切り捨てられるのだ。沖縄の基地問題に対する関心も薄らぎ、芸能や観光、癒しの島としての側面だけが強調されている。だが、いくら隠そうとしても隠しきれないほど、軍事基地の集中する沖縄の問題は深く、激しく、その矛盾がいつ噴き出すか分からない。有事法制の確立は、基地の島沖縄の反戦・反基地運動を抑圧するために、真っ先に機能するだろう。しかし、沖縄を再び日本の「捨て石」にはさせない。「復帰」三〇年の今、改めてそう決意している。

（「西日本新聞」二〇〇二年五月一五日）

強化される「基地の島」不在の検証

宮本亜門の出ているオリオンビールのコマーシャルを見ていると、何か背筋がむずがゆくなるような気恥ずかしさをおぼえてしまう。あまりにも脳天気な沖縄礼賛に、さすがにウチナーンチュー自身の口からはそこまでは言えんよな……と戸惑いしてしまい、別に誰がどこに住もうと勝手だが、そんなに明るい顔で、行ちゃりば兄弟（チョーデー）だよね、と言われてもな……、ま、ビールが美味しいのはいいことだが……などと思ったりもする。

ＣＭに限らず「日本復帰」三〇年の風景には、明るく楽しく軽い癒しの島として、沖縄礼賛のイメージが氾濫している。沖縄の美味しいところだけをちゃっかりつまみ食いしてエンターテインメントし、やばいところやまずいところはそっと隠してサブカルチャーする、いかにも日本的なスノビズムとでも言おうか、問題を回避する技術は意識されてさえいないようだ。

だが、それは単純な自然現象ではあるまい。一九九五年九月に起こった少女への事件を契機に沖縄の反基地運動が高揚して以降、沖縄が抱え込む政治・経済の矛盾を押し隠し、基地問題への関心を分散化するという狙いを持って、日本政府や保守層からマスメディアを活用した文化戦略がとられているのは間違いない。二千円札の図柄が守礼門となったことやNHKの「ちゅらさん」にしても、米軍基地の「県内移設」とサミットの開催という流れがなければ実現したかどうか。

もちろん、政府の意図だけですべてを説明しようとは思わない。地道に活動を続けてきた沖縄の芸人達の実力や努力も認めていいし、沖縄の自然や文化・歴史、地域の生活の中に、まだ人を引きつけるだけの魅力が残っているのも事実だろう。

けれども、それがいかに危うい状態であるかは、そこに住んでいる者が一番よく知っているはずだ。その危うさが深刻になる程に逆にもてはやされて、何か気恥ずかしさや後ろめたささえ感じてしまうこともあるだろう。

本当は危機が進行しているのを感じているのに、それに面と向かい合って解決する努力はなされない。問題は先送りされ、それがさらに危機と矛盾を深めていく。それも分かっている。けれども、どうすればいい？　不安と無力感を忘れるために、華やかな言葉と映像がちりばめられる。

「平和の島」幻想

昨年の九月一一日のアメリカ本土に対する自爆攻撃以降、アフガニスタンへの「報復戦争」を皮切りに、イラクをはじめとした「テロ支援国家」にアメリカは戦争を拡大しようとしている。現在、国会で有事関連法案が審議されているのも、このようなアメリカの軍事行動を「後方支援」するものとして、自衛隊の活動を円滑にする必要があるからだ。

そうして、政府の方針に市民や地方自治体が抵抗できないように強力な中央集権体制がつくられ、国民総動員体制を取れる法整備がなされようとしている。地上戦を想定した「有事法案」の成立は、憲法九条の否定であり、実質的な改憲だ。日本は戦争を戦う国へといま大きく変貌しようとしている。日米の軍事拠点としての沖縄の位置付けも、さらに強固なものになるのは間違いない。

今後、イラクやフィリピンのアブサヤフ、各国の反米勢力への軍事攻撃が本格化するときに、沖縄のアメリカ軍基地は重要な役割を果たすだろう。「テロリスト」とレッテルを貼ればいくらでも「新しい戦争」を仕掛けることができるとうそぶいている米国の、海外における最重要の拠点として、沖縄もいずれ憎悪と攻撃の対象となっていくであろう。

沖縄が「平和の島」であるなどというのは、虫のいい自己幻想にすぎない。ここはさらに強化されつつある「基地の島」なのだ。復帰三〇周年事業として稲嶺県政は「沖縄平和賞」を打ち出しているが、世界に展開するアメリカ軍の活動を支援していながら、アジアに向けて平和を発信するなど、茶番でしかない。

（「沖縄タイムス」二〇〇二年五月一五日）

沖縄から見る「有事法制」

四月一七日、有事関連三法案（武力攻撃事態法案、自衛隊法改正案、安保会議設置法改正原案）が国会に提出された。有事、つまり戦争が勃発することを想定し、自衛隊の軍事活動を円滑に進めるとともに、市民の戦争への「協力」体制を固めるための法律が、今国会中にも成立しようとしている。

軍隊は市民を守らない

政府・与党をはじめとした法案の推進者たちは、「危機に備える」という一見もっともらしい主張を述べるのだが、日本が戦場となることへのリアリティーを欠いた観念的な議論にしか私には見えない。いったん戦闘が始まれば、軍隊はけっして住民を守るものではないことを沖縄戦は証明した。多くの住民が友軍（日本軍）に守られることなく、米軍の砲火にさらされて犠牲になっただけではない。友軍による住民虐殺や食糧強奪、壕追い出しなども多発したのである。

沖縄戦当時、字《あざ》の警防団長を務めていた私の祖父は、スパイ容疑をかけられて日本兵から命を狙われ、山中に隠れて逃げまどっている。また、一四歳で鉄血勤皇隊に動員された父は、日本兵と行動を共にする中で自ら銃を取り、同じ沖縄の住民から食料を強奪している。一つの家族の中でさえ、日本軍による被害と加害の両方を経験しているのだ。軍隊が住民を守るということが、実際の戦場においては幻想に過ぎないことを、沖縄人は身を以て知ったのだ。

しかし、本土決戦への時間稼ぎとして沖縄を「捨て石」にしながら、当時の日本は最終的に本土決戦を回避し、出征兵士や植民地で戦争に巻き込まれた人々をのぞいて、大多数の日本人は地上戦を体験しなかった。そのために日本軍が戦場で実際にどのような行動をとったか、ということを身を以て知ることはなかった。それが軍隊に対する認識を一面的にしているように思えてならない。有事関連法案の中で自明の前提であるかのように置かれている、軍隊が市民を守ってくれるという認識が、どれほど甘いものであるかを私たちは知る必要がある。

否定される憲法九条の理念

現在の日本国憲法では、国権の発動としての戦争は元より、戦力の保持さえ放棄されている。五七年前の敗戦を機に、日本は再び戦争をしないという決意を固めたはずだった。アメリカによる広島・長崎への原爆投下や、軍人よりも多くの住民の犠牲者を出した沖縄戦。東京大空襲や大阪大空襲をはじめとした米軍の空爆による惨劇の数々。そして、アジアの各地や太平洋の島々で戦死した兵士たち。彼らはまた日本帝国主義の侵略の担い手として、二千万余ともいわれるアジアの民衆の犠牲を生み出してもいる。

このような戦争の被害と加害の重みは、憲法の前文と第九条に端的に示される平和主義の理念と内容を支えてきた。しかし今、それを根底から否定する、国内での武力衝突＝交戦を想定した法律が制定されようとしている。

現憲法との根本的な矛盾を持ったこの有事関連法案が成立すれば、憲法改悪への動きを加速せずにはおかないであろう。いや、この法案の成立自体が実質的な改憲といってもいいほどだ。それほどの重要な法案を拙速な論議で成立させることは許されない。

〝有事〟とは何か

今回上程された「武力攻撃事態法案」では、有事（武力攻撃事態）に関して、第二条で次のように定義されている。

「武力攻撃（武力攻撃のおそれがある場合を含む）が発生した事態又は事態が緊迫し、武力攻撃が予想されるに至った事態をいう」。この定義において、すでに次のような疑義が生じる。

現在の国際情勢において、日本が実際に「武力攻撃」を受ける事態がどのように想定されるのか。ソ連邦の崩壊によって、「ソ連脅威論」は消えた。東アジアにおいて今後さらに大きな位置を占めるであろう中国にしても、台湾との関係や尖閣諸島の問題が多少の緊張関係をもたらすことは予想できても、日本と武力衝突を引き起こすほどの事態が近い将来起こり得るとは想定しがたい。「脅威キャンペーン」に最も利用される北朝鮮にいたっては、その軍事力の質は現代戦に通用するものではなく、深刻な食糧危機や遅れた社会資本の整備に汲々としている状況ではないか。

冷戦下でさえ有事関連法案は不要であったにもかかわらず、なぜ今日の情勢下で必要なのか。この問いへの十分な説明はなされていない。法案が成立すれば、日本の安保・外交政策の大きな転換として、中国やロシア、韓国、北朝鮮をはじめとした周辺諸国に警戒感を引き起こすのは必至であり、むしろ新たな緊張関係を生み出す可能性さえある。小泉首相の言う「備えあれば憂いなし」という一般論で進められるようなものではない。

市民生活の国家統制

今回の法案では、住民の安全や保護に関する部分は後回しにされ、自衛隊や米軍の軍事活動を円滑にするために住民に犠牲を強いる部分が優先されている。各種公共機関や銀行、ＮＨＫ、電気、ガス、輸送、通信などのライフラインは政府によって統制され、生活関連物質の「配布」も軍事優先となる。そして、それに抵抗することはできない。

第八条で、国民は「指定行政機関、地方公共団体又は指定公共機関が対処措置を実施する際は、必要な協力をするように努めるものとする」とされている。自衛隊が陣地構築のために必要といえば、家屋の取り壊しや私有地の接収も可能となり、国民の一人ひとりが行政機関や公共団体などの指示によって軍事活動に「協力」させられるのである。「協力」「努める」などの婉曲な表現を使っているが、武器を手にした自衛隊が「協力」を要請するときに誰がそれに逆らえようか。

さらに第十五条では内閣総理大臣の権限において、武力攻撃への対処措置を地方公共団体の長等に「指示」することができる、としている。

今は有事法制に賛成している市民も、いざ自分の住居や土地が接収されるとなれば、抵抗する者も出てくるであろう。住民生活とより密着した地方自治を行なっている自治体の長ほど、政府の方針と相反する判断を行なう者も出るはずだ。

しかし、そのような個人や地方自治体の判断、抵抗を抑圧し、中央集権的な指示（命令）体制を作りだしていくものこそ、有事法制に他ならない。国家の非常時＝有事を口実にして、中央政府や国家の指導者に権限を集中させ、それによって民主主義が圧殺されていった国や歴史を、私たちは何度も見てきたはずだ。今まさに日本が、そのような状況に大きく踏み出そうとしているのである。

しかも、このような市民、地方自治体の国家統制が、先の定義に見たように「武力攻撃のおそれのある場合」や「武力攻撃が予測されるに至った事態」という実に曖昧な基準によって行なわれることに、強い危惧の念を抱かずにおられない。これでは政府の拡大解釈や恣意的判断によって「おそれ」や「予測」を理由に「有事」が宣言され、憲法に定められた市民の権利や自由が剥奪されることもあり得る。そのときには、反戦や不戦、反基地を主張する政党や団体、個人は、「協力」義務に違反したものとしてまっさきに逮捕・拘禁されるだろう。そして、私たちは表現や通信、集会、結社の自由を奪われ、正確な情報もつかめないままに、政府や警察、軍（自衛隊）の言いなりになるしかない。

平和外交の徹底こそが安全保証

このように書けば、それは杞憂だ、という人もいるかもしれない。しかし、「個人情報保護法案」「人権擁護法案」「青少年有害社会環境対策基本法案」など、メディアの取材・報道・表現を国家が管理することを狙った法案が、有事関連法案と連動して国会で審議されようとしていること。さらに、道路や公共・民間施設に張り巡らされている監視カメラの警察による管理や、「改正住民基本台帳法」の施行による国民総背番号制の実施など、政府による市民生活の監視・統制・情報管理が急速に進んでいるのを見るとき、有事に即応できる社会が着々と準備されていることに気付かされるはずだ。

周辺事態法によって米軍の軍事活動への「後方支援」が位置付けられ、自衛隊艦隊がインド洋にも出動している今日、有事関連法は、日米共同の軍事活動を支える意味を持つ。「テロ根絶」を掲げて「悪の枢軸国」とレッテル貼りした国々に軍事侵攻をしようとしている米国に追随していくとき、反アメリカ・反グローバリズムの潮流から日本もまた怒りと憎悪の火を向けられるだろう。

アメリカの軍事行動を支え、戦争を戦える国へと日本を変えていこうとする小泉政権の姿勢こそが、この社会を危機に陥れ、市民の生命を危険にさらすのだ。利権あさりに明け暮れる外務省官僚と族議員の腐敗を一掃し、アジア諸国や中東諸国との友好関係を築く平和外交を徹底することこそ、最も現実主義的な安全保障政策であると考える。

（『婦人公論』二〇〇二年六月号）

沖縄平和賞の虚実

必要な自己検証と反省

この四月から五月にかけて、「復帰三〇周年」について「本土」の新聞・雑誌の記者数名から取材を受けた。その際、「沖縄平和賞」について知っているか尋ねたところ、知っている記者は一人もいなかった。沖縄に関心を持ち、何度も通っている記者たちがである。

アジア・太平洋地域にまで広く枠を広げた、といいながら、この賞の認知度はその程度なのだ。そのうちの一人が、説明を聞いて口にした言葉が印象に残っている。

「今の沖縄が平和賞を出すなんて、ブラック・ジョークですね」

四年前の県知事選挙で、現職の大田昌秀知事が進めていた平和政策に対抗するため、泥縄式に作られた「選挙公約」である「沖縄平和賞」が、稲嶺恵一知事の任期切れを前にやっと第一回の受賞者を出した。選考委員の決定から受賞発表まで、沖縄県民にさえ見えないところで大急ぎで決定されたこの賞が、他府県の人たちにまったくと言っていいほど知られていないのは当然のことだ。

侵略の尖兵の責任

だが、それはむしろ沖縄県民にとって幸いだっただろう。これから授賞式が行なわれ、この賞の存在や性格が知られていくにつれ、賞に内在している問題や矛盾が露呈していく。そのとき恥をかくのは稲嶺知事だけではない。この賞に対して十分な論議や検証を行なうことなく、アジア・太平洋地域を対象に「平和賞」を授与しようとしている沖縄県民全体が、その無恥と傲慢さをさらすことになる。

いったい、アジア・太平洋地域と私たち沖縄の関係とは、どのようなものなのか。この数年、「万国津梁」をキーワードに、琉球王国が中継貿易で栄えた一時代を焦点化した「歴史物語」が流行している。だが、アジア・太平洋地域と私たちの関係を考える上で重要なのは、そのような自己陶酔的な「物語」ではなく、近代以降の歴史の中で生じた関係であり、現在の政治・経済状況の中で日々生起している関係のはずだ。

例えば、私たちは日本帝国主義のアジア侵略の過程で、沖縄が果たした役割をどれだけ自己検証し、反省してきただろうか。日本（ヤマトゥ）対沖縄（ウチナー）という枠の中でなら、沖縄人は被害者の立場にあるかもしれない。だが、アジア・太平洋地域に枠を広げるとき、沖縄人もまた、侵略の先兵として自らが果たした加害責任や戦争責任を問われるのだ。

戦争に加担し続ける沖縄

日露戦争以降、沖縄人も皇軍兵士として銃を取り、アジア・太平洋地域の住民を殺戮していったはずである。それだけではない。植民地の役人や警察、教員、開拓移民として、日本帝国主義による支配の末端を担ったのではなかったか。あるいは、沖縄に強制連行されてきて労役を強いられ、軍夫や慰安婦とされた朝鮮の人たちに、沖縄人はどのような仕打ちをしたのか。平和の礎に親族の名を刻銘されることを拒否した韓国の遺族のことを、私たちはどれだけ考えたのか。チョーシナー、タイワナー、フィリピナーという言葉は、私たちの中で今でも生きつづけているのではないか。

自らが担ったアジア・太平洋地域の人たちに対する加害責任・戦争責任、そして現在も克服されていない差別を反省し、謝罪することは、「沖縄平和賞」が提起される前に行なうべき最低限のことだった。そういうこともしないで発せられる「平和賞」が、どうしてアジア・太平洋地域の人たちの心に響き、受け入れられることがあろうか。

問題はこのような歴史認識上のことだけではない。日米軍事同盟とそれに基づく米軍の沖縄駐留を肯定している稲嶺知事は、沖縄を拠点とした米軍の活動を地元知事として支えているだけでなく、浦添市や名護市に新たな基地の建設さえ進めようとしている。このような政治姿勢を取っている知事が授与する「平和賞」が、沖縄という枠を超えて普遍的価値を持ちうるか。

閉ざされた世界認識

朝鮮戦争からベトナム戦争、南太平洋で行なわれた核実験、そしてアフガニスタンへの「報復戦争」。それらの戦争に沖縄は米軍の出撃、丘站、訓練基地として深く関わってきた。そして、米軍基地がある限り、今後も深く関わっていくだろう。第一回の受賞団体としてペシャワール会が選ばれたということは、この賞の対象範囲が中東地域にも及ぶということであり、当然パレスチナも入るだろう。パレスチナで殺戮を行なっているイスラエルのシャロン政権の背後に米国の支持があることはいうまでもない。さらに、イラクへの米軍の軍事侵攻が間近に迫っていると、メディアを通して宣伝(情報操作)されている。

第二次大戦以降、米軍によって痛めつけられてきたアジア・太平洋地域の人たちの目に「沖縄平和賞」はどう映るだろうか。米国の一極支配に対抗する中国とロシアの動向も含めて、アジア・太平洋地域の政治状況は極めて複雑であり、緊張に満ちている。そういう中で、米軍の軍事行動に積極的に加担しながら「沖縄平和賞」を提起し、それが世界に通用すると考えるのなら、その自閉的な世界認識、政治判断の愚かさには寒気さえ覚える。まさにブラック・ジョークだ。

(「沖縄タイムス」二〇〇二年八月二六日)

有事・監視社会と沖縄

「憎悪と殺戮」の連鎖

9・11事件から早くも一年がたとうとしている。昨年のこの日、私は車のフジオで事件を知った。台風が接近し、雨と風が強まる深夜の街を移動しながら、肌寒くなるような不気味さを感じていた。音声だけのラジオは時にテレビよりも想像力をかき立てる。帰宅して見た世界貿易センタービルが崩壊する映像は衝撃的であったが、当初の不気味さはむしろ緩和されたように記憶している。

今、あの時感じた不気味さとは何だったのかを改めて考えている。アメリカ本土の中枢部が直接攻撃を受けるという予想もしない事態が起こったことへの驚き。旅客機をハイジャックし、乗客もろとも突っ込むという方法の衝撃性。下手をすれば世界規模の戦争に発展するのではないか、という恐怖。それらが複合し、はっきりと事態をつかめないということもあって、何か大変なことが起こっている、という不気味さが募ったのだろう。

怯えていられる特権

だが、私が感じたこの「不気味さ」は、どれだけの普遍性を持っているのだろうか。アメリカ本土を直接攻撃することに命をかけている者たちがいて何が不思議なのか。アメリカの無差別爆撃やミサイル攻撃の標的になる者にとって、旅客機の乗っ取りによる自爆攻撃は「倫理的」に批判されるものなのか。すでに戦争地帯で生きている者にとって、戦争に巻き込まれる可能性に怯えていられるのも、一つの特権ではないのか。

このようなことを考えるとき、私は9・11の自爆攻撃を今でも明確に肯定もできなければ否定もできないでいる。それをテロリストの「罠」にはまっているという者もいるかもしれない。

しかし、沖縄で、広島・長崎で、朝鮮やベトナムで、中南米の反共独裁国家、アフガニスタン、イラクで、アメリカは軍隊とCIAを使って何をやってきたのか。この半世紀余を見ても、アメリカは世界各地でどれだけ戦争を起こし、紛争に介入し、圧倒的な軍事力で虐殺を繰り返してきたのか。それらを考えていけば、9・11の事件は起こるべくして起こったものであり、三千名という死者の数など、アメリカが殺してきた数の数百分の一ではないか、そういう思いが湧いてくる。

一人ひとりの死者の顔

その一方で、アメリカという国家の枠で一括りにされてはいけない一人ひとりの死者の顔を想像しなければと思う。個人としての歴史を持ち、家族を持ち、社会との多様な関係を持ち、それぞれの生を生きてきて、あの日自爆攻撃の場にいた人たちの生の固有性を想像し、考えようと努める。

それはタリバン兵やアフガニスタンの民衆の死に関しても同じだ。九月一一日を前にして、アメリカの死者に関しては多くのメディアが特集を組んでいる。しかし、アフガニスタンの死者に関してはどれだけの報道がなされたか。9・11の自爆攻撃にタリバン兵が関わったわけではない。ましてや、一般住民に責任があるはずがない。にもかかわらず彼らは、アメリカ軍の誘導ミサイルやB52の絨毯爆撃によって殺されていったのだ。

私たちはアメリカとアフガニスタンで殺された人々の固有名と個人としての生の歴史を、戦争屋どものプロパガンダから取り戻さなければならない。そうすることによってやっと「憎悪の連鎖」から抜け出す手掛りを得ることができる。自らの「正義」は絶対であり、「テロリスト」とレッテルを貼った敵は絶滅の対象でしかない。そのような思想からは新たな憎悪と殺戮しか生まれはしない。

愚の骨頂の戦争加担

だがこの一年間、アメリカのブッシュ政権が選択したのは、憎悪と殺戮の連鎖を生み出す最悪の道だった。9・11事件への「報復戦争」は、タリバン兵と一般住民の大量殺戮をおかす一方で、首謀者と判断したビンラディンを捕捉することはできず、アルカイダの主要メンバーも国外に脱出したといわれている（『ニューズウィーク日本版』九月四日号）。

さらに、アメリカの「報復戦争」の勢いを利用したイスラエルのシャロン政権によって、パレスチナの武装占拠と民衆の殺戮が行なわれ、それに対抗する自爆攻撃が続発するという事態も生み出されている。

現在、ブッシュ政権はイラクへの侵略戦争に向けて、兵器の増産や世論形勢などを進めている。それに呼応して小泉政権も、秋の国会で「有事関連三法案」と「個人情報保護法案」を成立させ、憲法九条を実質的に改定し、報道・表現を国家の管理下に置くことによって、自衛隊の本格的な参戦に踏み切ろうとしている。

中東の石油資源に依存している日本が、アラブ諸国を敵に回してイラクへの侵略戦争に加担することは愚の骨頂としか思えない。しかし、そのような最悪の道を日米のタカ派政権は突き進んでいる。基地と経済振興を秤にかけている間に、沖縄を取り巻く状況は大きく変わった。自ら基地を受け入れた代償を沖縄県民はこれから痛いほど払わされる。

（「琉球新報」二〇〇二年九月一〇日）

2003年

2003年

「長寿の島」「癒しの島」のこれが現実

二〇〇二年の沖縄県の男性の平均寿命が、それまでの全国四位から二六位に急落したことが明らかになった。以来、沖縄の地元紙では原因や波及する問題を扱った評論が連載され、県内ではちょっとした話題になっている。鈴木信沖縄国際大学教授は「沖縄の五五歳以下の男性は全国でも短命」と指摘している。平均寿命の伸び率でいうと全国最下位で、六五歳以上の平均寿命が一位なのにその下からは下がる一方というのだから、これから先さらに悪化することが予想される。

過度の飲酒、減らない喫煙者、肥満の増加、運動をせず、検診も受けない。原因がいくつも挙げられているが、気になるのは自殺率が全国二位になっていることだ。何が沖縄の男性を自殺に追い込んでいるのか。その具体的な分析はなされていない。ただ、全国二位と聞いても私に驚きはない。むしろ今の沖縄の社会状況を見ていると、人を自殺に追い込んでいく要因があふれていると思わずにおられない。

昨年（二〇〇二年）、沖縄の失業率は最悪で九・四％を記録した。県内での就職は絶望的なまでに厳しい上に、全国的な不況によって、本土に出稼ぎに出ることも難しくなった。そういう中で、米軍基地への就職希望者が多いことを取り上げ、「基地容認論」を補強するメディアも目立つのだが、広大な面積を占拠している米軍基地の就労者は八〇〇〇名余りにすぎない。

生活苦からサラ金に頼る家庭を待っているのは、抜け出しようのない借金地獄だ。沖縄は自己破産の比率も全国トップクラスだ。一方で、第三次産業の比率が極端に高い社会で、飲み屋とパチンコ屋が行き場のない男たちを吸い寄せる。それにのめり込んで破滅していくのも、何十年と繰り返されてきたパターンだ。

加えて、日本、米国、日本と形を変えて続いてきた「植民地支配」が、沖縄の男（あえて限定するが）の精神構造に、独自のもろさを植え付けてきたのではないかと思える。反抗の牙を抜くために彼我の力の差を思い知らせ、無力感を味わわせる。自立への苦労に耐えるよりも依存の甘さに浸らせ、支配されることに馴れるようにし向ける。困難に立ち向かい、徹底して抵抗する性根を腐らせるための仕掛けが、沖縄社会に埋め込まれている。「長寿の島」「癒しの島」のこれが現実なのだ。

（「思想運動」六八六号、二〇〇三年一月一日）

採石場問題について

今帰仁村今泊区で採石場問題が波紋を広げている。山口県に本社のある宇部興産が、世界遺産にも指定されている北山城趾（今帰仁城趾）近くのセケル原に石炭石の採掘権を設定しようとしており、これが認められれば城趾周辺の景観が損なわれるばかりか、地元住民の生活にも大きな影響を与えるとして、反対運動が急速に広がっている。すでに今帰仁村内の全行政区長が連名で反対の意思を表明し、二月二〇日には村議会が採掘権設定に反対する意見書案を全会一致で可決。同二六日には農業委員会も定例総会で反対決議を全会一致で挙げた。

このように地元今帰仁村では危機感を持って反対運動が行なわれ、署名活動や学習会、県への要請行動なども取り組まれているが、まだ全県的な関心を集めているとは言い難い。この問題は世界遺産のあり方や自然保護、さらには名護市辺野古への海上基地建設ともからんで、一地域の問題にとどまらない重要性を持っていると考えている。以下に問題点を整理して、読者諸氏に反対運動への協力をお願いしたい。

採掘権が設定されようとしている場所は、地元今泊区の拝所であるクバヌウタキ（クバの御嶽）に隣接し、地域の人々の信仰や共同体としての一体感を支える重要な場所である。そのような聖域を破壊されることは、地元住民にとって精神的苦痛を強いられることなのである。これが第一の問題である。

第二に、同所は世界遺産に指定されている北山城趾に隣接し、採掘が始まれば著しく景観が損なわれる。世界遺産は、単にそれに指定された場所や遺跡だけが保護の対象ではない。周辺の環境も世界遺産の価値を失わせないように保護することは当然の義務であり、景観を破壊し騒音や粉塵公害、大型車両による道路環境の悪化などを引き起こす採石場の建設は、論外に等しい。

第三に、この地域が本部の大堂から連なる円形カルスト地形であり、日本で唯一の貴重な地形であること。さらにそこに生息する生物も、まだ十分な調査は行なわれていないが、国の天然記念物であるリュウキュウヤマガメをはじめ、イボイモリやカラスバト、コノハチョウ、フタオチョウなどの希少生物が生息していることが予想される。砕石場どころか、本来積極的に保護地域に指定されるべき場所なのである。

第四に、北山城趾は今帰仁村にとって貴重な観光地であり、本部の海洋博公園や円形カルスト地形などと組み合わせて、今後の観光開発も予定されている。自然を残し歴史的価値を生かしつつ、地域住民の生活と調和する産業振興を図る重要なモデル地域ともなりうる場所なのである。

そして第五に、この時期の採石場計画は、名護市辺野古への海上基地建設との関連も想起される。埋立てや滑走路建設に大量の石やセメントが必要なのは言うまでもない。同地域で採石された石炭岩がどのように利用されるかを考えると、海上基地建設問題と切り離すことの方がむしろ不自然なのだ。橋本龍太郎元首相と宇部興産との深いつながりも取りざたされている。

この問題は〝今帰仁廻り〟を行なっている県内の各門中にとっても他人事ではすまされないはずである。県内外から広範に反対の声をあげていきたい。

（「けーし風」二〇〇三年三月二〇日）

イラク攻撃・正義はあるか

拡散する9・11の悲劇

「アメリカはなぜ嫌われるのか」

9・11事件の直後、アメリカ国内でそういう問いがなされた、という報道があった。ナイーブさと同時に自省的な響きを感じさせたその問いに、ブッシュ大統領とその取り巻き（新保守主義グループ）は、最悪の答えを出した。米英軍によるイラクへの軍事攻撃は、イラクの民衆に悲劇をもたらすだけではない。これからアメリカの民衆もまた、9・11事件のような悲劇に再び見舞われるのではないか。いや、9・11からアフガニスタン、イラクへの攻撃と続く暴力と憎しみの連鎖がさらに拡大していけば、それは中東だけでなく世界全体を混乱と悲劇に巻き込んでいくのではないか。そう予想せずにはいられない。

ブッシュ大統領による開戦宣言以来、テレビでは戦争の実況中継と解説、討論が繰り返されている。空母から出撃する戦闘機や暗視カメラの緑の画面に映る米軍の動き。遠くで黒煙の上がるバグダッドの街の様子。この十数年来目にしてきた「戦争報道」が今回も行なわれている。しかし、そこに爆撃によって殺されたイラクの人々の死体が映ることはほとんどない。米軍による報道管制と広告代理店を活用した情報操作によって、敵（フセイン）の恐怖を煽《あお》り、米英軍の攻撃を正当化するのに都合のいい映像が流される。

だが、出撃する戦闘機の翼に装着されたミサイルの一つ一つが市民を巻き添えにし、黒煙の下では私たちと同じく生活を営んでいた人たちが、肉体を破壊され、焼き殺されているのだ。そのことへの想像力を私たちは持たなければならない。誘導ミサイルによるピンポイント攻撃の精度を米軍が強調し、あたかもフセイン政権の幹部や軍事施設だけが攻撃されているかのような情報が流されていても、住宅の密集するバグダッドへの爆撃は、無差別殺戮《さつりく》以外の何ものでもない。

このような攻撃で一般市民が犠牲になるのは、サダム・フセインが亡命しないからだ。白々しくもそう居直り、作戦の結果を誇らしげに記者団に説明している米政府高官の姿を見ると、彼らにとってイラクの市民の命は取るに足りないものでしかないのか、と思えてくる。作戦の様子や新型兵器の威力を語るときに彼らの顔に浮かぶ笑みは何だろうか。

私たちはイラクを訪問したり、取材した人たちの報告から、すでに多くの子どもらが劣化ウラン弾の被害や経済制裁による医療品の不足によって犠牲になっていることを知っている。森住卓氏の写真集『イラク／湾岸戦争の子どもたち』（高文研）は、一九九一年の「湾岸戦争」で米軍が使用した劣化ウラン弾が原因と考えられる無脳症の子どもや、白血病の子どもたちの写真を載せている。戦争のもたらす惨禍は、アメリカがどんなに隠そうとしても世界中に伝わっていく。9・11事件で犠牲になったアメリカの人々の命が尊いのなら、イラクに住む人々の命も等しく尊い。9・11事件の犠牲者の遺族からもそういう声が上がっている。

世界各地で大規模なデモや集会が連日行なわれているが、その参加者も共通の思いを抱いているだろう。開戦前まで各地で行なわれたデモは、参加者の多さと同時に比較的静かに行なわれたのが印象的だった。そこには武力によってイラクを支配しようとするブッシュ政権に対して、あくまで民主的な手法で問題の解決を訴えるという姿勢が表れていた。だが、それでも戦争を止めることができず、国連の存在さえ危うくなるようなブッシュ政権の強硬な姿勢が示された今、「自由と民主主義」は、かつてないほどの危機にさらされている。

イラクへの攻撃はいずれ世界各地でアメリカへの反撃を呼び起こすだろう。民主的な手法によって戦争が止められず、アメリカの横暴は募る一方だという認識が、アメリカへの嫌悪や憎悪に転化していくとき、反撃の方法も暴力的になっていくだろう。それを抑え込むために「反テロ戦争」はさらに拡大し、「テロリスト」をあぶり出すための市民社会の監視強化も進んでいく。小泉政権下で日本も同じ道を歩むのは間違いない。住民基本台帳ネットワークやメディア規制法も、市民監視と戦争協力態勢の構築に活用されるだろう。何より、自衛隊の参戦と有事立法の制定が、私たちの住む社会の「自由」や「民主主義」を抑圧していく。

仮にフセイン政権が短期間で倒され、この戦争がアメリカの圧勝に終わるとしたら、それは世界がブッシュという独裁者の恐怖政治の下に置かれたことを意味する。そのような米国の軍事基地を私たちは受け入れ、新しく造ってやり、「よき隣人」として支えてやるのか。観光客のキャンセルを「風評」被害とごまかすのはやめよう。この基地は危険なのだ。それと同居するのは加害者であり被害者ともなる二重の苦しみを背負うことだ。この戦争の当事者として、沖縄の地からイラク攻撃反対の声をあげたい。

（「沖縄タイムス」二〇〇三年三月二四日）

イラク戦争に思う

拡大する憎悪の連鎖

卑怯な戦争……連日報道される米英軍のイラク攻撃の映像を見ながら、日一日とそういう印象が強まっていく。すでにバグダッドで行なわれている戦闘がさらに拡大すれば、巻き添えとなる市民も増える。米国が当初主張していたように「テロリスト」集団に大量破壊兵器がわたるのを阻止するのが目的なら、現時点で停戦し、米軍を使って徹底的に調べ上げることで、市民の犠牲を増やさずに所期の目的を達することも可能なはずだ。

だが、米国がそういう選択をするとは思えない。あくまでフセイン政権を打倒し、自国の思い通りになる「民主主義」国家を作るために、バグダッドの街も、人の命も「大量破壊」していくだろう。弱肉強食の力の論理が、最新鋭のハイテク兵器によって実行され、その様子が世界に流される。テレビの同じ画面で大リーグとバグダッドの市街戦が実況中継されるとき、それを見ている私たちも、否応なくこの卑劣な戦争の作り出す退廃に引きずり込まれているのではないか。

この戦争はまた、国連による「査察」の意味を変えてしまった。あたかもそれはイラクの軍事施設や国内の状況、地理、兵力の配置など戦争に必要な情報を事前に収集するための手段でもあったかのようだ。九一年の「湾岸戦争」以来、十余年にわたる経済制裁によってイラクの国力と軍事力を半減させ、なおかつ「査察」によって敵の手の内を見透かし、核兵器や生物化学兵器（それがあるとして）を使えないように手足を縛り、自らの攻撃に最適の環境を作り出す。力の強い者が戦争の条件も自らに有利なように作りかえ、その上で相手を叩きのめす。この戦争の卑劣さはそこにも現れている。

そうやってこの戦争が米英軍の圧勝に終わるなら、ブッシュ大統領やその取り巻きである新保守主義グループは、いよいよ勢いづいて「テロ支援国家」や「悪の枢軸」への「先制攻撃」を進めていくだろう。この戦争の目的が石油利権の確保にとどまるなら、まだしも終わりがあるかもしれない。しかし、ブッシュ政権の「テロとの戦い」に終わりはない。彼ら自身が米国とその同調者への憎しみの種をまいているのであり、憎悪と暴力の連鎖はさらに続く。

追いつめられていくにつれ、イラク側の戦いは宗教色を強めている。「殉教」「聖戦」を唱えて自爆攻撃におもむく女性の映像や、死を決意してヨルダンからバグダッドに戻る若者の姿がテレビに流れる。フセイン大統領の独裁体制に対する反発を超えて、イスラムの同胞意識や愛国意識は、反米英、反イスラエルの戦いとして拡大していくだろう。それに対して、米国がどんなに巨大な軍事力を持っているにしても、世界各地で暮らす米国人を守り抜くことはできない。

そうであるが故にまた、戦争遂行と軌を一にして、米国や日本では「テロリスト」摘発のための監視体制が強化されていく。監視の網は私たち市民全体にかぶせられる。住基ネットや盗聴法、これから国会審議が始まる有事法制が、日本では威力を発揮するだろう。このままでは、私たちの生きるこの世界は、暴力と国家による監視の目に覆われ、暗澹《あんたん》とした状況になりかねない。

世界各地で行なわれている反戦行動が、米英軍の戦闘を止めるまでにはいたっていないにしろ、私たちは執拗に「戦争反対」の声をあげていく必要がある。イラク戦争は私たちの生活とつながっている。私たちは傍観者ではあり得ないのだ。

日米軍事同盟の負担の大半を沖縄に押しつけながら、日本もイラク侵略、「対テロ戦争」の一翼を担っている。イージス艦がインド洋に出撃しているだけではない。「極東」の安全保障という枠を超えて、在日米軍もイラク戦争に参加している。それを黙認している私たちも、この卑劣な戦争を支えている当事者なのだ。これ以上憎悪と暴力の連鎖を拡大させてはならない。

（「西日本新聞」二〇〇三年四月一〇日）

基地の島から見た情報管理社会

情報管理法制の先に見えるもの——有事法制の影

戦時態勢下にある沖縄

二〇〇一年九月一一日、アメリカ合衆国のペンタゴンと世界貿易センタービルに、航空機を使った自爆攻撃が敢行された。その直後から、沖縄の米軍基地周辺は厳戒態勢が敷かれた。いや、周辺という言い方は適切ではないかもしれない。全身をむしばむ癌細胞のように広がった在沖米軍基地の現状からするなら、空海域も含めて沖縄島全体に厳戒態勢が敷かれたと言った方がいいだろう。

各基地のゲートには銃で武装した米兵が立ち、沖縄県警もパトカーを張り付けて警備にあたった。当日は台風が接近していたこともあって、外を出歩いている米兵は少なかったのだが、即座に基地に戻るように指示が出されたのは言うまでもない。ベトナム戦争の時でも出されたことがなかったというコンディション・デルタ（最高度の警戒態勢）が発せられ、沖縄の米軍基地は「テロ攻撃」に備えて臨戦態勢に入った。

そういう中で、基地の状況を取材していた地元の新聞記者が、警備の米兵に銃を突きつけられ、カメラのデータカードを奪われるという事件が発生する。記者の抗議によって最終的にカードは返却されたとはいえ、米軍の態度は終始威圧的であり、侮蔑《ぶべつ》的であったという。他にも、基地の取材をしていたテレビ局の取材班が銃で威嚇されるという事件が起こっている。「よき隣人」政策という仮面が剥がれ、戦争を戦う集団としての米軍本来の姿が剥き出しになった。

厳戒態勢は市民生活にもさまざまな影響を及ぼした。出勤してきた基地労働者に対する厳しいチェックが行なわれ、ゲート周辺の道路は大渋滞をきたす。魔除けとして車内にさげていた塩入りのビニール袋を炭疽菌と疑った警備兵が大騒ぎしたという記事もあった。それをたんなる笑い話として片づけることはできない。このような事態が発生して改めて浮き彫りになったのは、在沖米軍基地が果たしている役割の大きさであった。

沖縄の米軍基地は「太平洋の要石」という言葉が示すとおり、東アジアにおける拠点基地としての役割を担っている。陸海空の演習場をはじめ、攻撃、迎撃、輸送、偵察、空中給油、兵站《へいたん》、通信、医療、気象観測、工作、保養と戦争に必要なあらゆる機能を備え、核兵器や生物化学兵器が貯蔵されているのも「公然の秘密」である。

沖縄の主力部隊である海兵隊第三海兵遠征軍には、アメリカ本国以外で唯一配置されている海兵隊歩兵部隊やエリート部隊のリーコン（偵察部隊）などの地上部隊に、ヘリコプターを主力とした航空部隊、後方支援部隊などがある。また、嘉手納空軍基地には世界最強の制空戦闘機F15を操る第十八航空団第十二戦闘機中隊や空軍特殊部隊第三五三特殊作戦群などが駐留している。他にも陸軍特殊部隊グリーン・ベレーや海の働き蜂といわれる海軍建設部隊シービーズなど、陸・海・空・海兵隊四軍の多様な部隊が駐留している。

その軍事機能の重要性と、海外に展開する米軍の拠点基地としての象徴性を考えれば、9・11事件に続く攻撃対象として沖縄基地が狙われたとしても少しも不思議ではない。事件以降激減した観光客を呼び戻すために、沖縄県は「だいじょうぶさぁ沖縄」キャンペーンを行なっていたが、実際はまったく「だいじょうぶ」ではなかったのだ。

事件から二週間あまりたった九月二九日の「沖縄タイムス」朝刊一面には、フェンス越しに撮られた米軍基地の写真が載っていて、こういう説明が付いている。「県道のフェンス沿いに駐車し、カメラを向けると、どこからともなく武装した装甲車が現れ、銃を手にした兵士が警戒感をあらわにした。米軍基地内は厳戒態勢が続き、緊迫した空気が流れている」。

沖縄島には、那覇から北に向かって国道五八号線、同三二九号線、高速自動車道の三本の主要幹線が延びている。どの道路もそばには米軍基地が広がり、時には基地と基地の間を通っていく。沿道にある基地ゲートには侵入防止用のコンクリートの塊が並べられ、立哨する全国から動員された警察官の背後には、ライフル銃を肩にさげた米兵が立っている。世界最強のアメリカ軍を日本の警察が警備している滑稽かつ異様な風景が、日常生活の中に組み込まれている。

九月二一日に外務省は、沖縄県、佐世保市、横須賀市に対して、米原子力潜水艦の寄港二四時間前の通報をマスコミに公表しないように協力要請した。沖縄県の稲嶺知事はこれに従い、住民生活の安全よりも米軍の機密を優先して公表を中止した。ジャーナリストの原寿雄氏が指摘するように、これは「戦時情報統制の第一歩と言える」だろう(「沖縄タイムス」二〇〇一年九月二二日)。

このように、9・11事件以降に露呈したのは、沖縄が実質的な有事＝戦時態勢の中にあるという現実だった。小泉首相の打ち出した有事法案の「武力攻撃のおそれのある事態」は、すでに沖縄で先取りされていたのである。

ネットワーク社会下の新しい弾圧

ところで、9・11事件以降、米軍基地を守っていた日本の警察や米兵の目は、誰に向けられていたのだろうか。「テロリスト」は民衆の中に姿を隠している。であるなら、沖縄県民もすべて監視の対象にならずにはすまされない。「テロリスト」のあぶり出しは全市民の情報収集と分析、動向把握を通して行なわれる。

すでに9・11事件以前から、改正住民基本台帳法(国民総背番号制)の成立や車両ナンバー自動読みとり装置(Nシステム)の設置など、政府による個人情報の収集・管理や監視体制の強化は進んでいた。それが9・11事件以降は、「テロの抑止」を口実に、国民監視ネットワークの構築が勢いを増す。

二〇〇二年四月一日、沖縄市の中の町小学校通りと上地第一公園に計一九基の緊急通報装置付防犯灯

（スーパー防犯灯）が設置された。

スーパー防犯灯とは、二四時間監視のカメラや非常ベル・赤色灯・警察の通信指令課（一一〇番）と直接話せるインターホーンなどが組み合わされた高機能の防犯灯である。全国十カ所の防犯モデル地区が選ばれて設置されているのだが、その一つに沖縄県の沖縄市が選ばれたのはなぜか。嘉手納基地という重要な軍事施設を抱え、米兵とその家族が買い物や飲食を楽しみ、ディスコや酒場で若い米兵たちが毎晩のように騒いでいる街なのだから、自ずと想像はつく。

沖縄市における監視システムの強化を一番実感できるのは、呉屋十字路から嘉手納基地のゲートに続いている空港通りだ。質屋や飲食店、バー、衣料品店が並び、若い米兵がたむろしている通りを歩くと、横断歩道にさしかかるたびに信号機に設置された監視カメラが目につく。十字路から基地のゲートに向かう者は繰り返し正面から動向が把握されるようになっている。

この通りが、一九七〇年一二月二〇日に起こったコザ暴動の主要な舞台であったことを思い出すのは無駄ではないだろう。米軍支配への怒りを爆発させた民衆は、七三台の米軍関係車両を放火し、空港通り（当時はゲート通り）を進んで嘉手納基地のゲートを突破した。そして基地内の米人学校を焼き討ちして、武装した米兵と対峙している。

スーパー防犯灯といい、空港通りの監視カメラといい、表向きは市民の安全を守るというが、監視されているのは当の市民なのだ。本当に市民の安全を守るなら、米軍基地の内部にこそ監視カメラを設置すべきだろう。基地労働者をはじめ民間人の出入りするゲートは、基地防衛上の弱点である。９・11事件以降、全国から動員された警察官が基地のゲートを警備したのと同じように、沖縄県警も基地周辺に張り巡らした監視カメラによって、基地警備を側面援助しているのだ。

これらの監視カメラと並行して、沖縄ではNシステムの設置も進んでいる。特に二〇〇〇年七月の九州・沖縄サミット前に整備が進んだ。先に挙げた三本の主要幹線や南部一周道路の要所を押さえれば、空港や米軍・自衛隊基地周辺の車の移動はおおよそ把握できる。鉄軌道のない沖縄（現在整備中のモノレールはのぞく）では、移動はほとんど車に頼っており、Nシステムの果たす役割は大きい。

ジャーナリストの青木理は『日本の公安警察』（講談社新書）の中でこう述べている。

「ある関係者は『九七年頃からNシステムの新設場所などがガラッと変わった』とも指摘する。最近のNシステムは、本州の日本海側や沖縄、あるいは自衛隊の演習場近くなど、犯罪捜査の有益性よりも公安警察的発想による新設が急増しているというのだ。」

これらの監視カメラには近いうちに顔認識機能が導入されていくだろう。空港や港湾などの公共施設、街頭、コンビニ、銀行などの監視カメラを警察が一元的に管理する市民監視ネットワークが構築されるのも遠い先のことではあるまい。「反テロリズム」を掲げて自らの望むがままに戦争を仕掛ける世界最大の「ならず者国家」アメリカの基地が集中する沖縄は、否応なくアメリカ主導の有事＝戦時態勢に組み込まれていく。反戦・反基地という「反米活動」を行なう個人や組織は、「テロ」への同調者というレッテルを貼られ、生活の場に張り巡らされた市民監視ネットワークによってあぶり出されるだろう。

その先にどういう弾圧が待っているかは、これからの状況次第だ。ただ、はっきりしていることは、このような市民監視ネットワークやアメリカの戦争を支援する日本政府の有事＝戦争態勢作りに反対するたたかいを盛り上げない限り、反戦・反基地を行動する個人や組織は根絶やしにされるということだ。9・11事件以降、アメリカではアルカイーダの協力者・同調者と疑われたアラブ系市民が、法的根拠も曖昧なまま拘束され、拘留されている。私たちはそのようなアメリカの状況を許してはならないし、それを明日の日本の姿にしてもならない。

軍隊は民衆を信じない

昨年、有事法制をめぐる議論が起こったとき、第二次大戦で日本の有事＝戦時体制に人一倍協力した沖縄人が、どのような結果を迎えたかを考えた。

国家総動員体制の下で、政府や軍の言うがままに、土地や家屋、食料、労働力を提供し、一三歳の少年から七〇過ぎの老人まで、鉄血勤皇隊・女子学徒隊や防衛隊、あるいは慰安婦として戦争に参加していった沖縄人。「二等国民」と呼ばれて差別され、真の「日本人」になろうと熱心に友軍を支えた沖縄人を待っていたのは、米軍の無差別爆撃と自分たちを守ってくれるはずの友軍の裏切りであった。

沖縄戦に関しては膨大な量の証言や記録が残されているが、そこに繰り返し出てくるのは友軍＝日本軍への怒りと恐怖である。あとからやってきた友軍に壕や洞窟《がま》から追い出され、砲弾の中を逃げまわった体験。赤ん坊の泣き声がうるさいと殺害された話。食料の強奪やスパイ容疑による虐殺。夜になると村を襲う敗残兵の恐怖。私は一九六〇年の生まれだが、「米軍よりも友軍の方が怖かった」という言葉は、両親や祖父母だけでなく、年輩の教師や近所の人たちから何度も聞いた言葉だ。「いざ戦争となれば、軍隊は住民を守らない」。これは沖縄戦で沖縄人が身をもって知った貴重な教訓である。しかし、その教訓は大方の日本人には共有されていない。近代に入って日本は幾度も戦争を戦っているが、「国内」で軍民入り乱れての地上戦が戦われることは、沖縄をのぞいてなかった。そのために軍隊＝自衛隊に対する認識がまったく甘いものになっている。

旧日本軍と自衛隊は違う。自衛隊の暴走を防ぐためにも有事法制の整備は必要だ、という意見を耳にする。しかし、旧日本軍と自衛隊が違うのは、どんなに形骸化したとはいえ憲法九条がまだ存在し、軍隊の自由な活動を許さない法的制約があるからにすぎない。有事法制やスパイ防止法などの戦時法体系が整備され、協力義務に従わない者への懲罰規定が設けられれば、自衛隊は軍隊としての本来の姿を公然化していくだろう。

三矢研究を持ち出し、有事法制によって自衛隊の活動を制約するという意見など、シビリアン・コントロールが現在どれだけ実際に行なわれているか、という現実を見ていない空論としか思えない。米軍のアフガニスタン攻撃支援のためにインド洋に出動している自衛艦が、具体的にどのような活動を行なっているのか。そこでどのような問題が生じているのか。そのことがどれだけ国内のメディアで報じられ、国会で論議されているだろうか。

現在でも自衛隊の作戦行動は、機密に覆われているのだ。情報開示どころか、それを請求した人のリストが防衛庁内部で回されている始末である。有事法制やメディア規制法によって報道管制が敷かれ、情報や作戦指揮系統が首相直属の機関に統轄されるとき、どうやって市民が自衛隊の暴走を食い止められるというのか。シビリアン・コントロールどころか、むしろ監視され、コントロールされるのは市民の方なのだ。

仮に政府や警察に監視されたとしても自分が悪いことをしなければいい。監視を恐れるのは過激派や一部の左翼であり、一般市民の生活の安定が守られればいい。

こういう意見には次のことを確認しておこう。沖縄戦において、友軍にスパイの疑いをかけられて殺されたのは、友軍に積極的に協力した警防団長や校長、村のリーダーなどが多かったのだ。軍隊との関わりが多く、命令の伝達や情報提供を担った者ほど軍の内情を知っており、スパイの可能性を疑われるのは当然だろう。無論、それは自らの敗北をごまかし、住民に責任転嫁する日本軍の卑劣な邪推であった。だが、軍に協力してスパイ容疑をかけられ、殺された人々の惨劇は、戦争における軍隊と民衆の関係を端的に表している。いくら民衆が軍隊を信じても、軍隊は民衆を信じはしないのだ。

いったん有事＝戦時法体系が整備され、市民監視のネットワークが構築されれば、その対象となり犠牲となるのは、決して一部の反政府活動家だけではない。私たちに逃げ場はない。基本的人権であれ自由であれ、自らたたかわなければ守れはしない、という当たり前の事実を、私たちは突きつけられている。

（「部落解放」五一五号、二〇〇三年五月）

気概があるか

私の祖父が生前聞かせてくれた話を一つ紹介しよう。祖父は一八九七（明治三〇）年の生まれで、子どもの頃の体験といっていたから、明治も後半の話だ。

当時、煙草の専売制が敷かれても村人は言うことを聞かず、自分たちの吸う分を勝手に刻んでいた。ある日、ヤマトゥから新しい役人が村にきて厳しく調べ始めた。竹で作った灰皿の中味まで確かめ、自分で刻んだ葉は太くて不揃いだ、などと言いながら村人たちを摘発していった。そのことに腹を立てた数名の男たちが役人を襲い、撲殺して死体をアサギの松の木の下にうち捨てた。

子どもの頃、その様子を実際に目にした祖父は、夕暮れにぼんやりと白く浮かんで見える役人の死体が恐ろしくてならなかった、と話していた。その後、役人を殺害した男たちは逮捕され九州の刑務所に送られたのだが、首謀者のひとりは祖母の兄の嫁さんの兄弟とかで、彼の地で獄死したとのことだった。

この話を聞いたのは祖父が死ぬ一年ほど前で、もう二〇年近くたつ。今、書き記しながら、明治の沖縄の男たちには、ヤマトゥの腐り役人を撲殺するだけの気概があったのだと思わずにおられない。こう書けば、暴力を賛美するのかと説教を垂れる良識派が必ず出てくるのだが、権力者が抑圧のために用いる暴力と民衆が抵抗のために用いる暴力を一緒くたにして論じる愚だけは避けたいものだ。

沖縄＝「非武の島」「平和の島」、沖縄人＝平和を愛しシャイでやさしくだらしなく男は怠け者で女は働き者云々。世間に氾濫するそういう安っぽいイメージのおかげで見えなくなっている歴史や現実がいくらでもあるだろう。どんな時代でも、政治的勝者は敗者を武装解除し、恐怖と卑屈さと奴隷根性を植え付けて支配を強固にしていく。そうやって作られた安定を「平和」と呼ぶなら、それは支配される側にとっては屈辱的なものでしかない。それを屈辱と感じさせないためにまた、「平和」という言葉は「民主的」と並んで実に便利な言葉なのだが。

さて、今回の特集は、百年の射程で沖縄の「独立」を考えてみようということらしい。テレビをつければ、たった三週間でイラクのフセイン政権を倒すほどに巨大な軍事力を持ち、虫けら同然にアフガニスタンやイラクの人々を殺戮して恥じない、アメリカという「恐怖の帝国」の報道であふれかえっている。

そういう時代に「独立」を論じるとはどういうことか。理論や思想を深めるためには、現実の政治状況に振り回されない強さも必要だが、現実から遊離して「独立」問題を論じても空しいばかりだ。

今回のイラク戦争は、沖縄にとっても歴史的に大きな意味を持っていた。自らの意に従わない政府は武力で破壊することを位置付けたアメリカの「先制攻撃」の前に、反戦運動の中でも「国家主権の擁護」を唱えなければならないほどに歴史の歯車は逆転してしまっている。イラクと並んでアメリカが「悪の枢軸」とレッテルを貼った北朝鮮に次の「先制攻撃」が向かうとき、沖縄は自らが軍事攻撃の対象となる戦争の危機にさらされる。

ブッシュ大統領と新保守主義グループの脅威は、今回のイラク戦争でいよいよ明らかになった。この二月には在韓米陸軍の移動計画が明らかになっている。北朝鮮に大量破壊兵器を使わせない目途（空爆と電子攻撃で発射装置と指揮系統を一気に破壊する）さえ立てば、奴らは本気で戦争を仕掛けると踏んだ方がいい。韓国で反米闘争が激化することを考えれば朝鮮半島で軍事攻撃はない、という判断は楽観的すぎる。沖縄の置かれている状況もまったく変わったのだ。

反戦デモの映像に、ブッシュの写真にチョビ髭をつけて「アドルフ・ブッシュ」という文字を書いたものがあったが、ヒトラーが持っていた数千倍の軍事力をブッシュは手にしている。その男が指揮する軍隊が、沖縄を東アジアの拠点としているのだ。

この島を「平和の島」と呼ぶ欺瞞からいい加減脱しよう。殺される側の人たちからすれば沖縄は「恐怖の島」以外の何だろうか。いや、いずれ時をおかずに沖縄の人にとっても、この島は「恐怖の島」に変わるかもしれない。

最初の話に戻ろう。ヤマトゥの腐り役人を撲殺した明治の沖縄人ほどの気概を、こういう時代に生きているあなたは持っているか。武器を取ってアメリカや日本と戦うか、と問うているのではもちろんない。抵抗運動がどういう形態を取るかは、その時代や地域の状況によって最も有効な手段を選択すればよい。問題は、自らの身に何かあることを覚悟して、たたかう気概があるかということだ。

これから私たちが迎えようとしている時代は、生半可な姿勢では持ちこたえられそうにない。安心して豆腐を買いに行ける状況が、いつまでも続く保証はないのだ。有事法制も国会論議が進んでいる。この百年の歴史の教訓をいかせない愚かさを脱したい。

（『うるまネシア』第五号、二〇〇三年五月一五日）

根腐れする「保守王国」

二〇〇〇年の春、宮古から名護に移ってきて三年がすぎようとしている。この間、辺野古への海上基地建設問題を中心に、九州・沖縄サミットから名護市長選挙へと激しい動きの続く時間が、名護だけでなく北部地域全体を流れていった。一九九五年の少女暴行事件によって流動化した沖縄の基地問題が、普天間基地の「県内移設」が打ち出されることによって、名護市はその象徴的な場所となった。

海上基地建設の是非を問うた「市民投票」をはじめ、この数年間に名護市で繰り広げられたことを「地方自治の実験」と呼ぶ者もいる。だが、机上の論理を弄ぶ学者・研究者はいざ知らず、そこで生活している者にとっては、「実験」などという生やさしいものではなかった。基地受け入れの取引として「振興費」「補助金」といった金が乱れ飛び、それによって生じた利害確執は、家族や親戚の間でさえ対立を生みだしていく。職場を追われたり、人生が大きく変わった者、心の深いところで血を流した者はどれだけいることだろうか。

「もし自分が辺野古の橋で首を吊ってぶら下がったら、その姿を見て、基地を受け入れようとしている住民も考え直してくれるだろうか。そう思い悩んで毎日眠れない。」

ある集会でこう話していた辺野古住民の姿を思い出す。昨年の名護市長選挙や名護市議会選挙で革新系候補者が大敗し、すでに問題の決着はついたという雰囲気が漂っている。反対運動の中心となっていた「ヘリ基地反対協議会」は事務所を引き払い、運動らしい運動も行なっていない。名護の街からは看板やビラが消え、街宣車の声も聞こえなくなった。労働組合や市民団体、有志によるそれぞれの取り組みは行なわれていても、その動きが市民の目にとまる形まで展開されることは少ない。

このような状況をして、建設反対派が敗れ、推進派が勝利したととらえるなら、それは皮相な認識でしかない。確かに辺野古への海上基地建設や那覇軍港の浦添移設など米軍基地の「県内移設」を推進する保守系候補者が、県知事選挙や各種自治体選挙で勝利し、沖縄はかつてないほどの「保守王国」となっている。だが、県内の保守対革新という構図から日本（本土）対沖縄という構図へと視線を移し、現在の日本の政治状況や国民意識の中で、沖縄がどう位置付けられ、意識されているかを問うていくなら、敗北したのはたんに革新勢力だけでなく、沖縄総体だったことが見えてくるはずだ。

「沖縄への政府の関心が薄らいだ」「沖縄問題への国民の関心が低下した」マスコミではそういうことが言われ、書かれる。だが、ことはもっと深刻ではないだろうか。沖縄は基地撤去の千載一遇の機会を逃したばかりか、基地の半永久的な固定化と強化への道を自ら選び取ったものとして演出され、植民地的状況と根深い差別の中で生きることを強いられようとしているのではないか。

いや、それさえもまだ甘い認識かもしれない。「対テロ戦争」や「先制攻撃」を打ち出したアメリカの軍事戦略や、それに同調してインド洋にイージス艦を出撃させ、有事立法の制定を緊急の課題としてあげている日本政府の動向と財政危機の進行如何によっては、沖縄は手足をもがれて転がされた昆虫のように、無力で哀れな状態へと成り下がるのではないか。しかも時には、自ら触覚や手足をもぎ取って飼い主に差し出しながら。そういう兆候はいくらでもある。

長寿世界一と浮かれていた沖縄県の平均寿命が、男性においては一気に二六位に低下した。それは今の沖縄の状況を示す象徴的な出来事だろう。自己批評力の欠落した甘い自己認識と現実との落差。「基地バブル」が終わったとき、あとに残るのはいったい何なのか。私たちはリアルに考えなければならない。

一月二三日、第四回「那覇港湾施設移設に関する協議会」が防衛施設庁で開かれ、浦添市牧港補給地区に造られる新軍港が、水深一二メートルの逆L字型になることが決定された。「キティホーク」（八二、九六〇トン）クラスの航空母艦も接岸可能であり「ホワイトビーチは朝鮮半島を、新那覇軍港は台湾にらむ。沖縄の東西に出撃拠点ができる」（前田哲男「沖縄タイムス」一月二四日）と指摘されるこの軍港に関して、浦添市は「使用協定締結を求めない考え」を表明している。一月二四日付の「琉球新報」朝刊は、その「背景には、振興策で国との良好な関係を維持したいとの判断が働いたと見られる」と指摘している。そこには主導権を国に握られ、住民生活の安全のために結ぶべき「使用協定」さえ放棄している市長の卑屈な姿勢が露呈している。

それは稲嶺知事にしても同様だ。普天間基地の名護市辺野古への「移設」について具体的な作業手順を話し合う「代替施設建設協議会」（主宰・細田博之内閣府沖縄担当相）の第 回会合が一月二八日に開かれた。ここでも稲嶺知事が選挙公約として掲げてきた「一五年の使用期限」問題は、協議内容に明記されず、議題として位置付けられることさえない。

これに対して稲嶺知事は、「一五年問題の解決を政府に要請する」という従来の「タテマエ」を繰り返しているに過ぎない。「一五年の使用期限」を設定すること自体が「バーチャルリアリティ」だの「偽歌舞伎」だのと言われ、アメリカ政府も実現の可能性を明確に否定している。稲嶺知事自身も、アメリカが基地の「使用期限」を受け入れるなどとは信じていないはずだ。稲嶺県政に三期目はない。三年ほどかかる環境アセスメントの間、「一五年問題」を「タテマエ」として引き延ばし、その間に振興策などの実績や、「移設」作業の既成事実を積み重ね、後戻りできない状況を作り出す。その上で次の保守系候補者が「一五年問題」に「妥協案」を出して決着を付ける。すでに昨年一一月の知事再選直後からそういうシナリオは指摘されている。

北部振興費や島田懇談会事業によって作られた施設や芽出しした事業が成果を生み出し、国立高等専門学校や大学院大学が開学すれば、県民世論も変わる。環境アセスメントで多少の問題が露呈したとしても、数百億円単位の予算を消化したあとで白紙に戻すことなどあり得ない。ジュゴン保護や環境保全などしょせん無理なのは分かりきっているのであり、最後は泡瀬干潟の埋め立てのように見切り発車をすればいい。そうやって泥をかぶって三期目の不出馬を表明し、次の知事に再スタートを切らせる。かつて市民投票の結果をひっくり返して辞職した比嘉鉄也元名護市長と同じ手法で公約を投げ捨て、責任をとって（?）政治の世界から引退する。その後、抗議や反対の声があがろうとも、衰退する革新勢力や反対運動には、現実をひっくり返すほどの力はないだろう。むしろ、政府の「補助金」に骨の髄まで依存してしまっている中で、沖縄県民は無力感とてーげー主義を脱し得ず、「公約」の「転換」は意外なほどスムーズに行なわれるかもしれない。むろん、米軍絡みの大きな事件や事故が起きれば情況は一気に流動化する危険があるが、稲嶺知事や浦添市・名護市の市長らはあと三年間、出来レースが破綻しないように米軍の事件や事故を恐れつつ乗り切りを図るだろう。

これは埒もない予想だろうか。だというなら「一五年問題」をはじめとした「基地問題」に他にどういう決着があるのだろうか。アメリカ政府が「一五年の使用期限」を認め、日本政府も一五年しか使用しない基地に数千億円単位の予算を投入するというのか。一五年後に民間専用にするときには、軍用施設の撤去と民間施設の増設による予算も必要になる。何より、新たに基地の「移設」場所を探し、その建設費用を捻出しなければならない。先行きに不安が募るデフレ不況下で、そういう確約が可能だというのか。将来の国際情勢の変化が予想できないのに「使用期限の設定は不可能」というアメリカ政府関係者の発言で、とっくに答えは出ているのではないか。

では、それが「不可能」なら、稲嶺知事は決然として「着工拒否」を打ち出し、普天間基地の「移設」問題を振り出しに戻すというのであろうか。それは自らが政府とともに進めてきた計画の完全破産を意味し、新たに「移設」場所を探すか、普天間基地の現状維持を打ち出すしかない。稲嶺知事にそういう選択があるはずはない。かといって「一五年の使用期限」要求を自ら取り下げることも出来ないとすれば、あとは妥協案を採るしかなくなる。だが、それは「一五年の使用期限」設定を譲れないぎりぎりの線と県民に公約してきたことの裏切りである。結局、八方塞がりの中で、できるはずもない「着工拒否」をちらつかせて強気のポーズだけはとり、要請を繰り返して政府との出来レースを演じるしかないのだ。

そうしてことは進んでいく。基地の所在する市町村では、島田懇談会資金や国庫補助を使って例によって箱物行政がまかり通っている。「マルチメディア・アイランド構想」によって県内各地に建設されている情報通信関連企業の創業支援施設の乱立ぶりはどうだろうか。一月二一日付の「琉球新報」朝刊では、計画中も含めて二三施設が建設されるとし、「乱立ぎみ」「支援施設間の有機的活用策や取りまとめ役も不在」というＩＴ企業の声が紹介されている。しかし、一見隆盛を極めるこれらＩＴ関連施設は、どれだけ地元の市民に認知され、実際に活用されているのだろうか。米軍基地の県内「移設」問題に絡んで投入された補助金に結びつき、十分な計画性もないままに事業を立ち上げたというのが実態ではないのか。

実際、この種の施設の代表格として名護市辺野古に建設されたマルチメディア館について、名護市出身の若者が書いた次のような文章が某ホームページに載っている。マルチメディア館の現状をよく伝えていると思うので、長くなるが引用して紹介する。

「名護市に住んでるけど、こんな施設知らない。」という人も多いのではないかと思う。地図を見れば一目瞭然だが、何せこの施設は辺野古崎近くにある。国道からも遠く、実際訪ねて行くときも交通の便の悪さに閉口した。（中略）何でこんな場所にあるのか？　それは沖縄米軍基地所在市町村活性化特別事業の一環として利用率や有効性など考えずに造られた施設だからである。

館内に入ると来客は私だけしかおらず、三人で談笑していた受付の人に訪ねてきた旨を告げると、ひとりの方がわざわざ親切にも部屋まで案内してくれた。（中略）案内してもらう途中で企業に提供している部屋を見たのだが、ほとんどの部屋が空っぽだった。名義上は部屋を借りていても、実際はほとんど入居していない企業もあるそうだ。

私が尋ねた人は、沖縄の海が好きで本土から来た人なので、ここで仕事をしているのだが、そういう人でもなければ、いくらやすくてもこんな場所に会社や事務所を持とうとは思わないだろう。またこの施設のネット回線はＩＳＤＮだそうだ。これなら市内に事務所を借りてＩＳＤＮを引いた方が、まだ便利であろう。

（中略）だがこの名護市のマルチメディア館の施設や機械はすごいものがそろっている。おまけに低料金で利用できる。だがその予約状況を見ると空ばっかりである。まさに宝の持ち腐れとはこのことだろう。この施設が市街にでもあればまだましだったと思うのだが。しかも、こういった施設や機械の進歩は日進月歩であり導入当時は最新のものであっても、すぐに時代遅れのものになる。このままほとんど利用されることなく終わっていくのではないかと心配になる。

沖縄の「マルチアイランド構想」の先導役として持ち上げられる名護市のマルチメディア館にして、地元の市民の認識はこの引用例よりはるかに下なのだ。アメリカでＩＴバブルがはじけ、九州・沖縄サミットで森首相の唱えた「ＩＴ革命」も死語と化した現在において、「マルチアイランド構想」を成功裏に実現することの困難さを沖縄のマスメディアはどうしてリアルに報道しないのだろうか。経済振興の旗振り役を務めるのが沖縄のオピニオン紙の役割というわけか。

コールセンターの誘致が進んで雇用拡大がなされたと、高い失業率に対する反論として「成果」が強調されているが、コールセンターで働いている労働者の定着率の悪さや労働条件の問題などは解決されたのか。せっかく作った施設も先に挙げた引用の通り十分活用されないままになっているのは、名護市のマルチメディア館だけではないだろう。インターネット社会が日本より格段に進んでいる韓国や驚異的な速度で発展している中国、沖縄より格段に高い技術力と語学力を持ったシンガポールなどのアジア諸国は元より、日本国内各地で沖縄と同様の取り組みはなされている。すでに先行している地域からは引き離され、後発した地域からは追い上げられる。ＩＴ分野では国際水準の技術や意識が必要なのに、沖縄県民の中にそれがどれだけ浸透しているか。基地問題がらみで沖縄にとられている財政面・制度面での特別措置が無くなったとき、沖縄に競争力はあるのか。

若い世代がＩＴ産業で活躍するには、たんに制度や施設、機材がそろえばいいというものではない。

もっと問われなければならないのは、彼らを育て支える地域の精神風土だ。独創性を支えるのは既存の枠を越えて生きようとする野蛮な意志であり、創造性を支えるのは新しいものを精力的に吸収する好奇心と知性を尊重する風土だ。IT関連企業を発展させてきたベンチャー精神や市場動向を的確に把握する緻密さ、消費者への配慮、目標を立て成果を積み重ねていく計画性。それらの根底には、他者への依存を廃した主体性や自立心が必要だが、今の沖縄にそのような精神風土があるのか。

現実はまったく逆なのだ。「自立」とはかけ声ばかりで政府への依存度は増すばかり。知識であれ技術であれ地道な積み重ねの労を要するものを厭い、安易な手法で目先の利益を得ることに執着するから、軍用地料や補助金がいくら流れ込んでも産業育成にはつながらない。バブル経済がはじけて一〇年以上がたち、財政破綻の危機から大型公共工事の見直しが必至なのに、基地問題がらみで本来なら通るはずもない採算性を度外視した事業がまかり通る。行政や経営のトップらが計画性も緻密さも経営倫理もない姿をさらしているのだから、それを当たり前のこととして見てきた若い世代に、どうしてそれらが育つか。なまじ「基地バブル」によって金が流れ込むが故に、公共工事依存の建設業が相変わらず幅をきかせる沖縄経済界とその代弁者である知事の下で、産業構造の転換も出来ないままずるずると時代から取り残されつつあるのが沖縄の現状ではないか。

アレックス・カーは『犬と鬼』（毎日新聞社）で現在の日本が抱える問題を官僚支配や政治経済構造から文化・教育のあり方まで幅広く分析することによって明らかにしている。例えば沖縄県がリーディング産業として位置付けている観光については、日本が国際的な観光産業の競争から脱落した地域であることを指摘する。「先進国」で唯一、電線の地中化を実現できず、古都京都でさえ景観美を破壊して高層ビルが建設される。伝統的な建物の外観は保存しながら内部は現代の生活にあったように変えていく技術も未発達で、歴史的町並みは都市再開発によって破壊され、無秩序に発達した街の中に文化遺産が点在する。そして世界有数の多様性を持った自然を公共工事によって破壊し、埋め立てやコンクリートによって潰してきたがゆえに目の肥えた欧米の観光客が足を運ばなくなってしまった。

『犬と鬼』を読むとアレックス・カーの指摘する日本の問題が集約した場所が沖縄だと思えてならない。観光を県経済の主要な柱と位置付けながら、泡瀬干潟の埋め立てや辺野古の海上基地建設という大型公共工事によってなけなしの自然を破壊し、「観光資源」として商品化している海や海岸線、人々の生活さえ破壊して省みない鈍さと先見性のなさ。アメリカ本土が自爆攻撃された9・11事件によって落ち込んだ観光客数が回復し、来年度は五百万人をめざすという一見景気のいい話題が提供されている。しかしそれは、原価割れを起こすほどの低価格設定によって支えられているにすぎない。不況が長引く中、格安で「南国」や「異文化」気分を味わえるために国内旅行者が増えることはあっても、この島が国際的な観光地になることはあり得まい。

九州・沖縄サミットが開かれる前に、カナダのハリファックスを例にして、外国からの観光客が激増するかのように宣伝していたはったり屋どもはどこに消えたのだ。外国からの観光客が来ないのは、距離の遠さや物価の高さ、航空路線の不便さなどの問題だけにあるのではない。何よりもこの島はすでに美しくないのだ。離島の一部を除けば見るべき自然はどこにあるのだろう。この上さらに、基地建設とそれと引き替えにばらまかれる北部振興費や基地関連の補助金によって、わずかに残った自然も無惨に破壊されていくだろう。

極めて悲観的な現状認識を連ねていると言われるかもしれない。しかし、私たちは自分たちの立っている場所をきちんと見据えない限り、現状を打開することなどできはしない。

アメリカのイラク侵略に反対する集会やデモが、世界各地で数万人、数十万人単位で行なわれている。だが、海外で展開する米軍の東アジアの拠点であるこの沖縄では、千名単位の集会さえ開かれない。琉球新報紙には、イラクへの攻撃が行なわれても9・11事件直後のような観光客の減少は起こらないだろうという分析記事さえ載る始末だ。この驚くべき視野狭窄ぶりはなんだろうか。経済封鎖による医療品の不足や劣化ウラン弾の被害などによって、イラクでは日々子どもらが死んでいるというのに、この沖縄では経済の話ばかりなのだ。

この原稿を書きあげようとしていた二月二一日、二〇〇一年七月の宜野湾市長選挙にからむ違法献金事件で、県商工会連合会前会長で、稲嶺知事の後援会副会長も務める経済界の「実力者」が、公職選挙法違反容疑で逮捕された。普天間基地の「移設」をめぐって、「当初、県内移設反対だった比嘉盛光市長が、後に移設容認するに至る現在の流れをつくった人物」(「琉球新報」二月二二日付)とも指摘されるこの「実力者」の逮捕は、基地の「県内移設」推進のために沖縄に注ぎ込まれる金と利権をめぐる政治家と企業の癒着を示している。だが、これは宜野湾市だけの問題ではないだろう。今回の事件が氷山の一角でしかないことは誰でも知っている。県警とマスメディアはこの事件の背後にある基地絡みの利権の構造を徹底して暴くべきだ(1)。

このようにして沖縄県内を流れる米軍基地関連の金が、ブッシュ大統領の行なおうとしているイラク侵略と無関係だとは言わせない。米軍基地との「共存共栄」とは、米軍による殺戮の片棒を担ぐことだ。アメリカのイラク侵略はフセイン政権の打倒を目的としており、戦闘は大統領官邸のある首都バグダッドで行なわれる。多くの一般市民が巻き添えとなって死傷することは言うまでもない。沖縄から直接イラク攻撃に参加する部隊が少なかったとしても(2)、米軍基地の円滑な運営をゆるして、イラクの人々の死と無縁な顔をできるだろうか。

さらにこの戦争は、アメリカの「対テロ戦争」の世界規模での拡大を促進する。沖縄海兵隊がフィリピンのアブサヤフ「掃討」戦のために出撃することも報じられている。われわれはすでにアメリカの進める「対テロ戦争」の歯車に組み込まれているのであり、自ら止めようとしない限りその歯車はいっそう深く私たちの身に食い込んでいくのだ。

(「うらそえ文芸」第八号、二〇〇三年五月)

注

1　そのあと、比嘉盛光宜野湾市長も逮捕された。

2　沖縄からもファルージャへの攻撃をはじめ、五〇〇〇名以上の海兵隊員がイラクに派兵された。

虚像と実像の落差　いくつもの自画像

無反省で踊っていないか

虚像と実像の落差。現在の沖縄について考えるときに、まずそのことが頭に浮かぶ。ここでいう虚像とは、外部から見た沖縄が実態とはかけ離れている、ということを指しているのではない。むしろ内部にいる私たちの目に、沖縄の像が現実以上に拡大され、歪められて映るような仕組みが作られているのではないか。そして、私たちもその虚像と実像の落差にうすうす（あるいは明確に）気付きながら、像の焦点をあわせきれずに急速に進む現実に流されているのではないか。そのことを日々感じずにおられないのだ。

例えば、連日マスコミをにぎわせている「世界最高水準の大学院大学」を作るという話がある。出来レースという声も聞かれながら恩納村に建設地が決定したのだが、尾身幸次元科学技術・沖縄北方担当大臣主導で進められてきたこの構想の動きにも、虚像と実像の落差が目につく。

構想では、ノーベル賞クラスの学者を海外から集め、世界最高水準の研究活動を行なうという。学力コンプレックスの強い沖縄人には、それだけで水戸黄門の印籠並みの効力を発揮するようで、へへー、沖縄のためにそこまで考えて下さりありがたや、とひれ伏して思考停止に陥りそうな雰囲気だ。マスコミまでもが「オール沖縄」で推進しようと息巻いている。だが、世界の一線で働いている研究者を集めることの困難さは、とうの自然科学の専門家たちが一番知っているはずだ。

これまで日本で問題になってきたのは、むしろ「頭脳流出」だった。古くは江崎玲於奈、利根川進、広中平祐から、最近は青色発光ダイオードの開発をめぐる裁判でも有名になった中村修二カリフォルニア大学教授まで、数多くの優秀な学者が、アメリカの大学や研究所に移籍し、実績を上げてきた。

施設、予算、スタッフなど日本より格段に恵まれた研究環境があり、世界中から優秀な学者が集まることによって情報交換や共同研究も容易になる。なおかつ、個人の研究成果に対する特許取得や報奨金も日本とは比較にならないくらい優遇され、実力と実績を尊ぶ精神風土がある。そういうアメリカに「頭脳流出」が起こるのは当然のことだろう。

いや「頭脳流出」が起こっているのはアメリカだけではない。昨年、胃癌や白血病の発症にかかわる遺伝子研究で世界をリードする伊藤嘉明京都大学教授（当時）が、助手や院生を引き連れて研究室ごとシンガポール国立大学の分子生物学研究所に移籍したことが話題になった。シンガポールでは、すでに一九八〇年代の半ばから次代の競争力の照準を貿易から生命科学などに移し始めており、ノーベル賞級の学者を集めると同時に、中学・高校での理科や数学教育の強化も行なってきたという（「日本経済新聞」二〇〇二年三月二日付参照）。

尾身元大臣や政府が今回の構想に熱心なのも、このような「頭脳流出」に対する危機感があってのことだろう。ただ、後発地域が先進地域に追いつき、追い越すのが容易でないことは言うまでもない。「頭脳流出」を食い止め、逆に「頭脳流入」を進めたいのは、台湾、韓国、シンガポールなど日本の近隣諸国も同じであり、優秀な研究者の引き抜き競争は、すでに国内外で激しく行なわれている。

そういう状況の厳しさを考えながら、沖縄内部で行なわれている誘致合戦の様子や産業振興、県内教育界に与える影響への期待などを目にするとき、浮ついた議論が先行しているように思えてならない。いったい沖縄はこの構想に対して、場所の提供以外にどういう役割を果たそうとしているのだろうか。

基本構想の策定から予算の確保、人集めまでほとんど政府まかせで、実現された後にもたらされる副次的な成果だけを享受する。一見虫のいい立場に見えるが、内実は脇役の一部でしかないということだろう。その割には過剰な期待や願望が述べられるのを見るとき、ああ、これと同じことが少し前にもあったな、と思う。

九州・沖縄サミットの時、前回開催地のカナダのハリファクスが、サミット開催を機に一大観光地になったことを取り上げ、海外での沖縄の知名度が上がり、国際的観光地になるかのような議論がまかり通っていた。しかし、現実がどうであったかは言うまでもない。足下に横たわる沖縄の実像をふまえることなく、期待と願望に彩られた虚像に浮かれ、結果としてろくな成果を残せない。そのことに無反省なまま、今また次の虚像に踊ってはいまいか。

サミットであれ、大学院大学であれ、沖縄の内部で議論が積み重ねられ、県民が主体となって運動を取り組み、そのうえで実現したものではない。どちらも米軍基地の「県内移設」という政治的事情を背景としながら、政府主導のもとに実現されたものだ。内発的な動機と運動に基づかない取り組みは、華やかさとは裏腹に足下には空洞が広がっている。

「基地バブル」いずれ破綻

一九九五年以来流動化して来た沖縄の基地問題を沈静化させるために、日本政府がとってきた主要な方法は、基地問題を経済問題にすり替えることだった。島田懇談会事業費や北部振興費など多額の資金を基地問題とリンクさせて流し込むことにより、折からの不況であえぐ大衆を経済的メリットの選択へ向かわせた。一九九八年の県知事選挙において、「県政不況」をキャンペーンし「経済の稲嶺」を誕生させたのはその大きな「成果」だったが、以後、普天間基地や那覇軍港の「県内移設」を進めるために、経済的見返りとしての「優遇策」を次々と打ち出していった。大阪や宮崎など先行する自治体をさしおいて、沖縄にサミットの主会場が決定したのは、その最たるものだ。

それによってこの数年、沖縄は本来の力以上の「成果」が生み出されているかのように演出されてきた。米軍基地の沖縄への集中を継続させ、さらに「県内移設」という難事業を進めるためには、「移設」受け入れを条件に振興策を要求している稲嶺恵一知事や岸本建男名護市長を何としても支えなければならなかったのだ。サミットに比べれば政治色は薄いが、「世界最高水準」を宣伝文句とする大学院大学が、これだけ短期間で沖縄に決定し計画が進んでいるのも、そういう流れがなければ考えられない。だが、このような「基地バブル」としか言いようのない「格段の配慮」が続くことによって、沖縄は演出された虚像と実像の落差の間で混乱することになる。サミットを契機に沖縄が国際的な観光地になるという幻想もその一つだ。航空路線の問題一つをとっても、少し冷静になればその困難さが分かるのに、サミット決定という浮かれた雰囲気の中で虚像が拡大した。

稲嶺知事の打ち出している「軍民共用空港」案や、泡瀬干潟の埋め立てによる開発事業、那覇軍港の浦添「移設」にともなう開発事業なども、その虚像に基づいている。そこで示されている事業計画は、過大な見積もりと願望が先行し、沖縄の実情に即せばおよそ説得力を持つものではない。国や地方自治体の財政危機が進行し、全国的に大型公共工事の中止や見直しが進む中で、基地の「県内移設」という特殊事情がなければ、事業計画の中止を迫られて当然のものだろう。だが、虚像が実像をおおい隠し、不安や反対の声を抑え込んで事業が進められていく。

一つの大きな流れが生じると、それを変えるのは容易ではない。その流れにのって利益を得ようとする者が幅をきかせ、冷静な分析よりも派手な宣伝の方が耳目をとらえる。足下を見つめて地域に望ましい計画を自らの手で作り出すより、コンサルタント会社に計画を委託し、流れ込む金を早くつかんだ方がいい。そういう刹那主義が横行する。しかし、虚像が崩れ去ったときにどれだけの荒廃が待っているかは、「バブル経済」の破綻によって日本全体が九〇年代以降に経験していることだ。沖縄の「基地バブル」もいずれ破綻する。それによってもたらされる荒廃を、私たちは少しでも食い止めなければならない。

今私たちに必要なのは、自分たちの実像をきちんと押さえることだ。派手な宣伝文句や根拠の薄い見積もりに踊らされて、地域の実情を無視した大型事業を進めても、それが実を結ばないことはよく分かっているはずだ。世界や日本の「最高水準」ではなくても、沖縄の各地域に着実に仕事をしている優秀な人はいるのだ。農業やその他の産業で地道に研究や商品開発を進め、実績を上げている人たちがいる。そういう個人や団体にもっと資金を助成し、地域自らの手で人や産業を育てていくことこそが、内発的発展の力になる。大学院大学がもたらす効果に過剰な期待を抱くよりも、地域の教育や産業育成に金と時間をかけるべきだ。

基地の「県内移設」を推進するために国と県によって繰り広げられてきた目くらましのパフォーマンス政治から、もう決別すべきときなのだ。サミットや金融特区、大学院大学という派手な出し物に踊らされている間に、足下の産業や教育は危機が進行している。

今、本紙で「長寿の島の岐路」という連載が行なわれているが、農家の自殺問題を扱った「ユイマールの果て」という記事は衝撃的だった。「やんばるでは農業経営の厳しさから、離農する農家が後を絶たない。旧名護農協では、九三年に約八百四十人いた二十—五十代の部会員が、二〇〇二年には八五人と約十分の一に減った」(「沖縄タイムス」三月三〇日付朝刊)。いったい、稲嶺知事や岸本名護市長はこれまで何をやってきたのだろうか。

教育現場を見ても、長引く不況で授業料や給食費を払えずに苦労している家庭がどれだけ多いことか。経済的理由から進学をあきらめる生徒も多い。そういう「実像」を直視し、対策をとらないで、何が「世界最高」だろうか。

（「沖縄タイムス」二〇〇三年五月一五・一六日）

反戦運動を終わらせてはいけない

一九九一年の「湾岸戦争」で米軍が使用した劣化ウラン弾により、白血病や皮膚癌におかされる子どもや無脳症の胎児が生まれている。しかも、経済制裁によって医薬品が不足し、十分な治療も受けられないまま死んでいる。幾人かのジャーナリストによってイラクのそういう状況が伝えられていた。今回の米英軍による侵略攻撃の中、あの子どもたちはどうなったのだろうか。

戦死者とは爆弾や銃撃による直接の被害者だけではない。病院で人工呼吸器を付けている者は、停電によって数分間機械が止まれば死んでしまう。大規模な空爆やバグダッド陥落後の混乱の中で、重い病に冒されていたあの子どもたちの何名が、命を繋ぐことができたのだろう。戦闘が終わっても、その後の混乱の中で多くの人が死んでいくのだ。沖縄戦でもそうだった。公式には戦死者とは数えられない死が、「終戦」後も相次いでいたのだ。

イラク戦争が短期間で終了したかのように描くことによって、大量破壊兵器は未発見のまま、フセイン政権を倒したという、軍事攻撃の正当化が行なわれている。しかし、殺されていった者たちの家族に、殺戮を正当化する理由が受け入れられるはずがない。これから先、米英の国民は自らの国がおかした殺戮の責任を問われなければならない。「戦勝国」に付け加えてもらった日本の私たちもまた、イラクの人々の殺戮に責任を負わなければならないはずだ。

イラクで戦死者が出ている限り、この戦争はまだ終わっていない。それ故に、この戦争に対する反戦運動も終わらせてはならない。そして、イラク攻撃に反対するというのなら、在日・在沖米軍基地にも反対しなければならないのではないか。

イラク攻撃反対の集会やデモに多くの人が参加する反面、在日米軍基地に対してどれだけの抗議行動が行なわれただろうか。自衛隊艦隊のインド洋派兵に対する抗議集会に参加した人もわずかだった。沖縄の基地問題に関しても、本土に住む人々はどれだけ関心を持っているだろうか。

反戦運動を実のあるものにするには、在日・在沖米軍基地や自衛隊の強化に反対する取り組みを日常的に進めていくことが必要である。イラク攻撃によって生まれた反戦のうねりを、一時的なものに終わらせてはいけない。そして、自らの戦争責任を問い続けよう。

（「あけぼの」二〇〇三年七月一日）

備えあれば憂い増し

有事法制下の慰霊の日

さる六月二一日、反住基ネット沖縄主催で、沖縄戦体験者の話を聞き、沖縄戦や有事法制について考える催しが、県庁前広場で行なわれた。あわせて米英のイラク侵略の写真展やリレートーク、ビラまきも行なわれた。私も会員として企画の段階から参加したのだが、その時に強く意識したのは、今年の六・二三「沖縄戦慰霊の日」は、これまでとは根本的にその意味が変わった、ということだった。

六月六日、有事（戦争）三法案が国会で成立した。戦争や戦力の放棄をうたった憲法を持ちながら、日本は戦争を行なうための法律をとうとう作ってしまった。これは実質的な改憲である。本来は国民投票で決すべき程の重要な問題を、野党の消えた大政翼賛会的状況下の国会は、わずかな審議で成立させてしまった。やれ「タマちゃん」だ「松井」だ「白装束集団」だのと、大衆の目を政治からそらすことに熱心な愚かなマスコミの協力のもとに。

有事（戦争）三法の成立によって、もっとも強く影響を受けるのが沖縄であることは言うまでもない。

武力攻撃事態法でいう「有事」とは、日本が直接「武力攻撃」を受けたことのみを指すのではない。「武力攻撃が予測されるに至った事態」にまで概念を広げることによって、空間的にも時間的にも「有事」の範囲は拡大している。

日本の「周辺事態」は言うに及ばない。9・11の米国本土に対する自爆攻撃以降、在沖米軍は最高度の警戒態勢に入り、沖縄全体が緊張に包まれた。あのような事態が再び起こり、沖縄基地への攻撃が「予測されるに至った」と政府が認定すれば、「有事」が発動されかねないのだ。

このような形で今、有事法制が急速に整備されることの理由を渡辺治一橋大学教授は次のように説明する。

「グローバル経済のもとで米国の多国籍企業が自由に活動できる市場秩序を守るために、その脅威に対しては先制的に力で潰すというのがブッシュ戦略である。それを実行するアメリカの軍事行動に対して、日本が全面的な後方支援をするために『有事』を発動して民間企業・地方自治体の動員を確保する必要がある。有事法制の主たるねらいはそこにある。それはまた、八〇年代以降アジア市場への進出を進める日本の多国籍企業を守る意味もある」（憲法再生フォーラム編『有事法制批判』岩波新書より）。

経済的側面からの分析に基づく渡辺氏の説明は納得できる。あたかも日本が外国から攻められたときに対処するための法律であるかのように装いながら、実際には自衛隊が米軍と共にグローバルな軍事活動を展開し、国民をその支援に総動員していくための法律が、有事（戦争）法なのである。自分たちが鎖から解き放ったのは何なのか。その正体を私たちは認識する必要がある。

今回の有事（戦争）法成立でマスコミの果たした役割は大きかった。北朝鮮がすぐにでも日本に攻撃を仕掛けてくるかのような扇情的な報道が、市民を不安に駆りたてた。しかし、実際はどうなのか。

重村智計拓殖大学教授によれば、人口二千二百万人の北朝鮮の国家予算は約百三〇億円しかなく、今年一年間に中国から供給される石油も五〇万トン程度。その三割を軍事用に回しても、自衛隊が年間に使う石油量の十分の一に過ぎないという（『サンデー毎日』二〇〇三年五月二五日号）。日本からの食料や経済援助が欲しい北朝鮮が、日本に戦争を仕掛けても何のメリットもない。

仮に軍事攻撃を行なえば、北朝鮮を一気にたたきつぶしたいと考えている日米のタカ派勢力の思うつぼだろう。最近のアメリカや日本政府の動きを見ると、北朝鮮からの客船や貨物船を閉め出し、核兵器部品問題や送金問題を焦点化することで、北朝鮮を実質的に経済封鎖する方向に動きつつあるように見える。むしろそうやって経済危機を深刻化させることで「体制崩壊」を加速させ、「暴発」が「予測される に至った事態」を演出することで、「有事」発動の機会が作り出される可能性の方が大きいかもしれない。

今の日本はブレーキを失った暴走車のようだ。有事法の次は「イラク特措法」と、イラクに自衛隊を派兵しようとしている。イラクの「解放」とはアメリカ側の言い分に過ぎない。他国に戦争を仕掛け、武力で制圧している者たちを、人は普通「侵略者」と呼ぶのだ。自衛隊の派兵をイラクの民衆は日の丸を振って歓迎してくれるか。むしろ「アメリカの犬」として攻撃の対象となるのではないか。反米抵抗闘争をたたかっているイラク兵や民衆と自衛隊が軍事衝突すれば、日本は敵国として、攻撃の対象となっていく。

有事（戦争）法制下の「慰霊の日」を迎え、米日の軍事拠点に住む私たちの危険はさらに増した。まさに「備えあれば憂い増し」だ。

（「沖縄タイムス」二〇〇三年七月一日）

有事立法成立万歳！
日本国臣民の皆様へ

親愛なる日本国臣民の皆様、このたびは待望久しい有事立法の成立おめでとうございます。これで皆様も先の大戦のトラウマから抜け出し、「普通の国」として国内外で戦争を戦えますね。え、まだ集団的自衛権の確立や憲法九条の改正がなされていないから「普通の国」じゃない。何を仰いますこの腐れ外道、いやいや愛《いと》し恋しい大和民族日本国臣民の皆様、アメリカに次ぐ軍隊をお持ちなのにそんなご謙遜を。専守防衛も何のその、はるかインド洋にイージス艦まで派遣をなさってほんとにご苦労さまでございます。国の守りは数千キロ、気分はすっかり帝国主義、おほほほほほ……さすがに日本人の皆様、アジア侵略の歴史を都合よく忘れる柔軟性と面《つら》の皮の厚さはさすがでございます。いえ、ほんとに私《わたくし》どももも大いに学びたいものでございます。並みの神経ではできる芸当ではございません、戦争放棄をうたった憲法をお持ちでいながら戦争をするための法律を備えるなんて日本人ならではでございますことよ。あ、憲法なんてもはや屁みたいなものでございましたわね、ほんとに、私ども沖縄人が平和憲法に守られた日本に帰ろう、などとたわけたことを申しまして「祖国復帰運動」などをやらかしましたのも、もう遠い昔のことでございますわね、なつかしさに涙が込み上げてまいります。ほんとに私たち弱小民族二等国民の沖縄人も皆様日本人を見習って、いつまでも沖縄戦なんぞにうじうじこだわらず、お国のためにもう一度銃を取って下は一二、一三歳の少年少女からは上は七〇、八〇代の老人まで、天皇陛下万歳！と叫んで日本の捨て石となる覚悟を打ち固めたいものでございます。

ほんとに先の大戦では沖縄の犠牲も報われず、天皇陛下をはじめ一億玉砕の本土決戦を叫んでいたのに見事に回避あそばしてポツダム宣言を受諾するという軟弱ぶり、日本の歴史に汚点を残しましたが、今度こそ本土決戦のときは来たれり。軍民入り乱れていざ戦えや撃ちてしやまん、住民虐殺食料強奪壕追い出し何のその、軍隊なくして国はなし、祖国防衛国民の義務、やれ言論、集会、結社、報道の自由だの、基本的人権尊重だの、財産権の保証だの、そんなことを守って戦争ができるかよ、ばかやろー。おらおら今は有事だ、外出禁止令がしかれてんだぞこのやろー、戦車の通り道ふさぐと轢き殺すぞ、おい、そこの男、どうしてここを歩いてる?え、外出禁止令がわからんのか、皆が自宅待機して軍に協力しているときに自分一人だけ逃げようとするとは恥ずかしくないのか、え、おい、何?国民には移動の自由がある、基本的人権を侵害するのかだと、おい、お前みたいな奴がいるから敵につけ込まれるんだよ、それとも何か、お前は軍の行動を撹乱するためのスパイか、え、おい、お前の行動はそう解釈されてもおかしくないということが分かってんのか?え、今は非常事態なんだぞ、この糞野郎が、何だって?はっきり聞こえるように話さんか、何だ、何を震えてる、さっきまでの態度はどうした、え、平和憲法の下で甘えやがって、だれがてめーを守ってくれてるか考えたこともないだろう、あ?この有事に勝手に外を歩いていてな、スパイ容疑でこの場で撃ち殺されても文句は言えないのが分かってんのか、あ?糞野郎が、てめーみたいな奴、沖縄ならとっくに射殺されてたんだぞ、拘束したのが俺で感謝しろよ、まったく、おい、誰かこいつを臨時隔離所にぶちこんどけ、糞めが。

おほほほほほ……、こんな野蛮なこと起こるはずがない?そうですよね、そうですとも、皆様のようなお上品で親切な日本国臣民の信頼する自衛隊がこんなことするはずもありませんわよね、在日の皆さんのチマチョゴリをカッターナイフで切って涼しくしてあげる親切な皆様の軍隊が市民を迫害するなんて、今どきありえませんわよね、中国・朝鮮・南洋諸島・沖縄でやった住民虐殺に迫害なんて劣等民族への慈悲が少しばかり欠けただけのことで、天皇陛下の赤子《せきし》であります日本国臣民同胞に同じ仕打ちを皆様が愛する自衛隊が行なうはずもありませんわよね、旧軍と自衛隊は違う、自衛隊は国民を守るためにある、おほほほほほ……ぜひとも今度こそは本土決戦をやらかしてそれを証明していただきたいものでございます。さあ来い、敵よ攻めて来い。今こそ腕の見せどころ、自衛隊の皆様も手ぐすね引いて待っていることでございましょう。行け行けどんどんタイガース、九条改正徴兵制、え、何?徴兵制は必要ない、徴兵制しいて国民皆兵制になると政治家や大企業のお偉方の息子も軍隊に行かされる、死ぬのは貧乏人だけで十分だ、世間は不況で仕事が欲しい、今では自衛隊も高嶺の花、志願制でも人は集まる、まー、有事立法ができてアメリカ軍の支援で中東や東アジアの各国に派兵されて死人が続出すると志願者も少なくなるかもしれんから、その時は徴兵制も必要かもしれんけど、ま、その時は特例を作って徴兵免除もできるわけだし、死ぬのはやっぱり貧乏人だよね、社会ダーウィン主義からいっても貧乏になるのは劣等遺伝子を持っているからだし、能力も低いし、努力しないし、軍隊入れて性根叩き直した方がいいよね、俺たち優秀な階級の努力で奴らも喰えてるんだし、せめて命ぐらい捧げないとただの税金泥棒だよね。

おほほほほほ……あからさまな世の中でございます。資本主義は情け容赦なしでございます。一億総中流などいつの時代の話でしたでしょう、バブルで浮かれた日本国臣民の皆様、これから日本資本主義生き残りの無慈悲な競争が始まるのでございます、これも皆々様自身の選択でございます、過労死、過労自殺・過労鬱病、リストラ地獄で死ぬまでこき使われても会社に火をつけるよりはかわいい家族のために自分の尻に火をつける悲しいサラリーマンの習性を骨の髄まで染み込まされ、右への改革にエンジン全開信号無視の暴走をしている小泉某を支持して、やりたい放題に言いたい放題、奴隷の平和は望まない、などとほざかせている日本国臣民の皆様、すべては自業自得でございます。再び地獄の業火で焼かれてももう遅い、いえいえ、ぬるま湯に馴らされた蛙は熱湯になっても死ぬまでビンから出ないそうですから、とっくに遅いんでございましょうね。え、何?戦争が起こるにしてもそれは国の周辺でのことで戦場になるのは日本じゃない、そうでございましょうとも、日本は良い国神の国、いざとなればアメリカ製の神風が吹く、ただし沖縄は例外よ。正直なその本音、アリガタク頂戴いたします。されば沖縄、太平洋の藻屑とならないうちに、さようならニッポン、といきたいところでございます。え?しっぽに自由意志はない。切り捨てる切り捨てないはこちらの意志。それでこそ神の国日本、昔から変わらぬ性根の悪さ、さすがでございます。おお見よ、東海の日は開けて、いざ行け日本アジアの覇者、今こそ世界へ雄飛の時、有事立法成立万歳！

（「まねき猫通信」二〇〇三年七月二四日）

監視社会に歯止めを

住基ネット

　昨年（二〇〇二年）の八月五日、住民基本台帳ネットワーク（以下、「住基ネット」と略す）が開始されてから一年がたとうとしている。今月の二五日からは住基カードが希望者に発行される。市民一人ひとりに強制的に十一けたの番号が付けられた現代の国民総背番号制＝住基ネットの問題と危険性は、この住基カードの発行によってさらに拡大する。

　ところで、反住基ネット沖縄が今年五月から六月にかけて行なった調査によれば、住民票コード（十一けたの番号）の通知書を拒否したり返却したのが県全体で八百二十五件。受取人不在で役場に戻ってきた通知書は三万八千二十六件にものぼる。県内の一世帯当たりの平均人数二・八人を掛けると、十万八千人以上の人が通知書を受け取っていない計算になる。那覇市や名護市のように普通郵便で配達した所は、本人が不在でもポストに投げ込んでそれっきりだ。実際の数はそれをさらに上回るだろう。

　住民基本台帳という行政のもっとも基本的なシステムで、これだけの大きな穴が空いているのだ。これでは、とても正常に稼働しているとは言えないはずである。しかも、このような現状に対して、各自治体とも有効な対処は行なえていない。中には戻ってきた通知書をすでに処分した自治体もある。

こういう状況の中で、住基カードが発行され、本格稼働が強行されようとしている。めったに使う機会もない住基カードを取るために、わざわざ役場まで行き、五百円の自費を払って申し込みする者が、いったいどれくらいいるだろうか。

大半の自治体は住基カードの申し込み希望者を、二〜三%程度しか見積もっていない。これほど利用率の低いシステムのために、機材購入などで一千万円以上をかけている自治体もある。費用対効果の面で問題があるのは言うまでもない。福祉や教育など、住民がもっと予算をかけてほしい部門はいくらでもあるだろうに、各市町村議会はどれだけ審議検討したのだろうか。

問題はそれにとどまらない。発行希望者がごく少数になることを、政府・総務省は当初から予想している。住基カードの発行率を上げるためには、住民票関係以外の業務にも利用範囲を拡大する必要がある。そのためにすでに、条例で独自の利用を定めるように総務省から各自治体に具体的な事例が示されている。

例えば、病院での診察や地域検診などの医療業務。図書館、体育館などの公共施設の利用。災害時の緊急連絡情報を書き込んだり、地域の商店街のポイントカードにも活用するなど、いずれは民間業務への拡大も狙いながら、多方面への利用例が示されている。

私たちがふだんガソリンスタンドやビデオのレンタルで使っている磁気カードとは違い、ＩＣチップが埋め込まれた住基カードには、大量の情報が書き込めるようになっている。一枚のカードで公共施設から民間企業の利用までできるようになれば、一見、それはとても便利なように見える。

だが、考えてみてほしい。使うたびにその記録はカードに蓄積されていく。医療・健康に関する情報は、その人にとって最も重要なものの一つだろう。どういう図書やビデオを借りているかを分析すれば、その人の趣味や思想傾向が分かる。商品の購入状況や購入場所が分かれば、その人の経済状態や行動形態だって把握できる。

さまざまな個人情報が十一けたの番号（住民票コード）を通して、地方自治情報センターという総務省の外郭団体に一元的に集約されていけばどうなるか。さらに、それらの個人情報が、総務省をはじめ国の各機関によって、本人の知らない所で利用されていけばどうなるか。

防衛庁・自衛隊が、自衛官募集のための「適齢者情報」を自治体の協力の下に集めていたという「毎日新聞」のスクープは、記憶に新しい。先に制定された「個人情報保護法」では、そのような行政内部の組織的利用は規制されていないのである。

個人情報の「自己コントロール権」の確立は、これからの社会で最重要課題となる。住基ネットはそれに反するだけではない。個人情報の流出や政府機関による目的外利用などの危険性を持ち、有事（戦争）法と結びついて強大な市民監視システムになりかねない。住基カードの発行＝住基ネットの本格稼働に強く反対したい。

（「沖縄タイムス」二〇〇三年八月一日）

過ちを繰り返すな!

今この文章を書いているのは一〇月二一日である。八年前の今日、沖縄全体で一〇万人近い人が集まって県民大会が開かれた。そのことをどれだけの人が思い出したろうか。基地の撤去どころか「整理縮小」さえ進まず、米軍・自衛隊による事件や事故は相変わらずなのだが、沖縄でも反戦や反基地の運動は停滞している。ましてや日本人の多くは「基地問題」を考えることさえしない。

沖縄戦に関しても同じことが言える。有事関連法が成立し、日本が戦争をできる国に急速に変わっていく中で、いざ有事=戦争になったとき、自国の軍隊が市民に対してどのように振る舞うかを知る上で、沖縄戦以上の教訓は無いというのに、それが省みられることは少ない。沖縄戦に限らず、アジア諸国への侵略の歴史や略奪・暴行・無差別殺人、強制連行や慰安婦の問題など、重く、つらく、自分たちにとって都合の悪い歴史を直視することが、この一〇年余軽視され、攻撃されてきた。そのあげく、日本人は歴史の教訓を生かす能力を喪失してしまった。歴史認識においても、現実認識においても、自らに都合の悪い事実を直視せず、回避する。そうして過ちを繰り返す。「改革」が声高に言われる一方で、むしろその傾向は強まっている。今回の自衛隊のイラク派兵においてもそれは言える。

現在、イラクにおける米英軍の占領統治が破綻していることは明らかだ。反米英勢力のゲリラ戦によって、連日のように米兵の死傷者が出ている。米軍は交代要員を確保できず、水や食糧も不足する中で、疲労と混乱、戦意喪失が深刻化している。ブッシュ政権も国連に多国籍軍を要請しなければいけない状態に追い込まれている。開戦前に多くの人が指摘していたように、米英は泥沼にはまったのだ。

その泥沼にアメリカの言うがまま足を踏み入れていこうとするこの日本の愚かさは何なのだろうか。小泉首相や福田内閣官房長官、石破防衛庁長官、安倍自民党幹事長など「日本のネオコン」といわれる政治家たちは、そんなに自衛隊から戦死者を出したいのか。

おそらく、本音では戦死者が出てもかまわないと思っているのだ。「戦後」初の自衛隊員の戦死者は、一時的に日本社会に混乱と海外派兵への反発をもたらしたとしても、憲法九条の交戦権否定を葬り去り、自衛隊を真の軍隊として確立する上で大きな契機となる、そう踏んでいるとしか思えない。

だが、それは自衛隊員の命を政治的に利用することだ。そういう愚劣なことが今行なわれようとしている。死ぬのは自衛隊員だけとはかぎらない。交戦の中でイラクの兵士や民間人に死傷者が出れば、世界各国の日本（人）を見る目も根本的に変わっていく。軍事基地や戦争の問題を含めて、もっと徹底した議論と反対運動を起こさなければ、抜け出しようのない戦争の泥沼に日本は入り込んでいく。

（「世界」七二一号、二〇〇三年一二月号）

2004年

2004年

まやかしの許しがたい状況

昨年の衆議院選挙のことである。那覇市や浦添市などを含む沖縄一区は、公明党の白保台一と無所属の下地幹男、共産党の赤嶺政賢の三名が立候補して選挙戦を繰り広げた。結果は、沖縄版自公連立体制の象徴として、稲嶺県知事をはじめとした県内保守の主流や、自民党・公明党中央の強いてこ押しを受けた白保が当選した。

この選挙区で話題になったのは、自民党を離党して無所属で出馬した下地幹男だった。白公体制に反発する自民党支持者だけでなく、革新支持層からも票を集めなければ勝ち目はない。そのために下地は、地位協定の改正や普天間基地の「嘉手納統合案」を打ち出し、この数年来積極的に運動を進めていた。

この「嘉手納統合案」に対しては、嘉手納町や沖縄市、北谷町など、嘉手納基地周辺の自治体から首長をはじめ強い反発が出た。今でさえ激しい爆音被害にさらされ、墜落や落下物の事故が毎年のように起こっているのに、普天間基地まで押しつけられてはかなわない、というのは当然の反応だろう。

ところが情けないことに、反基地・平和運動を進めている者たちの中に、その「嘉手納統合案」にからめ取られる者たちがいた。名護市民投票の「顔」として活躍し、現在もジュゴン保護運動連動に取り組んでいる市民運動のある「リーダー」(当時名護市会議員だった宮城康博氏のこと)は、下地幹男の選挙運動に協力し、街頭演説さえ行なっている。

辺野古の海を埋め立てて海上基地を建設するよりは、嘉手納基地に「統合」した方が「次善の策」だとでもいうのだろうか。「嘉手納統合案」は、保守派の論理に乗っかり「県内移設」を認めた上で、辺野古か嘉手納かという選択を県民に迫ることだ。それによって沖縄の住民同士が新たに争うことになる。まったく、日本政府の手のひらの上で踊らされていることにさえ気付かないのか。

そもそも嘉手納統合案は、普天間基地の「県内移設」が打ち出された初期の段階で否定されたものにすぎない。それを改めて持ち出して選挙に利用した下地幹男という男は、鈴木宗男とも深いつながりを持ち、日米安保体制の強化と有事体制の確立を主張する元自民党議員なのだ。そういう男の選挙を応援する市民運動の「リーダー」とは何なのだろうか。

名護のヘリ基地反対協議会は、反対派住民にも軍用地地主がいるために、新たに建設される海上基地には反対しても、基地それ自体には反対しないという制約を持っている。そのためにか、現在の運動は環境問題に特化し、北朝鮮やイラクの情勢とも切れてしまっているように見える。

だが、沖縄基地が北朝鮮や中国、東アジアの反米勢力を押さえ込むための拠点としていっそう強化され、自衛隊のイラク派兵という形で日本が参戦しようとしている今日、そのような現実を回避した運動が力を持って広がっていくとは思えない。まやかしの許されない状況にいよいよ入っていく。

（「思想運動」七〇八号、二〇〇四年一月一日）

戦時下の基地の島で

みんな知ってる

／みんな知ってるさいころが細工されてたことを／それでもみんな一か八か勝負に出る／みんな知ってる決着がついたことを／みんな知ってる正義が負けたことを／みんな知ってる八百長だったことを／貧しいものはさらに貧しく、富んだものはさらに富む／人生なんてそんなもの、みんな知ってる（Leonatd Cohen「Everybody Knows」三浦久訳）

歳を取ったせいもあるんだろうが、正月といっても重い気分が晴れない年が続いている。歴史の「変わり目」「転換点」という言葉も使われすぎて、もはや何の印象も残さない。それでも、今年が日本にとって大きな「転換点」となることは間違いない。いかさまのさいころが振られた後にどうなるか。レナード・コーエンの歌は次のように続く。

みんな知ってる船が漏ってることを／みんな知ってる船長が嘘を言ったことを／みんな打ちひしがれている／まるで父親か愛犬が死んだかのように……

穴のあいた船に乗って、嘘つきの船長に導かれて行く先は、言うまでもなくイラクだ。自衛隊のイラク派兵とは日本の参戦である。穴蔵から発見されたフセインの惨めな姿が示したのは、自衛隊の行く戦地イラクで起こっている反米武力闘争がフセイン派残党だけでなく、独自の指揮系統を持った複数の組織が主体となって行なわれ、それを反米意識を持った多くの大衆が支えているということだ。

自分たちで破壊しておいて「復興」を口にするアメリカの軍隊に攻撃が仕掛けられると、日本のメディアは「テロ」と表現する。だが、同じ状況下で西洋の白人が同じ行動を取れば「レジスタンス（抵抗闘争）」と呼ばれるのではないか。こう書けば、「テロ」やフセインの犯罪を容認するのか、と短絡的な批判が返ってきそうだ。

しかし、アメリカのいう「正義」を鵜呑みにし、立場を変えれば、侵略者の同盟軍と見られることも自覚せずにイラクに自衛隊を派兵すれば、自衛隊が受けた攻撃を「侵略への抵抗」と相対化する視点もなく、被害感情が社会全体に増幅していくだろう。被害感情は報復感情に転化しやすい。正義のために犠牲になった者の死を無駄にするな。そういうかけ声によって退路を断ち、独りよがりな正義感と報復感情によって戦争の泥沼に入っていく。今のままなら二〇〇四年は、その幕開きの年になりかねない。

戦争はイラクだけで行なわれるのではない。戦時下の社会は、あらゆる面で大きく変わっていく。例えば、日本のメディアは初めて当事者として「戦争報道」を行なうことになる。イラクで自衛隊が戦闘を行ない、それによって自衛隊員やイラク人に死傷者が出たとき、はたして日本のメディアはどこまで正確にその情報を伝えきれるだろうか。かつての大本営発表を克服できるのだろうか。

『週刊現代』二〇〇三年一二月二〇・二七日号が、イラクで殺された外交官二人の「惨殺写真」を掲載した。これに対して外務省は、発行元の講談社に雑誌の回収を申し入れた。雑誌はその後も店頭に置かれていたのだが、この問題はこれからの日本の「戦争報道」を考える上で、大きな意味を持っている。詳しく書く余裕はないが、外交官二人の死に関しては、体内にあった銃弾の種類も明らかにされず、殺害時の状況も疑問な点が多い。米軍の「誤射」説もあれば、奥参事官（死後に大使）は車外で殺され、機密情報の入ったノートパソコンが奪われたという記事もある（『週刊ポスト』二〇〇四年一月一・九日号）。

この事件はもとより、これからイラクで起こる出来事に対して、各メディアが主体性をつらぬき、しっかりした検証報道を行なっていかなければ、半年後には日本中が「報復」と「愛国」の合唱で埋まりかねない。人権への配慮をたてに、戦争の悲惨さを隠すようメディアへの統制が行なわれるのも間違いない。市民の「戦争報道」を見る目が問われてくる。

沖縄に目を移せば、時あたかも自衛隊のイラク派兵＝参戦が焦点となっているはずの今月二三日に天皇が来沖する。天皇誕生日の会見では、国立組踊劇場の建設を提言したと明仁氏は開陳しているのだが、琉球の芸能も今や日本国の庇護《ひご》の下でいやさかに演じられるという構図を言祝《ことほ》ぐための来県というわけか。同時に、戦争の時に朕《ちん》の国見は欠かせないのだろう。宮古・八重山という領土の端まで足を運ぶ日本国の「象徴」による戦時の「象徴」的行為のうさんくささ。

天皇警護の名によって、沖縄全体に治安弾圧体制がしかれ、日本が参戦するその時に、沖縄では天皇歓迎の日の丸の旗が振られる。愚劣な風景としか言えない。明仁氏がどれだけ過去の歴史を反省し、父親の贖罪《しょくざい》のために沖縄を持ち上げようとも、天皇という地位は、現在の政治状況の中で、沖縄を戦争に利用するために効力を発揮するだろう。戦時下の基地の島で演じられる天皇にぬかずく忠臣物語。ここでも細工のされたさいころは振られている。

（「沖縄タイムス」二〇〇四年一月六日）

名誉や権威与える機能

天皇制という装置

本紙一月一七日付朝刊に、実践女子大学教授の田中英機氏が、次のような文章を書いている。「『琉球の芸能も今や日本国の庇護の下でいやさかに演じられるという構図』(1)というような発想と考え方で、国立劇場と沖縄芸能をとらえるなら、そこからは何の新しい創造的なものも生まれてはこない。劇場はきらきら輝く廃屋。沖縄の舞台人は言葉でこれに反論するには及ばない。劇場を利用し、活用し、自由に舞台を使いこなして面目躍如の新生面を拓けば、『日本国の庇護』などというういじましいことばはどこかに吹っ飛ぶだろう。」

田中氏が引用した文(二重カギカッコで示した部分)は、私が書いた前回の「地を読む　時を見る」からのものである。ここで田中氏は、一つの文の一部だけを引用することによって、意図的に意味をねじ曲げている。実際の文は次の通り。

「天皇誕生日の会見では、国立組踊劇場の建設を提言したと明仁氏は開陳しているのだが、琉球の芸能も今や日本国の庇護の下でいやさかに演じられるという構図を言祝ぐための来県というわけか。」

一読すれば明らかなように、私が問題にしているのは、天皇明仁氏の会見と来県についてである。田中氏が引用している部分も、それとのつながりで述べていることであり、直接に「国立劇場と沖縄芸能」を論じているのではない。それを一つの文から天皇に関する前後の部分を削除し、文脈をねじ曲げて引用した上で批判するのはどういうことか。天皇に関する部分まで引用するとまずいとでも考えたのだろうか。それが元文化庁職員としての田中氏の政治的判断であったとしても、ここまで恣意的な引用は学者として恥ずべき行為だろう。

国立劇場おきなわの舞台や設備を利用して、優れた芸能が演じられ、古典はもとより新作も次々と上演されて若手の芸人が輩出するなら、それは望ましいことであり、私もそういう舞台を見に足を運びたいと思う。

しかし、だからといって天皇がこの時期に来沖し、国立劇場で観劇することの意味を無視することはできない。芸人にしても、天皇の前で演じることの意味を自らに問い、考えることもなく、芸人は芸を磨いていればよい、と割り切ってすまされるのだろうか。

この不況下、天皇来沖のために二億七千八百万円という巨額の県予算が使われたという。四千五百人の警察官で厳戒態勢をしき、役場の職員や地域住民、児童・生徒まで動員して日の丸の旗を振らせる茶番も演じられた。最近の日本のマスコミは、北朝鮮の将軍様とそれに忠誠を誓う人々を笑いものにすることが多いのだが、神格化された存在にぬかずく様子は、日本人・沖縄人も人を笑えたものではない。

ある人間を門地（家柄）、性別において差別し、あたかも普通の人間ではないかのように祭り上げることによって、それとかかわりを持った者も権威付けられる。現人神から人間に変わったと言われるが、天皇は今でも「象徴」として神と人間の中間にいるかのように扱われ、選挙権や思想信条の自由などの基本的人権すら与えられていない。

そういう天皇の前で芸を演じたり、学問を進講したり、工芸品や菓子、果物を献上することが、その分野で一流・一級の証明であるかのように演出される。天皇の身体・存在が名誉や権威を与える装置として機能し、利用される。学問や芸術の世界が政治と無関係というのはまったくの嘘で、そこではかなり政治的な打算が働いている。学者なら、天皇にご進講を重ねて覚えがめでたければ、文化勲章や学士院恩賜賞といった褒美がもらえるかもしれない。「皇室御用達」の名称を欲しがる商売人もいれば、勲何等という勲章を国家の与えるお墨付きとして有り難がる芸人や小説家もいる。だが、そうやって天皇の権威を有り難がるような精神の持ち主たちに、「新しい創造的なもの」が生み出せるだろうか。

「日本国の庇護の下」という言葉が気に入らないのなら、そういう「庇護」や権威主義を脱して、自由な開放された舞台として劇場を運営し、刺激的な作品で客を集めればよい。「伝統」に縛られず、大衆芸能や実験的な新劇にも開かれた場となってほしいものだ。

沖縄の芸能を支えてきたのは、天皇でもなければ文化庁の役人でもなく、知識人や観光客でもない。この島で生活している島人《しまんちゅ》なのだ。どんな立派な劇場も、島人に受け入れられなければ寂れるだろう。

天皇夫妻と入れ替わりのように、海上自衛隊の練習艦が民間の中城湾港に初入港した。陸上自衛隊本隊もイラクに「派遣」された。日本が戦争に向かうとき、天皇制は愛国心の高揚に大きな役割を果たす。政治状況の急変にともなって、今後、天皇制のありようも変わっていくだろう。沖縄と天皇制の問題については、継続的な議論が必要だ。

（「沖縄タイムス」二〇〇四年二月四日）

注

1　「沖縄タイムス」文化欄、一月六日付参照。

「声を立てる」時が来る

早春賦の歌に

春は名のみの　風の寒さや
谷の鶯　歌は思えど
時にあらずと　声も立てず
時にあらずと　声も立てず

（「早春賦」作詞・吉丸一昌／作曲・中田章）

沖縄では二月半ばから暖かい日が続き、もう春の盛りと言ってもいいくらいだ。この歌の作詞者吉丸一昌は、大分県臼杵の出身。東京帝国大学を卒業したあと東京音楽学校の教授となり、『尋常小学校唱歌』の編集委員を務めている。「早春賦」の歌は、吉丸が長野県の安曇野を訪れ、「穂高町あたりの雪解け風景に感動して」作ったと言われている。二番の歌詞はこう続く。

氷解け去り　葦は角ぐむ
さては時ぞと　思うあやにく
今日も昨日も　雪の空
今日も昨日も　雪の空

鶯はすでに歌を思い、葦は芽を出そうとしている。しかし、春とはまだ名ばかり、空は雪模様で風は寒い。暖かな春を待ち望む思いが、自然の様子を描く中に歌われている。だが、この歌が発表されたのが一九一三（大正二）年、大逆事件の三年後であることを考えるとき、その歌詞は違った意味を見せる。一九一〇（明治四三）年、天皇暗殺を計画したとして、幸徳秋水、宮下太吉、管野すがらが逮捕され、翌年、幸徳をはじめ一二人が処刑された。世界的には第一次世界大戦からロシア革命へと向かう時代の前夜であり、日本においても社会主義や無政府主義の思想、運動が広まっていた。そういう状況下で、政府は大逆事件をでっち上げ、社会主義者や無政府主義者を弾圧していく。

一九一一（明治四四）年、幸徳らへの死刑判決が出た直後、石川啄木は大逆事件弁護人の平出修に次のような手紙を書いている。

〈……特別裁判の判決についてはさぞ色々の御感想もあらせられる事でせう。是非それも伺いたいと思ってゐるのですが—。ぼくはあの日（裁判の日—筆者注）の夕方位心に疲労を感じた事はありませんでした。さうして翌日の国民新聞の社説を床の中で読んだ時には、思はず知らず「日本は駄目だ」と叫びました。さうして不思議にも涙が出ました。僕は決して宮下やすがの企てを賛成するものではありません。然し「次の時代」といふものについての一切の思索を禁じようとする帯剣政治家の圧政には、何と思ひかへしても此儘《このまま》に置くことは出来ないやうに思ひました。……〉（一九一一年一月二二日付書簡）

数年前、平和教育の実践をまとめた本を読んでいて、社会変革をめざす当時の人々が、弾圧下に生きる自らの思いを込めて「早春賦」を歌っていた、という文章を目にした。

幕藩体制の崩壊後明治も四〇年を過ぎ、近代という新しい時代（春）が訪れたように見えても、それは名ばかりで未だ寒風が吹きすさんでいる。新しい思想は思えど、それを声にする時にはあらず。啄木の記す「『次の時代』といふものについての一切の思索を禁じようとする帯剣政治家の圧政」の下で、声を立てることのできなかった人々の無念。

春と聞かねば　知らでありしを
聞けば急かるる　胸の思いを
いかにせよとの　この頃か
いかにせよとの　この頃か

「早春賦」三番の歌詞である。

昨年の春、二〇年近くも前に書いた「風音」という小説の映画化の話が出て、脚本を書いてみないか、と持ちかけられた。一カ月ほどかけて第一稿を書いたのだが、その時「早春賦」の歌をある場面に入れた。

戦争は厳しい言論統制下において行なわれる。挙国一致の掛け声によって国家は、検閲、統制、暴力を駆使して、権力者の意に従わない言論を封殺していく。第二次大戦においても、どれだけ多くの人が「時にあらず」と自らの思うことを口にできないまま、国家によって死に追いやられていったことか。

そして、今また同じことが繰り返されようとしている。盗聴法や個人情報保護法が制定され、住民基本台帳ネットワークもすでに本格稼働している。有事（戦争）法の一つとして「国民保護法」も今国会で制定されようとしている。さらには「共謀罪」という恐るべき法律の準備も進んでいる。

イラクで自衛隊が交戦状態に入り、日本国内が騒然となった時を見計らって、東京、大阪など各地でテロを装った謀略が起こる。それを口実に有事（戦争）法が発動され、実質的な戒厳状況下に私たちの社会が置かれる。そういう最悪のシナリオだって、もはや空想では片付けられない。声を立てなければ、その時は遠からず来る。

（「沖縄タイムス」二〇〇四年三月二日）

進む報道統制・人権侵害

「戦時下」の日本社会

先だって東京に行く機会があり、ちょうどイラク侵略戦争開始一周年の集会が日比谷公園で行なわれていたので参加してきた。当日は朝から雨で気温は三、四度ぐらいまで下がり、大した防寒具を持たないで来たため寒《ぴー》さがたがたーしてしまったが、陸・海・空・港湾労組二〇団体やワールド・ピース・ナウが主催する集会、そして会場の各所で行なわれているミニ集会やパフォーマンスなどを見て回り、デモ行進に参加した。雨と寒さの中でも会場には三万人の人が集まり熱気があった。

ただ、そうやって米国のイラク侵略反対や自衛隊派兵反対の声が上がっていても、大手メディアは新聞、テレビともになかなか取り上げないし、取り上げても小さな扱いしかしない。その一方で、迷彩色の戦闘服を着た自衛隊の部隊が日の丸の小旗が振られる中を出兵していく様子や、サマワでの活動はこまごまとしたことまで報道する。それによって、もうイラクに行ってるんだから……という現状追認の世論が作られている。

雑誌『創』四月号が「新聞ジャーナリズムの危機」という特集を組んでいる。その中で同志社大学教授の浅野健一氏は、イラクでの取材における政府とメディアの「誓約書」や「暫定立入取材員証」の問題について論及し、政府による報道統制＝実質的な検閲が進行していることを批判している。私たちは、日々目にしている新聞やテレビのイラク報道が、そのような検閲やメディアの自主規制の中で作られたものであることを認識しておく必要がある。

今回、久しぶりに東京に行って異様に感じたのは、空港や駅は元より、街頭に立つ警官の多さだった。「テロ対策」による警備はたんに立哨だけではない。街頭での職務質問がやたら目立った。朝、ホテルを出ると道の反対側を歩いていた若い男性が、二人の警官に止められて質問され始める。新宿駅前では、前を歩いていた学生らしいグループが警官に止められ、中の一人が腕をつかまれて交番の方へ連れて行かれるのを、他の若者たちは呆気にとられた顔で眺めている。夜、知人と料理店に入ろうとすると、店の前で若い男が警官に囲まれて質問を受けている。今まで何度も東京に出かけたが、一日に三回も職務質問の現場を目にするのは初めてだった。しかも、本来任意である職務質問が強制的に行なわれている。

街の安全を守るためなら仕方がない。そう考える人もいるだろう。だが、それですましていいのだろうか。すでにアメリカでは9・11事件以降、「テロとの戦い」の名のもとに報道統制や人権侵害が進行している。日本も今同じ道を急速に歩んでいる。なぜ「テロの脅威」が生じるのか。そもそも「テロ」とは何であり、それを解決するためにはどのような方法が最良なのか。そういう本質的な議論はなおざりにして、「テロの脅威」を煽《あお》って治安対策を最優先していくなら、守るべきはずの「自由と民主主義」自体が圧殺されていくだろう。

「朝日新聞」の三月四日夕刊に、自衛隊官舎の郵便受けに「イラク派遣反対」のビラをまいたとして市民団体のメンバーが逮捕された、という記事が載っている。郵便受けには業者の宣伝チラシも入っていて、そういう業者も逮捕されたかといえば違う。明らかに反戦運動を行なっている団体を狙った弾圧であり、しかもビラを配布してから一カ月後の逮捕である。三月五日の「朝日新聞」朝刊社説は「ビラには、連絡先もメールアドレスも書かれている。証拠を隠したり、逃げたりする恐れがあるわけでない。逮捕すべき事件だったのか。警察はもちろんのこと、令状を出した裁判所の判断にも疑問がある」と批判している。

他にも、田中真紀子元外相の関連記事を掲載した『週刊文春』の出版差し止めをめぐるやりとり。卒業式の日の丸・君が代強制に抗議の意志を示した教職員を東京都が大量処分した事件など、言論・表現や思想・信条の自由を抑圧・侵害する動きが強まっている。沖縄でも「原級留置問題」について新聞に投稿した教師が、教育庁によって圧力を加えられるという事件があった。

ことはメディアだけの問題ではない。ビラをまいたり、抗議して座ったり、新聞に投書することさえもできなくなれば、一般市民は自分の考えや意志を公に表明できなくなってしまう。放っておけばインターネットの規制だって遠からず行なわれるだろう。

アメリカのイラク侵略に加担することによって日本社会は今「戦時下」にある。メディアをはじめ私たち一人ひとりが、当事者として戦争にどうかかわるか、「戦時下」でどう身を処するか、ということが問われている。言論・表現、あるいは思想・信条の自由を守ろうと思うなら、自らそれを実践するしかない。政治から「引きこもる」ことなどできはしない。

（「沖縄タイムス」二〇〇四年四月六日）

高良氏発言の真意は

問われる説明責任

去る三月一一日、米国のワシントン市で国際シンポジウム「沖縄クエスチョンと日米同盟」が開かれ、沖縄から参加した高良倉吉氏（琉球大学教授）、大城常夫氏（同）らによって「沖縄イニシアチブ2004」が発表された。その中で、稲嶺知事が掲げている「一五年使用期限」の見直しや普天間基地のキャンプ・ハンセン内への統合案などが出されたという報道がなされ、県内で波紋を広げた。

その後、「沖縄タイムス」三月一八日朝刊に高良倉吉氏へのインタビューが載った。しかし、提言の内容については具体的に述べられていないし、提言に至る背景や理由も十分な説明がなされているとは思えない。私が不可解でならないのは、わざわざワシントンまで行ってこのような提言を行なうのに、どうして高良氏は沖縄県内で提言の内容や自らの行動について積極的に説明しようとしないのか、ということだ。

「沖縄タイムス」三月二七日付朝刊オピニオン欄で下地良男氏が、「なぜ今『15年』取り下げ／学問の域を超える影響度」という投稿を行ない、高良氏に質問を発している。「一五年使用期限」取り下げの根拠として高良氏が挙げている「9・11以後の安全保障環境の変化」とは一体何か、という問いをはじめ、下地氏が発している質問はぜひ私も高良氏に聞いてみたいものだ。おそらく多くの県民が高良氏がどう答えるか関心を持っていることと思う。しかし、下地氏の投稿に対する高良氏の回答はまだなされていない。高良氏にその気があれば、自らの考えを新聞紙上で発表できると思うのだが、どうして沈黙を守っているのだろうか。

こういうことをあえて書くのは、高良氏らが行なっていることが、研究者の学問的な意見交換の枠を超えているからだ。「沖縄タイムス」三月八日付朝刊の記事では、国際シンポジウムに出かける高良氏の「日米両政府に一定の影響を与える政策を提言したい」という抱負が紹介されている。言うまでもなく、「日米両政府に一定の影響を与える政策」というのは、私たち県民の生活にも直接影響を与える「政策」にほかならない。稲嶺県政のブレーンとしてこれまで政策提言を行なってきて、今また「日米両政府に一定の影響を与える」ほどの政策提言を行なうというのなら、高良氏は沖縄県民に対して自らの提言の説明責任があるのではないか。

「沖縄県民の意志とはまったく関係のないところで、少数の『沖縄問題専門家』を自称する人たちが沖縄の将来を左右しかねない提言を日米両政府にすることの意味は決して小さくない」。下地氏は論壇でこう書いているが、同感である。

昨年（二〇〇三年）のラムズフェルド米国防長官の来沖以降、普天間基地問題に関して「代替施設な

し の返還」や「嘉手納基地への統合」など日米間でさまざまな議論がなされていることが報道されている。そういう流れの中で高良氏の言動を見るとき、「一五年使用期限」問題で沖縄側に柔軟な選択もあり得ることを示すことで、辺野古「移設」に向けた米側の焦りや揺らぎを止め、「移設」に向けての動きを促進する役割を果たしているように見える。

あるいは、政府や県が直接言及すれば政治問題となりかねない提言を、学者という立場から中立性を装って公表することで、米政府や県内世論の反応を見ているようにも取れる。いったい高良氏の真意はどこにあるのか。提言の内容を含めてぜひ説明責任を果たしてもらいたい。

現在、辺野古ではボーリング調査が行なわれようとしているが、この拙速な動きにも、米側の焦りと圧力を前に是が非でも着工に踏み切ろうとする政府と県の姿勢が見て取れる。だが、生物への影響を懸念する専門家の意見を無視し、住民への説明も行なわずに調査を強行することは、県民の中にこれまで以上に深い対立と精神的な痛みを生みだし、かけがえのない自然を破壊することになる。高齢の住民が雨の中も座り込みを続けるという切羽詰まった状況を作りだしておきながら、稲嶺知事はどうしてみずから辺野古に足を運んで説明責任を果たそうとしないのか。

写真週刊誌『フライデー』五月七日号に、米軍が包囲しているイラクの都市ファルージャに決死の覚悟で入ったイギリス人女性のリポートの一部が紹介されている。米軍の空爆や狙撃兵によって殺された遺体が路上に転がり、傷ついた人々を治療する薬も施設もなく、電気も止まり、燃料も切れる。そういう中で毎日子どもたちが死んでいる。

メディアを排除し、情報統制の中で米軍が行なっているのは、ベトナムのソンミ村の大虐殺の再現であり、圧倒的な武力と恐怖による支配以外の何ものでもない。しかも、沖縄の基地・訓練場できたえられた海兵隊員千六百人がファルージャ攻撃の主力となっている。米軍によってもたらされている惨劇に、私たちは無関係とは言えないのだ。

（「沖縄タイムス」二〇〇四年五月四日）

血税意識も論議もなく　住基ネット

五月二四日、名護市は住民基本台帳ネットワーク（住基ネット）を利用した自動交付機の稼働を開始した。集積回路（IC）チップの埋め込まれた住基カードを使って、住民票の写しや印鑑登録証明書を取得できるという。しかし、現在その住基カードを持っている市民は、わずか百五〇人にすぎない。

昨年の八月二五日、住基ネットが本格稼働し、住基カードの発行が始まった。その際、名護市は人口の約一〇％、五千枚という県内最多の発行目標を掲げた。それから九カ月余り、実際に発行された枚数は、目標にはるかに及ばない百五十枚なのである。目標達成率は三％にすぎない。

これが民間企業なら、担当社員は職務怠慢で首が飛んでもおかしくない。現実離れした見積もりを立てた者も無能さを批判されるだろう。上司も当然責任を問われる。そして、事業自体が中止か大幅な見直しを迫られるはずだ。

ところが、お役所仕事となるとまるで違う。民間企業のように自分がリスクを負うわけではないから、やりたい放題だ。自分たちで掲げた目標が破綻しているにもかかわらず、反省はおろか、疑問や反対の声に耳を傾けようともしない。

名護市が導入した自動交付機の値段は約五百万円。五年間でかかる経費は四千万円という。カードの発行枚数からいって、費用対効果が問題となるのは言うまでもない。そもそも、住民票や印鑑証明書が必要な機会は、年に何回あるだろうか。今まで通り窓口での発行も行なうわけだから、金を払って住基カードを借り受け、さらに自動交付機で手数料を払って住民票を取るという二度手間をやる人が、今後も増えるとは思えない。市民にとってはほとんど利益がなく、儲かるのは名護市と契約している情報技術関連企業だけ。住民を無視した血税の無駄遣いもはなはだしい。

小泉流の「三位一体改革」とやらで、どこの自治体も財政危機が言われ、予算のあり方から職員の退職金の上乗せ問題まで、厳しい批判の目が向けられている。そういう中でも、名護市だけは基地バブルで金があふれかえっていると言うのだろうか。行政担当者は町に出て市民に聞いてみるといいのだ。住基カードや自動交付機に数千万円の金をかけるくらいなら、医療や福祉、教育、市街地の活性化、環境保全などに金をかけてほしいという人の方が圧倒的に多いだろう。

しばらく前の新聞に、国民年金の納付率ワースト10に沖縄の自治体の名が並んでいる記事があった。だが、おなじ未納でも国会議員と一般市民では事情が違う。失業や低収入で生活が苦しくて払えない人がいくらでもいる。中には、健康保険料も払えなくて、我慢して病院に行かなかったために手遅れになる人たちだっている。そういう庶民の生活感覚からかけ離れた予算の使い方をしていれば、行政や公務員への不満が噴き出すのは当たり前だろう。チェック機能を果たさない議会に対しても同様である。

一方で、私が不思議でならないのは、この沖縄には憲法や地方自治について論じる学者が数多くいるが、住基ネットの問題について論じる学者はほとんどいないことだ。これまで住基ネットに関しては数多くの問題点が指摘されてきた。全国民に強制的に十一けたの番号をつけること自体が憲法違反であるとして、各地で裁判も起こされている。また、実質的な国民総背番号制であり、国家による国民監視につながるという批判も強い。住基ネットからの離脱や選択制など地方自治体独自の判断を認めない総務省のあり方も含めて、住基ネットは国と地方の関係や憲法の根幹にかかわる問題を持っている。

まさか憲法や地方自治の専門家が、それらの問題について知らないとか、自分なりの意見がないということはあるまい。おそらく、国に逆らえば損をするとか、大学内の人事への配慮、自治体との関係でもめ事を起こしたくない等の計算が先に立っているのだろう。しかし、それでいいのだろうか。

この数年のこの国の変化を見れば、今後、住基ネットを使い個人情報を国が一元的に管理する危険性は、十分予測できることではないか。そして、有事法制と結びつくことによって、有事（戦時）に国民を統制し、総動員する上で威力を発揮することも。にもかかわらず、国の権限の地方委譲や地方自治への住民の積極参加を主張する学者たちが、住基ネットの問題については素知らぬ振りを決め込んでいるのを目にすると、その主張自体に空々しさを覚えてならない。

国立大学の独立法人化前から、それまで市民運動に協力してきた学者たちが身を引き始めているという話も聞く。集会の呼びかけ人や賛同人に名を連ねるのは退職した名誉教授ばかりと。学者の専門知識に助けを求めている市民も多いというのに、悲しくも情けない話だ。

（「沖縄タイムス」二〇〇四年六月一日）

イラク人質事件の報道と世論

五月二八日、イラクのバグダッド近郊で、日本人のフリージャーナリスト二人と現地の通訳が襲撃され殺害された。この文章を書いている現在、事件の詳細は分かっていない。しかし、報道を見るかぎり、襲撃者は対象が日本人であることを認識した上で殺害に及んだと見られる。

自衛隊のイラク派兵によって、イラク民衆の親日感情が急変し、米英の侵略軍に積極的に加担する有志連合の一員として、反発や怒りが日本（人）に向けられていることが指摘されてきた。特に、アブグレイブ刑務所でイラク人収容者へ米兵が拷問を行なっていたことが明らかにされてからは、米英軍と有志連合への怒りと憎悪は、決定的な変化を示している。

四月の今井氏や高遠氏らの人質事件、渡辺氏、安田氏の拘束の際には、まだ日本人であることがプラスに働く余地があった。とりわけ、彼らが武器を持たないボランティアやフリージャーナリストであり、自衛隊の派兵にも反対する立場にあったことが、彼ら自身の命を救った。だが、それも今思えばぎりぎりのタイミングだった。

アジアプレスの綿井健陽氏は、すでに二月頃からイラク民衆の怒りの矛先が、米軍だけでなく日本（人）に向けられていたことを明らかにしている（『論座』六月号）。拷問写真やビデオの公開がもっと早かったら、五人が無事に解放されたかどうか分からない。

このようなイラク民衆の日本（人）への反発や怒りの高まりを、しかし、当の日本人はどれだけ自覚しているだろうか。日本国内ではいまだに自衛隊は「人道復興支援」活動をやっているかのようなまやかしがまかり通っている。すでにアフガニスタンへの軍事攻撃の段階から、海上自衛隊はインド洋で米英艦艇その他への給油活動を行なってきた。今回のイラク派兵にあたっては、航空自衛隊が米軍の軍需物資を輸送している。こうして自衛隊は米英軍の兵站活動を担っているのである。それに加えて、戦地イラクに重火器で武装した陸上自衛隊＝地上軍を送ることは、米英軍支援のために積極的に侵略に加担すると宣言したに等しい。

だが、そういう認識の欠落したおおかたの日本人には、自分たちが侵略の一端を担い、すでに戦争をしているという自覚（当事者意識）が欠落している。その欠落は日本政府にとっては都合のいいものだろう。自衛隊派兵と憲法九条との矛盾を覆い隠し、海外における自衛隊の活動を拡大していくためには、イラク現地での報道統制を徹底して、大衆の認識が「非戦闘地域」での「人道復興支援」という欺瞞の枠に収まるようにしておかなければならない。

そのような日本政府の意図が破綻しようとしたのが、四月の人質事件と拘束事件だった。特に、人質の家族が「自衛隊撤退」をテレビで訴えたことは、政府・与党の逆鱗に触れた。

五人が人質となり、拘束された直接の背景には、ファルージャにおける米軍の無差別攻撃や虐殺があり、その米軍を支援している日本への敵対感情があった。本来ならそこで、自衛隊派兵をはじめブッシュの戦争政策に追随してきた日本政府と与党の政策責任が問われるべきだった。だが、政府閣僚や与党議員たちは、意図的に問題を被害者の「自己責任」にすり替えた。「読売新聞」や「産経新聞」、『週刊文春』『週刊新潮』など右派メディアも、被害者の「自己責任」追及に世論をリードした。

政府が「避難勧告」を出しているのに、それを無視して危険地域に勝手に入った被害者たちの方こそ問題であり、事件に巻き込まれたのは当人の「自己責任」である。政府には責任はない。にもかかわらず、「自衛隊の撤退」を主張し、マスメディアを利用してそれを訴えるなどもってのほかだ。

そういう論理によって政府・与党は、自らの政策責任を棚上げし、高遠氏ら人質となった三人の被害者とその家族への激しいバッシングを生みだした。挙句の果てには、かかった費用を被害者に払わせろ、と放言する政治家まで現れた。中でも悪質だったのが、被害者たちに「反日分子」という言葉を投げつけた政治家だった。

私たちはこの「反日分子」という言葉が、朝日新聞阪神支局を襲撃した赤報隊の一連の犯行声明文や脅迫文に繰り返し使われていたことを想起する必要がある。

「反日分子には極刑あるのみである」（阪神支局襲撃事件）。「ひとりでも日本人が残っていれば　反日分子に安全なところはない」（名古屋本社寮襲撃事件）。「これだけ反日分子が多ければ　一人多殺　多殺多生しかない」（静岡支局爆破未遂事件）。

このような激しい憎悪や排外意識を生み出した「反日分子」という言葉が、人質事件の被害者に向けられているのである。実際、日本に帰国して以降の被害者たちを見れば、彼らが身の危険を感じているのが分かる。

限られた誌面で十分な分析はできないが、今回の被害者とその家族へのバッシングは、単なる大衆の意識の右傾化、劣化としては片付けられない。被害者家族の言動に即時的に反発した視聴者がいたり、「2ちゃんねる」などの匿名掲示板でデマが増幅した面も確かにある。しかし、それを利用して「自己責任」をキーワードに一つの流れを作り出したのは、政府や与党議員、右派メディアだった。彼らが恐れた「イラクへの自衛隊派兵」という政策の誤りへの追及とその転換こそ、私たちが早急に取り組まなければならないことだ。

（「けーし風」四三号、二〇〇四年六月二〇日）

イラクと沖縄　戦争の根を断とう

沖縄の海兵隊もファルージャへ

イラクの都市ファルージャを米軍が包囲し、無差別攻撃を行なっている。それによって四月のイラク人の死者は六〇〇人を超え、女性や子どもたちも犠牲になっている。新聞やテレビはそういう報道を伝えているが、ファルージャで実際に何が行なわれているのか、その詳細を私たちは知ることができない。包囲した米軍は徹底した報道統制を行ない、「従軍記者」が撮った映像としてテレビから流れるのは、空爆する米軍戦闘機や射撃する米兵の姿などであり、「テロリストの掃討」を行なっている米軍の様子でしかない。

だが、ファルージャの町の中が惨憺たる状況にあることは容易に想像できる。破壊された建物の瓦礫の下に埋もれた人や街頭に倒れた人。肉親の遺体を抱いて泣き叫ぶ家族や血まみれになって逃げ回る子どもたちなど、まさに惨劇が繰り広げられているはずなのだ。目の前で起こっている事実を包囲の外に伝えることのできないファルージャの人々の苛立《いらだ》ちとやりきれなさはどれだけのものだろうか。米軍との圧倒的な格差は武器だけではなく、情報発信力においてもそうなのだ。

写真週刊誌『フライデー』五月七日号に〈イラク発ファルージャ「米軍の虐殺」現場〉という記事が載っている。決死の覚悟でファルージャに入ったイギリス人女性、ジョー・ワイルディング氏のレポートを基にしたもので、彼女の現地レポートの一部が紹介されている。米軍の空爆によって病院が破壊され、麻酔薬もなく、電気は止まっている。そういう中で、米軍によって傷つけられた人たちが、ろくな治療を受けることもできずに死んでいっている。米軍の狙撃兵によって狙われるために路上の遺体を収容することもできず、救急車も発砲される。そういう現実を伝えて、ワイルディング氏は米大統領に次のように呼びかけている。

〈非武装の人間を後ろから射殺することが正しいというのか。白旗を掲げた老人を射殺することが？家から逃げ出そうとする女性や子どもを射殺することが？　救急車を狙い撃ちすることが？〉

彼女の問いかけは、米国の盟友としてブッシュ大統領の戦争政策を支持し、戦地イラクに自衛隊を派兵している小泉政権下の日本に住む私たちにも跳ね返ってくる。

『週刊金曜日』四月二三日号でジャーナリストの竹見智恵子氏は、ファルージャの「掃討作戦」に沖縄からイラク入りした海兵隊の遠征部隊一六〇〇人が参加していることを指摘している。沖縄島北部にある海兵隊基地キャンプ・ハンセンとキャンプ・シュワブから派兵されている部隊である。

沖縄米軍基地と日本の責任

この事実に私は何ともやりきれない思いを抱かずにはおられない。沖縄の地で訓練した米兵たちが、ファルージャの大虐殺の主力となっている。それは沖縄の米軍基地が中東地域における戦争にも深く関わっていて、基地を容認する、反対する、いずれの立場をとったにしろ、沖縄に住む私たちもファルージャで行なわれている米軍の蛮行と無関係ではあり得ないことを示している。言うまでもなく、それは沖縄県民に限らず、日米安保体制の下で米軍基地を駐留させている日本人全体に言えることだ。

しかし、そのことの自覚が今あまりにも弱い。かつてベトナム戦争のときには、地理的に近かったことや、ベトナムに出撃するB52や米兵の部隊が目の前に見えたことによって、米軍基地を容認することはベトナム戦争に加担することであり、ベトナム民衆の虐殺に対して沖縄・日本に住む自分たちにも加害責任がある、という自覚も生まれた。その自覚がベトナム反戦運動の高揚にもつながったと思うのだが、今イラクで行なわれている米軍の侵略戦争に対して、同じような自覚はどれだけ生まれているだろうか。

その自覚の欠落は、日本人の大多数が、沖縄の基地問題について関心を持っていないことと表裏をなすだろう。現在、キャンプ・シュワブと隣接する名護市辺野古の漁港において、地域住民や支援者による座り込み行動が連日早朝から行なわれている。そのことを「本土」で暮らすどれだけの人たちが知っているだろうか。

普天間基地の「代替施設」として、辺野古の海を埋め立てて海上基地が建設されようとしている。その事前調査の一つとして、政府・防衛施設局は辺野古海域でボーリング調査を行なおうとしている。その調査自体が海洋生物や自然・生活環境に悪影響を与えるのはもちろん、実質的な着工に等しいにもかかわらず、住民への説明会も開かれていない。

疑問や反対の声があがる中、四月一九日に防衛施設局は調査開始に踏み切ろうとした。そのやり方は、午前九時に開始すると公表しておきながら、午前五時に辺野古現地に資材を運び込もうとする姑息なものだった。作業場となる辺野古漁港で、反対派住民と防衛施設局職員とが激しいもみ合いになり、結局、調査が始められないまま現在まで座り込み行動が続けられている（五月一五日現在）。

それとは別に、キャンプ・ハンセンにおいても都市型訓練施設が建設されようとしていて、住民の反対運動が行なわれている。この施設は、今ファルージャで米軍が行なっている市街地での戦闘を訓練するものだ。「テロリスト」からの人質救出やゲリラの掃討戦など、実践的な訓練が行なわれる。

先に見たように、キャンプ・シュワブ、キャンプ・ハンセンともにイラクに部隊を派兵している海兵隊基地である。海上基地も都市型訓練施設も、その建設を許すことは米軍の戦争を間接的にであれ私たちも支えることを意味するだろう。イラクへの米英の侵略戦争に反対することと、沖縄の基地強化を許さない運動に取り組むことは一つのことである。「本土」に住む人たちも沖縄の米軍基地強化に反対する取り組みを行なってほしい。

（「あけぼの」二〇〇四年七月一日）

イラク派兵の問題そらす

「美談」の構図

五月二七日、フリージャーナリストの橋田信介氏と小川功太郎氏がイラクで殺害された。直後からテレビ、雑誌、新聞は、七〇年代から戦場取材を行なってきた橋田氏の仕事を積極的に紹介し、二人が日本で治療を受けさせようとしていたモハマド少年との交流を繰り返し取り上げた。

橋田氏の業績への敬意や亡くなった二人への追悼の気持ちもあったのだろう。四月に起こった今井・高遠・郡山氏らの人質事件の際に、三人と家族に「自己責任」を問う激しい批判が起こったことに比べて、橋田・小川氏に対する報道は、ほとんどが同情的で好意的なものだった。そこには、夫の死に対して「ジャーナリストとして本望だった」と気丈に話す連れ合いの与える印象もプラスに作用しただろう。事件の当事者たちが望むと望まざるとにかかわらず、人質事件と橋田氏らの殺害事件を扱うメディアの報道には「対比の構図」が作られているように思えてならなかった。

その後、橋田・小川氏の遺志を引き継ぐ形で、モハマド君の来日が実現し、目の治療が行なわれた。

橋田・小川氏のことを聞かれて涙を流したり、空港や病院でにこやかに手を振るモハマド君の姿を、メディアは繰り返し報道した。手術の結果、視力が回復したということも含めて、それらの報道に接していると、米英軍によるイラク侵略以降血なまぐさい事件が続く中で、数少ない「美談」を目にしたような気持ちになった。

だが、一方で私は、あまりにもきれい事過ぎないか、という疑問を抱かずにおられない。本来、真っ先に問われなければならない問題がなおざりにされ、陰惨な殺人事件が「美談」として幕を引かれようとしているのではないか。橋田・小川氏はなぜ殺されたのか。真っ先に問われるべきこの問いは曖昧にされたままではないか。

橋田・小川氏は、サマワの自衛隊駐屯地からバグダッドに向かう途中、武装グループに襲撃されている。橋田氏は銃撃を受けて車内で倒れ、車は炎上。小川氏はいったん車外に逃れ「ジャパニーズ」という言葉を発していたというが、連れ去られて殺害されている。武装グループは、橋田氏らがサマワを出発した時点から動向を把握し、日本人と認識した上で襲撃している可能性が高い。物取りなら生かして身代金を取る方を選ぶだろうが、襲撃方法やその後の行動を見ても、最初から殺害を目的としていたように思える。

四月の時点で起こった、今井氏ら三人の人質事件や安田氏らの拘束の際には、まだ日本人であることがイラクにおいて命を救う条件であり得た。しかし、今はもう日本人であることは、命を危うくする条件でしかない。このようにイラクにおける「親日感情」を「反日感情」へと転換させた決定的要因が、自衛隊のイラク派兵であることは言うまでもない。橋田・小川氏がなぜ殺されたか、ということを問うていけば、自衛隊のイラク派兵の問題に行き着かざるを得ない。

だが、日本の大手メディアは、橋田・小川氏の死を「美談」でまとめることによって、自衛隊のイラク派兵の問題を追及することを回避しているように見える。そこを追及していけば、サマワを「非戦闘地域」と強弁する政府の「退避勧告」に従って、サマワから取材陣を総引き揚げさせている自らの矛盾が露呈する。「非戦闘地域」つまり戦場でない場所から引き揚げるメディアとは何なのか。自らの矛盾を問うそのような声を曖昧にするために、橋田・小川氏の死を「美談」にしていると言えば、言い過ぎだろうか。

「現地長期取材／これは報道の敗北だ／サマワ派遣自衛隊『情報操作』の真実」（月刊『現代』七月号）という文章の中で、ノンフィクションライターの小野一光氏は、サマワにおける自衛隊の活動とメディアの取材・報道の問題点を指摘した上で、自衛隊のイラク「派遣」の目的について語ったある記者の言葉を紹介している。

〈「あれは有事を想定した実地訓練です」

日本に戻った私に、防衛庁を取材する記者がこぼした。「あれ」とは、派遣部隊を指している。彼は続けた。

「たとえば宿営地周辺に張り巡らされた最新鋭の警戒装置について実際に試すことができますし、射撃訓練にしても予算は日本にいるときの比にならないほど使えるんです。つまり自衛隊にとって、これ以上の実地訓練はないんですよ。当然、マスコミに対する取材規制にしてもそう。完全に有事の際のテストケースになっているわけです」〉

六月一四日、「国民保護法」を含む有事七法が成立した。昨年成立した「武力攻撃事態対処法」などに加えて、急速に整備される有事（戦争）法と自衛隊のイラク派兵は密接につながっている。「国民保護」という言葉が聞いてあきれる。「保護」どころか、日本政府・小泉政権は、死ななくてもいい人たちをすでに戦地で死に追いやっているのだ。

（「沖縄タイムス」二〇〇四年七月一日）

議論失い現場封じ込め

沖縄の教育行政

三年前のことになるが、当時県内の高校に勤めていて、県教育庁の主催する教務主任研修会というのに参加する機会があった。二日間にわたって午前、午後と指導主事などの講義を聴くのだが、その開会式で主催者から次のような注意がなされた。

「これからの研修では、質問や意見は一切受け付けませんので、やらないでください」

読者の中には冗談と思う人もいるかもしれない。普通なら研修というのは、講義を聴いたあとに質疑応答が行なわれ、さらにお互いの意見を交換しながら内容を深めていくものだからだ。だが、沖縄の教育行政では、世間一般の常識は通用しない。県教育庁の主催する研修なのだから、講師の言うことを現場教師がそのまま受け入れるのは当然であり、それに対して疑問や意見を持つこと自体がおかしい。本気でそう思っているのである。

昨年（二〇〇三年）、県内の高校生の中途退学を減らすために、出席日数を満たしていれば成績不振を理由とした原級留置（留年）は認めない、という方針を県教育庁が打ち出した。それに対し現場の意見として一人の教師が新聞に投書を行なった。その内容が教育庁の方針に批判的だったことから、その後、教育庁は投書をした教師の勤務実態を調べるなど、処分をにおわせる圧力を加えた。そのことが波紋を広げて、高圧的な教育庁の姿勢に対する批判が相次ぎ、結果として投書をしたことで処分されることはなかった。

この事件は、今の県教育庁の現場に対する姿勢を端的に示している。職員会議はもはや議論の場ではなく、校長を通して教育庁の方針を教師に伝達する場である。学校の諸取り組みの決定権は校長にあり、教育庁→校長・教頭→教師という上意下達の指示系統が確立されなければならない。この数年、そういう姿勢が露骨に示されている。

無論、各学校によって実態は一様ではない。教師の意見に耳を傾け、尊重しようとする校長・教頭もいるだろう。校長・教頭と教師が対立し、職員間の関係がぎくしゃくすれば学校運営もうまくいかない。ある程度の世間知がある校長ならそう考えて、学校の実情に合わせて調整をはかり、職員の理解を得ようと努力する。

しかし、今はそういう努力さえできなくなりつつあるのではないか。生徒は教師に管理され、教師は校長に管理され、校長は教育庁に管理される。そういう一元的な管理強化が当たり前になってくると、今さら何を言ってもしようがない、どうせ教育庁は現場の声に耳を傾けはしない、という疲労感と無力感が、学校現場に蔓延《まんえん》していく。その結果として、教師たちから批判や反対の声が聞こえなくなったからといって、それは教育庁の方針が受け入れられたわけではない。むしろ、現場の教師たちの県教育庁に対する不満と不信は高まる一方だろう。

かつて、主任制や日の丸・君が代をめぐって教育庁と教職員組合が対立していた時代は、問題も見えやすかった。だが、組合の力が相対的に弱くなり、執行部も教育庁との協議に比重を置くようになる中で、学校現場で発生し、進行している問題は見えにくくなっている。何か事件が起こるとマスコミは大きく取り上げるが、一見何事もないかのように見える日常の教育活動の中で、問題は蓄積されているのである。県教育庁と現場の教師の関係にしても、今は「復帰」後最悪の状態ではないだろうか。はたして現場の教師の何パーセントが、県教育庁を信頼している、と口にするだろうか。

先に挙げた中途退学や原級留置の問題にしても、それを本気で解決しようと思うのなら、教育庁は現場の教師だけでなく、生徒、保護者をはじめ、より多くの人から意見を求め、議論をする場をつくるべきだった。中途退学の問題は、学校で行なう授業や単位認定、生活指導のあり方だけでなく、個々の生徒の家庭環境や経済問題も深くかかわっている。また、いわゆる「進学校」と「教育困難校」とでは、中途退学に対して抱えている問題の大きさ、質も違う。

だからこそ本当は、生徒や保護者、教師その他が幅広く意見を交わしていく場が必要だったのだ。そうやって出される多様な意見をくみ取りながら、各学校がそれぞれの実情に即して対策を考え出し、ＰＴＡや地域を含めて取り組みを進められるように現場を支えるのが、教育行政の本来の仕事ではないのか。

しかし、今県教育庁がやっているのはそれとは逆のように思える。現場から出てきた声を封じ込め、学校間の違いを無視して画一的な方針を押し付け、それでうまくいくのか。私には県教育庁の担当者が、学校現場の生徒や教師のことよりも、文部科学省に報告する数字のことを気にしているとしか思えない。

先の教務主任研修会では、首をかしげる発言は他にもあった。それについては次回に書きたい。

（「沖縄タイムス」二〇〇四年八月四日）

全国に突きつける時

米軍ヘリ墜落

八月一三日の夜、東京のホテルで米軍ヘリが沖国大に墜落したことを知った。部屋のテレビをつけると、一一時すぎのニュースでほんの数秒間映像が流れ、墜落の事実だけが伝えられた。驚いてチャンネルを次々と変え、これだけの大事故だからもっと詳しい報道があるだろうと探したのだが、どの局もオリンピックの開会式と巨人の渡辺恒雄オーナーが辞任したことばかりで、墜落事故のニュースは見ることができなかった。

翌日、全国紙の朝刊を手に取ると、「朝日新聞」と「毎日新聞」の一面トップは、渡辺オーナーの辞任であり、米軍ヘリの墜落事故はその次の扱いでしかなかった。「読売新聞」は一面に載せてさえいない。沖縄は今ごろ騒然とした状況なのだろうな、と思いながら新宿の人混みを歩いていて、「忘れられた島」という言葉を思い出し、苛立ちとやりきれなさが募った。

もし首都圏の大学に米軍ヘリが墜落していたら、大手メディアの反応はまったく違ったはずだ。しかし、沖縄県民の生命が危険にさらされた大事故も、「本土」のメディアや市民にとっては、巨人のオーナーの辞任以下の関心しかありはしないのだ。

事故直後上京した稲嶺恵一沖縄県知事や伊波洋一宜野湾市長に、小泉純一郎首相は夏休みを理由に面会しなかった。小泉首相がこういう行動をとれるのも、日本国民の大多数が沖縄の事故に無関心であり、本土のメディアが首相の行為を強く批判しないという計算があるからだ。

同時にまた、稲嶺知事の足元も政府に見透かされている。辺野古への海上基地建設を続行することは前提であり、事故の再発防止や地位協定の改定を要請する以上のことをできはしない。八月二五日に行なわれた小泉首相と稲嶺知事の対談も、しょせんは県民感情を配慮したみせかけの儀式であり、茶番にすぎなかった。

かつて稲嶺知事は、政府＝中央との太いパイプを売り物にしていた。だが、それも過去の話だ。これまで「沖縄利権」をしきってきた梶山静六、小渕恵三、山中貞則、野中広務、鈴木宗男など、沖縄族の政治家が死去、引退、落選で姿を消し、橋本龍太郎元首相も日本歯科医師連盟からの一億円提供問題で窮地に陥っている。事故から一二日もたたなければ首相と面会できないということ自体が、知事と政府との関係の弱さを示している。

ただ、日本政府に軽くあしらわれているのは、知事だけではない。沖縄県民すべてがそうなのだ。アメリカの国際政治学者チャルマーズ・ジョンソンは、近著『帝国アメリカと日本／武力依存の構造』(集英社新書)で、こう書いている。

〈沖縄は日本が一九世紀の終わりに無理やり併合した文化的には異質な地域で、いわば日本版プエルトリコかハワイだ。日本人には沖縄人に対して根深い優越感がある。かつて植民地としてきた朝鮮、中国、台湾の人達に対するのとまったく同じ感覚だ。アメリカが、面積では国土全体の〇・六パーセントにすぎない沖縄に日本全体から見て七五パーセントの軍事施設を集中させているのは、日本のあからさまな差別感情につけ込んでいるものだ〉

これはけっして新しい見方ではない。むしろ、沖縄では繰り返し言われてきたことだ。ただ、この数年来「沖縄ブーム」が続き、沖縄の音楽や芸能、自然などが過大にもてはやされる中で、厳然と存在している差別を、沖縄人の多くが見ようとしなくなっていたのではないか。いや、それどころか、「県内移設以外に選択肢はない」と「苦渋の選択」を主張することで、自ら差別の固定化をはかる者たちが幅をきかせてきた。

沖縄の内部からそうやって「基地受け入れ」のメッセージを発することによって、日本人の大多数は基地問題について考えることもなく、自らが行なっている差別を自覚することもなくなった。沖縄に犠牲を強いているという負い目が消え、「癒しの島」として商品化された沖縄を心おきなく消費することができるようになった。そのあげく、市街地に米軍ヘリが墜落するという事態が起こっても、関心すら向けなくなったのだ。

辺野古の海上基地建設には、数千億円という基地利権が絡んでいる。日本政府や稲嶺県政が、その基地利権を簡単に放棄するはずがない。だが、一部の利権屋どもの金もうけのために、沖縄県民の命が危険にさらされてはたまったものではない。もはや「県内移設」論議から脱却し、無関心な日本人全体に基地問題を突きつける時だ。

「平和の祭典」という飾り文句が付くオリンピックの開催中も、イラクでは戦闘が続いていた。そして多くの市民がアメリカ軍の攻撃によって殺された。私たちの頭上を飛んでいるのは、まさに「人を殺すヘリ」であり、沖縄が負っている被害と加害の両面を直視して、軍事基地撤去の運動を進めたい。

（「沖縄タイムス」二〇〇四年九月一日）

競争原理の強化を懸念　学校の勝ち負け

前々回、三年前に県教育庁の主催する教務主任研修会に参加したときの話を書いた。その中で、質問や意見はいっさい受け付けない、という主催者の発言を紹介したが、同研修会では他にも、今の県教育行政の特徴をよく示す発言があった。

いくつか行なわれた講義の中で、「特色ある学校作り」に関するものがあった。ここ数年、県教育庁が盛んに言っていることで、各学校が学科の編成や授業、部活動、総合的学習などの取り組みで、独自の「特色」を出し「学校作り」を行なうというもの。それだけを見れば至極当たり前のことのように見える。

しかし、少し視野を広げれば、そこには学校の統廃合や学科再編、通学区域の拡大、学校間格差、競争原理の強化など、多様な問題が含まれていて、手放しで賛美できるものではない。

そういう問題点には触れないまま話を終えた講師に対して、疑問を抑えられなかったので手を挙げた。

司会者は無視しようとしたのだが、私が食い下がったのと講師が受けてもいいと言ったことで、質問が行なえた。

県内の高校では、「進学校」「教育困難校」と言われる形で学校間格差が進行し、問題になっている。それを解決しないまま、学校間の競争を煽《あお》るかたちで「特色ある学校作り」を進めると、余計に格差が進んでしまう危険性があるのではないか。

そういう趣旨の私の質問に対して、講師を務めていた指導主事が言った言葉は次のようなものだった。

格差が拡大するというが、むしろ拡大させるためにやる。各学校の取り組みしだいで差が出るのは当然のこと。世の中には勝ち組、負け組という言葉もあるでしょう。皆さん方だって、自分の子どもを勝ち組にしたいでしょう。各学校が勝ち組になるように努力してください。

質疑はそれで打ち切られてしまい、議論の余地はなかった。何とも嫌な思いを抱えて研修会場を後にしたのだが、帰りながら、あの指導主事は生徒や保護者を前にしても同じ言葉を口にできただろうか、と考えずにおられなかった。

なるほど、世の中では「勝ち組、負け組」という言葉が流行している。政治改革や企業のリストラが推し進められる中で、弱い立場の者ほど追いつめられ、年間三万人以上の自殺者が出る時代だ。「一億総中流」と言われた時代は終わり、階級・階層格差の拡大、つまり「中流」の没落＝「負け組」への転落が進行している。そういう時代に、教師（公務員）として二〇年余を過ごし、教頭・校長になることも間近なその指導主事は、自分が勝ち組だと思っているのかもしれない。

しかし、その指導主事にしても、教師として学校現場で日々生徒と接していたなら、「勝ち組、負け組」という言葉を安易に使えただろうかと思う。今の時期、学校現場は進路指導と体育祭・文化祭などの行事が重なってあわただしい時期だ。生徒も教師も放課後遅くまで残って、進路対策や行事の準備を行なっているだろう。

進学であれ就職であれ、そこにはいや応なく競争があり、生徒だけでなく保護者や教師もその試練をくぐらなければならない。しかし、その結果を見て、生徒を「勝ち組」「負け組」と分ける教師がいたらどうかしている。そもそも、人間の人生を「勝ち組」「負け組」と単純化して分けること自体が、いかに傲岸不遜《ごうがんふそん》な発想であることか。けれども、全国の教育現場において、「勝ち組」「負け組」という言葉が安易に発せられるような競争原理の強化が、急速に推し進められている。沖縄も例外ではない。

県内の高校においては、少子化が進む一方で通学区域が拡大され、生徒確保のために各高校が競い合う状況が作り出されている。「特色ある学校作り」も、はっきり言えば、そのような競争激化の中で、売り物となる「特色」を作れということだ。

管理職から始まっている教師の「評価制度」にしても、いずれは給与に反映する形で、教師間の競争を煽る手段に利用されるだろう。民間企業の競争原理や経営手法を導入すれば学校が活性化するかのように考え、生徒や保護者を「顧客」と呼んで得意になっている愚かな校長もいる。学校も「勝ち組」となって生き残れ。そういう発想によってリストラされるのは、どういう生徒、教師たちだろうか。

新聞やテレビでは、スポーツや文化活動、社会活動で成果を上げた生徒たちの話題が大きく取り上げられる。それ自体は生徒を祝福し、励ます意味で意義のあることだろう。しかし、学校であれ教育行政であれ、そういう光の部分はマスコミを呼んで取材させても、影の部分を白ら表に出すことはない。「物言わぬ（言えぬ）教師」を作るのは、マスコミ対策の一環でもある。

（「沖縄タイムス」二〇〇四年一〇月一日）

沖縄基地でも殺人教育

戦場の心理学

『戦争における「人殺し」の心理学』（ちくま学芸文庫）という本がある。著者のデーブ・グロスマンは米国陸軍に二三年在職し、一兵卒からたたき上げて中佐にまでなった人物で、軍事史や心理学の専門家としてウエスト・ポイント陸軍士官学校心理学・軍事社会学教授、アーカンソー州立大学軍事学教授を歴任している。文庫本の宣伝文には、この本の特色と目的がこう書かれている。

〈本来、人間には、同類を殺すことに強烈な抵抗感がある。それを、兵士として、人間を殺す場としての戦場に送り出すとはどういうことなのか。どのように、殺人に慣れさせていくことができるのか。そのためにはいかなる心身の訓練が必要になるのか。心理学者にして歴史学者、そして軍人でもあった著者が、戦場というリアルな現場の視線から人間の暗部をえぐり、兵士の立場から答える……〉

著者は文献資料の研究はもとより、軍組織内部の心理学の専門家として戦場に行った多くの兵士から聞き取り調査を行ない、兵士たちの心理的葛藤や苦悩に寄り添いながら、戦争における「人殺し」の心理的問題を追求している。その際、著者がまず取り上げるのは、「なぜ兵士は敵を殺せないのか」という殺人に対する抵抗感の問題である。

南北戦争において、マスケット銃を手にした兵士たちは、わずか十数歩しか離れていない敵に一斉射撃を繰り返しても、一人も死傷者を出すことができないことがあった。兵士たちは故意に、あるいは無意識のうちに敵を的にすることを回避し、膨大な無駄弾を撃っていた。また、非発砲者も少なくなかった。第二次大戦においても、敵との遭遇戦でライフル銃を発砲した米軍兵士は、一五ないし二〇%でしかなかったという。

多くの兵士たちは、自分自身の生命や仲間の生命が危険にさらされている状況でも、敵を殺そうとしなかった。軍隊にとってこれは深刻な問題である。同類である人間を殺すことへの心理的抵抗感を取り除かないまま兵士を戦場へ送れば、適応不能に陥った兵士は戦死し、軍隊は敗北する。

第二次大戦後、米国はその対策として戦争における心理学の研究を進め、兵士の教育訓練の改良を行なっていった。その結果、朝鮮戦争において歩兵の発砲率は五五%に上がり、ベトナム戦争では九〇から九五%にまで上がった。

〈この驚くべき殺傷率の上昇をもたらしたのは、脱感作、条件づけ、否認防衛機制の三方法の組み合わせだった〉と著者は指摘する。

「脱感作」とは、敵に対する人間的な共感能力をそぎ落とすことである。敵を人間ではなく、虫けらとして認識させることによって、他者の痛みへの想像力を消していく。

「条件づけ」はパブロフ派の古典的条件づけと、スキナー派のオペラント条件づけを応用して、反射的かつ瞬間的に敵を撃つ能力を向上させる。命中率が上がれば報償を与えて正の強化をし、逆の場合は罰が加えられる。条件刺激はよりリアルになり、射撃訓練の標的も丸形からE型標的（人型で緑褐色の的）に変わっていった。

「否認防衛機制」は「脱感作」と「条件づけ」によって副次的にもたらされる。自分が実際に人を殺しているという事実を否認し、自己を心理的に防衛する能力、つまり自責を感じない能力を発達させる。これはトラウマ経験の対策にもなる。

極めて簡略化してまとめたが、このような三方法を組み合わせた訓練の反復によって、それまで人を殴ったことのない若者でも、戦場で人を殺せる兵士へと育成されていく。

この本を読みながら、第二次大戦からベトナム戦争にいたる過程で米軍兵士の発砲率が上昇していくとき、沖縄の米軍基地・演習場が果たした役割を考えずにおられなかった。「世界最強」の軍隊を維持していくためには、常に新しい兵士が育成されなければならず、若者の殺人に対する心理的抵抗を取り除く訓練が行なわれなければならない。その訓練の場として、第二次大戦後の沖縄はあり続けた。ベトナム戦争後も今日にいたるまで、その現実は変わっていない。

在日米軍の再編が進む中で、沖縄基地の「県外移転」を求める声が盛んになっている。しかし、アフガニスタンやイラクで米軍の攻撃にさらされ、殺されていく側の人々からすれば、米軍がどこで演習をし、どこから出撃しようが、大した違いはあるまい。

だから沖縄の米軍基地をそのままにしてよいと言うのではない。ただ、軍事基地・演習場の本質的な問題を問い、否定し、無くしていく追求が、もっとなされる必要がある。基地問題が政治的な実利を求める観点からのみ論じられ、軍隊や基地の本質を問う議論が後景化してはならない。どんなに迂遠に見えようとも、人を「殺人機械」に変えていく場そのものが否定されるべきなのだ。

（「沖縄タイムス」二〇〇四年一一月四日）

不安募る自治体の姿勢

個人情報保護

一一月一八、一九日付「沖縄タイムス」朝刊に、国民年金未納者の所得情報を県内市町村が社会保険庁に提供した問題が載っている。記事によれば、〈社会保険庁は、国民年金法が十月に「被保険者本人に資産・収入状況に関する書類の提出を命じることができる」と改正されたことを根拠に、全国市町村に未納者の所得情報提供を求めている。／提供情報は年金未納者対策として、強制徴収や保険料の免除申請勧奨などに活用する計画〉という。

社会保険庁の浦添社会保険事務所からの情報提供依頼に対して、浦添市は個人情報保護制度運営審議会を開き、いったんは依頼書を差し戻している。その後、多数決によって提供を認めているが、浦添市以外の他の市町村では、審議もろくに行なわれないまま、個人の所得情報を提供しているようだ。記事を読んで、あまりにもいいかげんな個人情報の扱い方にあきれ、怒りを覚えた。

改正法を見るかぎり、「被保険者本人に……命じることができる」と書かれているのであり、市町村に「命じることができる」ではない。そうであるなら、社会保険庁は未納者に対して直接「資産・収入状況に関する書類の提出を命じる」べきであろう。それを拒否した者に、改めて市町村からの情報提供を求めるにしても、被保険者本人に事前に通知し交渉すべきだ。また、個人の所得情報を提供する市町村の側も、きちんと審議会に諮るのは最低限の義務ではないか。

そのような過程も経ずに、被保険者本人が知らないところで、所得や資産に関する重要な個人情報を勝手にやりとりするのは、行政の独断専行である。もともと「資産・収入」に関する情報は、国民年金徴収のために収集されたものではないはずだ。行政が持っている膨大な個人情報が、このような形で安易に目的外利用されるのを見ると、「個人情報」は誰のものか、という根本的な問題が、行政の中でないがしろにされているのではないかとさえ思う。

今回の件で浦添市の審議会では、「行政事務の効率化」や「年金制度の維持」が賛成理由として出されている。しかし、それらは一つの意見ではあっても、法的妥当性を裏付けたものではない。仮に、社会保険庁に提供した「資産・収入」に関する個人情報に外部流出などの問題が発生し、提供した市町村にも損害賠償が請求された場合、市町村はきちんとした法的根拠を示せるのか。

審議会を開いている浦添市では、まだしも法的根拠をめぐる議論がなされている。それ以外の市町村は、審議会を開くだけの問題意識さえなかったのだろうか。地方自治権の拡大や個人情報の保護がいくら声高に言われても、このような具体的な場面で国からの「依頼」に議論も起こらないようでは話にならない。各市町村に置かれている個人情報に関する審議会も、どれだけチェック機能を果たしているのか内実が問われる。

この問題と関連して、総務省は一〇月八日、社会保険庁の年金業務について、住民基本台帳ネットワーク（住基ネット）を活用して国民年金未加入者の把握を徹底するように厚生労働省に勧告している。住基ネットと社会保険庁の基礎年金番号システムを照合し、未加入者を特定するという。

住民票をとるのに便利だから、とスタートした住基ネットが、いよいよ「国民総背番号制」としての本質をむき出しにしてきた。未加入者を特定するためには、年金加入対象者全員と照合しなければならない。そうやって住基ネットの十一けたの番号と基礎年金番号が結びつけられることにより、国家による個人情報の一元的管理がさらに進んでいくのである。それはいずれ納税や医療などの個人情報にも拡大していくだろう。

最近は報道されることが少ないので目立たないが、住基ネットをめぐるトラブルは全国各地で発生している。一一月四日には、他人名義の偽造住民基本台帳カードを使って携帯電話を購入しようとした男性が、新宿署に逮捕されている。一〇月六日には、日立製作所が住基カード三万枚を不具合のため回収し、一一月に入って秋田市も住基カード二百枚を同じ理由で回収している。九月一八日には、福島県塙町が敬老会招待者名簿に間違って住基ネットの個人コード番号千五百人分を記載、一時流出するという失態をおかした。

住基ネットは、外部からの侵入による情報流出がよく問題になるが、担当職員のミスや機械の不具合による流出の懸念も大きい。加えて、住基ネットの利用が拡大し、住基コード（十一けたの番号）を通して入手できる個人情報が増えるほどに、住基システムへの侵入や住基カードの偽造、職員の買収などの危険性も増していく。現在は個人情報が金になる時代なのだ。それに対して、国や県、市町村の個人情報を扱う姿勢は、見れば見るほど不安が募る。

（「沖縄タイムス」二〇〇四年一二月一日）

2005年

2005年

自らの生活の場からの運動を！

日本人一人ひとりの責任

現実化していく「悪夢のようなシナリオ」

この数日来、本原稿を書こうとして、なかなか書き進められないでいた。「いのちの復興―平和をつくる連帯へ」という特集テーマで文章を綴ろうとしても、目の前で生起している現実は、見れば見るほど気が重くなるもので、具体的にどのようにして「いのちの復興」や「平和をつくる連帯」を成し遂げていくのか、それが見出しえない。

イラク聖戦アルカイダ組織によって惨殺された香田証生さんの事件。アメリカ大統領選挙におけるブッシュの勝利。サマワの自衛隊宿営地に相次いで撃ち込まれる迫撃弾。そして、沖縄国際大学への米軍ヘリ墜落事件や、それ以降スピードアップしてボーリング調査が進められる名護市辺野古の海上基地、建設が進む金武町の都市型戦闘訓練施設。さらには、「在日米軍再編」によって、東アジアから中東までを活動範囲とする戦略拠点として、在日・在沖米軍基地の役割が拡大されようとしている。

これらの動きが密接に関連しながら、日本・沖縄が今まで以上に、アメリカの進める「対テロ戦争」への加担を深めていこうとしている。それを考えると、憂鬱を通り越して暗澹《あんたん》たる思いに駆られる。

今回の大統領選挙によってブッシュは、イラクへの「先制攻撃」や「対テロ戦争」が、アメリカ国民の信任を得たと自信を持っただろう。その彼が今後四年間で何をやるだろうか。アフガニスタン、イラクと続いた侵略戦争は、まだ通過点でしかない。今後、イラク情勢が安定化すれば、「悪の枢軸」と名指ししたイランや北朝鮮に「先制攻撃」が仕掛けられない保障はない。

すでに在韓米軍は大規模な撤退計画を進めており、駐留する米軍も三八度線からより遠い朝鮮半島南部への基地移転を進めている。これらの動きが、北朝鮮への軍事攻撃にあたって米軍の被害をより少なくするための措置であると、韓国では議論になっている。先制的なミサイル攻撃と空爆やサイバー攻撃によって、北朝鮮の軍事施設と指揮系統を一気に壊滅状態に陥れることは、今のアメリカにとってたやすいことだろう。旧式の装備しかなく、燃料不足で訓練もろくに行なっていない北朝鮮空軍は、韓国空軍や米空軍の餌食にしかなるまい。三八度線を南下してくる機甲師団や歩兵部隊も、劣化ウラン弾を使った米軍のミサイル攻撃によって、イラク軍の二の舞になるだけだ。

そうやって北朝鮮への軍事攻撃がなされるとき、日本では有事＝戦争法が発動され、米軍の支援体制が敷かれる。北朝鮮の工作員による「テロ」や「破壊活動」の可能性を宣伝し、政府が国民保護法の発動を宣言すれば、指定公共機関となったメディアは、もはや大本営発表を垂れ流すことしかできない。

国家非常事態が打ち出され、集会、結社、表現、通信の自由などが大きく制限されていくだろう。そういう状況下で、反戦運動がどれだけ組織化できるだろうか。

医療や運輸、通信、メディアなど、戦争を行なう上で必要な分野の労働者は、戦争への協力を強いられる。いや、近代戦争とは総力戦であって、すべての「国民」が戦争への協力を強制される。それを拒否する者は「非国民」という犯罪者になり、社会から排除され、罰せられる。

以前なら、こういうことを「悪夢のようなシナリオ」と表現して終わりだった。映画や小説の題材になっても、現実にはそこまでいかないだろう、と高を括っていられた。だが、今はどうか。

自分の場で具体的な反対運動を

有事＝戦争法が制定された今、政府がそれを発動しさえすれば、憲法はその瞬間に死を迎える。自衛隊という軍隊が国民を「保護」してくれるかのように思って、有事＝戦争法を成立させた日本人のおろかさよ。沖縄県内においては反対が多数であっても、日本全体では沖縄の意見は圧倒的な少数でしかない。沖縄戦における日本軍による住民虐殺や食料強奪、壕追い出しなど、歴史の貴重な体験・証言は、日本の民衆全体に共有されることはついになかった。

私は時折考える。沖縄で住民を虐殺した日本兵たちは、戦後どのような人生を歩んだのだろうか。彼らの中に良心の呵責《かしゃく》は生じたのだろうかと。もし一人でも、自らが行なった住民虐殺を証言し、そのような事態が生起した原因を、当時の日本軍の組織的問題として明らかにして謝罪する日本人がいたなら、軍隊とは何か、それは本当に「国民」を守るのか、という問題が、日本社会でもっと掘り下げられたかもしれないのにと。しかし、中国における自らの住民虐殺を証言した日本兵はいても、沖縄における自らの行為を証言し、謝罪した元日本兵を私は知らない（目撃した元日本兵の証言はあるし、久米島の住民虐殺を居直った元日本兵の例はあるが）。

去る八月一三日の沖縄国際大学への米軍ヘリ墜落事件においても、マスメディアをはじめとして日本人全体の反応は冷ややかだった。ゴルフの宮里藍選手やオレンジレンジ、仲間由紀恵さんなどスポーツや芸能界で活躍する沖縄人がもてはやされ、沖縄料理や観光が注目を浴びる一方で、基地問題は相変わらず臭い物に蓋だ。見たいものだけを見て、見たくないものは見ない。そういう心理状態が当たり前となり、沖国大の事件が自分の生活とどうつながっているのかを考えようともしない。

米軍ヘリ墜落直後、隣接する普天間基地から金網を越えてやってきた米兵たちは、即座に事故現場を封鎖した。そのあと、沖国大の学長や宜野湾市長でさえ現場に近づけず、沖縄県警の現場保存、調査要求も拒否された。そのような米軍の墜落事故に対する対処の仕方は、イラクとどれだけの違いがあるか。市民に対して銃で武装し、メディアの取材を規制しようとする。沖縄の警察も盾を向けるのは市民に対してであり、「保護」するのは「国民」ではなく、米軍であることを露骨に示した。これこそ、国民保護法が発動されるとき、全国各地で起こる状況だろう。

沖縄の基地問題は沖縄だけの問題ではない。沖縄に基地をおいているのは沖縄人の選択ではなく、日本人全体の意志なのだ。そこにおいて起こる事故や事件は、米軍や日本政府だけでなく、日本人一人ひとりに責任がある。そして、沖縄の海兵隊基地から五二〇〇人がイラクに派兵されている現実を見るとき、日米安保条約に基づいて沖縄に米軍基地を駐留させている私たちは、否応なくイラクに対する米軍の侵略戦争に関わっている。「イラク戦争反対」運動は、在日・在沖米軍基地と自衛隊基地に対する反対運動として同時に行なわれなければ、実際の力にはならない。そして、在日・在沖米軍基地を法的に支えている日米安保条約にも反対運動を起こすことが問われている。反安保なき憲法擁護運動とは、安保の負担を沖縄に押しつけ、それを見て見ぬ振りして自分たちだけは「平和」を享受しようという、ヤマトゥンチュー(日本人)の虫のいい発想によるものでしかない。

名護市辺野古で行なわれている海上基地建設に反対する座り込み行動は、二〇〇日を超している。カヌーや小型ボートに乗っての海上抗議行動、潜水しての海中抗議行動も連日行なわれている。米軍や自衛隊、その活動拠点である軍事基地、そして日米安保条約、それらに反対する運動を自分が日々生活している場所で作り出すことが、今もっとも必要なことだと思う。

(「あけぼの」二〇〇五年一月一日)

「安全」が不安を生む逆説

不審者

昨年見た映画で印象に残っている作品の一つに『僕はラジオ』（監督マイク・トーリン／二〇〇三年・米国）というのがある。

あらすじはこうだ。一九七〇年代後半の米国南部の町アンダーソン。カートに荷物を載せて町の中を歩く一人の黒人青年がいた。知的障害がある彼は母親と二人暮らしで、友人もなく、ラジオから流れる音楽を聴くことが唯一の楽しみだった。毎日高校のまわりを歩いている青年を、生徒や教師たちは不審の目で眺めていた。ある日、グラウンドから飛び出したボールを返さなかった青年に、アメフト部の生徒数人がひどいいじめを行なう。それを知ったアメフト部のコーチのジョーンズは、生徒たちを叱責する一方で、青年に「練習に参加しないか」と声をかける。

母親以外とは話をしない青年に、ジョーンズはラジオというニックネームをつけ、自分の家族同様に温かく接する。ジョーンズに支えられて、ラジオはアメフト部の臨時コーチとして練習や試合に参加し、しだいに人とコミュニケーションをとれるようになっていく。そして、高校で学ぶ機会を与えられ、失敗を繰り返しながらも教師や生徒たち、町の人々に受け入れられていく。やがてラジオは、アメフト部や高校に欠かせない存在になる。

米国最大のスポーツ専門誌『スポーツ・イラストレイテッド』に掲載された実話を基にしたという映画の最後には、今もアメフト部の名誉コーチとして、生徒たちと一緒に競技場に飛び出す初老のラジオの実際の姿が映し出される。主役のラジオを演じるキューバ・グッディングJr.やコーチ役のエド・ハリスらの好演もあって、映画は感動的な作品に仕上がっている。

今の時代、こういう作品が出てくると美談やPC（ポリティカル・コレクトネス）という批判が必ず出る。たしかに、登場人物はみな善意の人々であり、いじめをした生徒やラジオを排除しようとした町の人たちが最後は彼を受け入れるところなど、予定調和的で映画として弱さを感じる部分もある。ただ、そういう点を含めて、この作品にはいろいろ考えさせられた。

今、子どもに対する事件や犯罪の増加が、メディアで連日のように報道され、地域の防犯強化がしきりに言われている。地域の「安全マップ」作りをやっている学校や生徒に防犯ベルを携帯させる学校も珍しくなくなった。学校や企業と地域の警察との連携、公共空間への監視カメラの設置も進んでいる。地域の中から「不審者」を発見し、排除する。犯罪増加に対する不安の増大は、そのような排除指向をさらに強めていくだろう。

ただ、私たちがそうやって排除していく「不審者」とは、いったいどういう人たちだろうか。ある人を「不審者」と見るとき、私たちの中には先入観として作られている「不審者」のイメージがあり、そのイメージに沿って警戒心や排除意識がはたらいている（逆に言えば、そのイメージをはずれている者は、「不審者」として認識されない）。

注意しなければいけないのは、そのイメージが実際の犯罪者か否かとは関係なく、社会的に弱い立場にある人を「不審者」と見させる危険性を持っていることだ。『僕はラジオ』においても、学校の周辺をうろつく青年に向けられる視線は、当初は「不審者」でしかなかった。それを変えていったのはアメフト部のコーチの思いやりと熱意だが、そういう人が実際の社会でどれだけいるだろうか。

排除作用の強い社会において、経済的、身体的、精神的にハンディを背負っている人が、見た目の印象によって「不審者」と見られ、偏見や差別を受けることは過去にもあったし、今もある。いや、以前なら少し変わった人、ですまされたのが、今では何をするか分からない怖い人、と排除の度合いはより強まっている。自分は「普通」だと思っているあなただって、別の人からは「不審者」と見られているかもしれない。「安全」を願って進めているはずの取り組みが、不安と不信、新たな偏見、差別を生み出し、市民にとって余計に生きにくい社会を作り出すという逆説がそこに生じる。

三浦展『ファスト風土化する日本／郊外化とその病理』（洋泉社新書）は、「日本中の地方の生活」が「その地方の独自性、固有の性格を弱め均質化している」状況を「ファスト風土化」と呼び、そのような社会変化の中で、地方で頻発する犯罪の問題を分析している。そこには排除や監視だけでは解決できない問題の複雑さがある。沖縄も例外ではない。県内で最も「ファスト風土化」された場所である北谷町美浜の公共駐車場に監視カメラが設置されたのが、それを端的に示している。

（「沖縄タイムス」二〇〇五年一月一〇日）

様がわりする「五・一五」

五月一五日は沖縄が日本に「返還」された日である。一九七二年のその日以来今日まで、県民の望んだ米軍基地の撤去は進んでいない。そのことへの抗議として、沖縄では毎年五・一五に向けて平和行進が行なわれ、当日は県民大会が開かれてきた。

かつてそれは文字通り「県民大会」だった。平和行進や大会の参加者は沖縄県民が大半であり、「日本復帰」後も変わらない米軍基地の存在を糾弾し、「復帰」とは何だったのかを問い返す場となっていた。

それがいつの間にか、ヤマトゥの労組が大量の人員を送り込み、平和行進を「沖縄学習」の場に活用するようになった。県民大会もいまや参加者は労組の活動家が大半で、一般の県民の姿は減っていくばかりだ。かつて那覇市の与儀公園で行なわれていた県民大会を知る私にとっては、宜野湾市の海浜公園で開かれるようになって以降の県民大会の変わりようは、五・一五を「屈辱の日」ととらえたウチナーンチュの心根が変わっていく様を見るようで、年々むなしさが増している。

　去年はそれに加えて極めて不快な思いもした。この二年ほど住民基本台帳ネットワークに反対する運動を取り組んでいるのだが、反住基ネット沖縄という団体のメンバーとして、県民大会会場入り口でビラ配りをやった。ウチナンチューの参加者は、「ご苦労さんです」と声をかけてビラを差し出すと、返礼や会釈をして受け取る人がほとんどなのだが、あきれ果てたのは平和行進の隊列を組んでやってきたナイチャーの御一行だ。

「お疲れさまです」「ご苦労さんです」と声をかけても無視するだけではない。人を見下したような目で眺め、中には鼻で笑う者もいる。無論ビラを受け取るはずもない。自治労だの日教組だのJR総連だの全水道だのと、ヤマトゥの大労組ののぼりを立てた御一行がどれだけ偉いのか知らないが、何百人という人間が同じような目、表情、しぐさで対応する様子を眺めていて、怒りを通り越して薄気味悪ささえ感じた。

　おそらくは、会場でビラまきをやっている団体は無視しろ、という指示が行き渡っていたのだろう。その見事な統率振りは、さすが日本軍の末裔どもといったところか。ウチナンチューのテーゲーさとは比較にもならない。ああ、こうやって沖縄の集会もヤマトゥ化していくんだろうな、と考えるとぞっとする。

　ヤマトゥの労組の活動家からすれば五・一五は、平和行進をしながら沖縄の基地の実態を見せ、夜は酒を飲んで交流会を持ちながら若い組合員を教育するいい機会なのだろう。昨今の「沖縄ブーム」も、政治に関心の薄い若者をオルグする上で好条件なのかもしれない。

だが、そういう活動家たちのどれだけが、五・一五が沖縄にとって「屈辱の日」と呼ばれたことを意識しているのだろうか。誰が「屈辱」を与えたのか。それを考えずして、何が「沖縄との連帯」なのだろうか。

(「思想運動」七三〇号、二〇〇五年一月一日)

危険な政治権力への迎合　日本のマスコミ

カナダ出身で日本在住のジャーナリストであるベンジャミン・フルフォードは、『日本のマスコミ「臆病」の構造』（宝島社）という著作で、日本のマスコミやジャーナリストの問題点について次のように書いている。

〈なぜ彼らは知っていることを書かないのか。なぜジャーナリストになったのか。なぜ聞くべき質問をしないのか。その臆病さの背景には何があるのか。…（中略）…取材生活を通じてしだいに分かってきたことは、まず、記者クラブというギルドを形成し、政・官・業と度を超した馴れ合い関係を持っているメディアの癒着構造。もうひとつは、日本の社会には書いてはならない「タブー」が驚くほど多いということだった。具体的に言えば、皇室、警察、ヤクザ、検察、被差別部落や在日韓国人など差別に関すること、創価学会など。しかし、それらに切り込まない「真実の報道」がフェイクにすぎないと分かっていても、あえてそれには触れない。これは読者、国民に対する重大な裏切りと言

わざるを得ない〉

二〇〇一年にNHKが放送した「問われる戦時性暴力」への政治家の「圧力」をめぐる問題を考えながら、フルフォードの文章が頭に浮かんだ。

クレームをつけた政治家に放送前に番組の内容を説明し、意見を聞いてその意に添うように内容を変える。まさに事前検閲に等しいことが行なわれているのに、NHKの幹部は「圧力」を感じなかった、と強調している。だから朝日新聞の記事は誤りだ、とやり合っているわけだが、何のことはない、「圧力」と感じるだけの感性も消えうせるほど、NHK幹部においては政治家との馴れ合いや癒着が進んでいるということではないか。

政治家に呼びつけられたのではなく、自分から説明に行った。「圧力」を受けて内容を変えたのではなく、自主的に編集し直した。だから問題はない、とNHK幹部は言いたいようだ。しかし、それは「圧力」に屈するよりも、もっと悪いのではないか。当時、安倍晋三氏は内閣官房副長官を務め、政治権力の中枢にいた。そういう大物政治家が「偏向」だと言い、「公平公正な報道」を求めると、意を察して自主的に動く。そのこと自体が、ジャーナリズムとして自殺行為ではないか。

「問われる戦時性暴力」という番組は、当初四四分で作られていた。それが放送直前になって四〇分となった。カットされた四分間の中身は、日本と昭和天皇に慰安婦制度の責任を認めた女性国際戦犯法廷の判決のナレーション、中国人被害者の証言、東ティモールの慰安所の紹介と元慰安婦の証言、元日本兵の加害証言などである。それらは、日本の侵略や加害の歴史、戦時下の犯罪や昭和天皇の戦争責任を明らかにするものだ。それだからこそ、狙いうちにされたのだ。

一九九〇年代以降、歴史修正主義の動きが日本でも強まり、「自由主義史観」を唱えるグループが「新しい歴史教科書をつくる会」を結成し、「教科書問題」が大きな焦点となった。そういう中、一九九七年二月、自民党の当選五回以下の議員を中心に「日本の前途と歴史教育を考える若手議員の会」が結成された。同会は「新しい歴史教育をつくる会」と連携しながら、歴史教科書の「慰安婦」記述の削除や、旧日本軍の「強制」を否定する運動を進め、教科書出版会社の社長や執筆者を呼んで追及することもやっている。その「若手議員の会」の代表が中川昭一氏であり、事務局長が安倍晋三氏だった。

そういう流れを見るとき、両氏が何の政治的意図も持たずに「問われる戦時性暴力」という番組にクレームをつけたとは考えられない。NHK幹部が「圧力」を感じなかったと言うなら、それは安倍氏らの意図を察した上で自らタブーを作り、天皇の戦争責任や慰安婦などの加害の歴史に触れることを回避=隠蔽《いんぺい》しようとしたということではないのか。そこには、番組を見て自ら判断する視聴者への信頼はなく、政治権力者への迎合があるだけだ。

「戦後六〇年」を迎える今年、NHKをはじめとした各メディアは、「戦争」をテーマとした特集を数多く組むだろう。そのとき、「慰安婦」や「強制連行」、「南京大虐殺」や「沖縄住民虐殺」など、日本の侵略や加害の問題を検証し、昭和天皇や軍部、政治家、報道機関、教師、地域のリーダーの戦争責任を問う記事や番組が、どれだけ書かれ、制作されるだろうか。北朝鮮の「拉致問題」が明らかになって以降、そのような問題を取り上げること自体への圧力や攻撃がいっそう強まっている。内部告発したN

HKのプロデューサーも、今の社会状況下で自身や家族に加えられる攻撃の危険性を考えたとき、大変な決意があったはずだ。

有事＝戦争法によって報道機関が指定公共機関として国家統制されることが現実味を帯び、四月からは個人情報保護法も施行される。六〇年前の過ちを繰り返さない決意が、ジャーナリストにも私たち一人ひとりにも問われている。

（「沖縄タイムス」二〇〇五年二月三日）

「負担軽減」は甘い幻想

在日米軍の再編

在日米軍の再編をめぐる動きが慌ただしくなっている。マスコミの報道では、普天間基地の辺野古「移設」見直しや、新たな「移設」先として嘉手納基地や下地島、伊江島、キャンプ・シュワブ海岸部などが検討されているという情報が飛び交っている。さらには、普天間基地を自衛隊基地にして別の滑走路を用意しろ、という米国の主張まで報じられている。それらはすべて、米軍基地の県内移設＝たらい回しを繰り返すことで、沖縄県民に新たな負担と混乱を強いるものだ。

米国政府なんてのはしょせん、「沖縄は今でも占領地」ぐらいの意識しか持ってないのだろう。日本政府にしても似たり寄ったりだ。「沖縄の負担軽減」を口にする小泉純一郎首相など、沖国大に米軍ヘリが墜落しても現場を見に来ることさえしなかった人物なのだ。沖縄で大事故が発生し、米軍の活動に支障をきたすようなことになると、日米同盟が危うくなる。そういう危機感はあっても、沖縄県民の犠牲に対する同情などありはすまい。

どこの都道府県にも与党の国会議員はいるわけだから、「地元の反発」を考えて沖縄の皆さんには我慢してもらいましょう……、それが日本政府の本音だろう。そのために「振興策」で大盤振る舞いをやってきたんだし、サミットだの、二千円札だの、大学院大学だの「格段の配慮」を示してきたんだろうが、沖縄を甘やかすな。陰ではそういう声も飛んでるのではなかろうか。

新聞を読んでいると、米軍の再編は「沖縄にとって千載一遇の好機」と発言する識者の声が目につく。よくもそんな甘い幻想を振りまけるものだ。米軍再編は「対テロ戦争」を遂行し、東アジアから中東における米国の軍事支配を強化することを目的としてなされるのであって、「沖縄の負担軽減」は付随的なものでしかない。むしろ、米軍と自衛隊の一体化が進むことにより、沖縄の軍事的位置づけはより大きくなる。

仮に米軍の部隊や演習が沖縄から一部移転するとしても、その穴埋めとして自衛隊が強化され、米軍の「負担」は減ったが、自衛隊の「負担」は増えた、となる可能性が大きい。実際、嘉手納基地では自衛隊機の移駐が行なわれることで、新たな機能強化が進もうとしている。

キャンプ座間への米陸軍第一軍団司令部の移転が行なわれれば、陸・海・空・海兵の米四軍の前線司令部が日本にそろう。米軍の統合司令部の下に自衛隊を組み込み、東アジアから中東における「対テロ戦争」を進めるというのが、在日米軍再編の主要な目的だ。

中国、台湾、東南アジア諸国に向かって伸びていく琉球列島は、米軍と自衛隊が一体化して行なう「対テロ戦争」にとって重要な位置にある。対中国との関係でも、国境を接した島嶼《とうしょ》地域の防衛強化が唱えられ、宮古島や石垣島、与那国島の軍事的位置づけが高まっていく。下地島空港に限らず、宮古・八重山諸島の民間空港や港湾施設の軍事利用もすでに検討されているはずだ。宮古・八重山地域では今後、「国民保護法」発動を想定した自治体や民間を組み込んだ演習が、防災訓練を名目に強化されていくだろう。

日米両国にとって中国が最大の経済的パートナーになっている時代に、領土問題や資源問題でもめることはあっても、それが軍事的衝突にエスカレートすることは考えにくい。それでも東シナ海の軍事的緊張は繰り返し「演出」されるだろう。それによって日本、米国、中国ともに軍事予算が確保され、排外的ナショナリズムを煽ることで国内の問題から目を逸《そ》らさせることができるわけだから。

ただ、そのとばっちりをもろに食うのが沖縄県民だ。米軍再編といっても、それは沖縄県民のためになされるのではまったくない。沖縄県民が自ら声を上げ、行動をもって意思表示しなければ、米軍基地であれ部隊であれ動きはしないし、むしろ自衛隊を含めた強化がなされるだけだ。今こそ沖縄の声の強度が問われている。

ここで注意しなければいけないのは、沖縄の米軍基地が県外に「移転」されるか否か、という視点からのみ米軍再編を問題にしてしまうことだ。ブッシュ大統領やラムズフェルドが、アフガニスタンやイラクで何をやってきたのか。軍事技術革命（ＲＭＡ）を駆使した米軍の攻撃によって、どれだけの民衆が殺されていったか。それを考えれば、「対テロ戦争」を進めるための米軍再編など、ろくでもないものだ、ということが分かる。

沖縄基地が県外に「移転」される可能性が高いから「千載一遇の好機」というとらえ方は、米軍再編を肯定することでブッシュやラムズフェルドの「対テロ戦争」をしり押しすることになる。それでは結局、沖縄が「対テロ戦争」の拠点として強化されることを許してしまう。沖縄県民にとって必要なのは、今進められている米軍再編に反対することと、普天間基地撤去の運動を同時に進めることだ。

（「沖縄タイムス」二〇〇五年三月二日）

実践的意味持つ反復帰論

新川明文庫開設記念シンポ

三月二六日、西原町立図書館で新川明文庫開設を記念するシンポジウムが行なわれた。新川氏本人へのインタビューや討論は五時間にわたり、戦後沖縄の文化・思想状況をになった中心人物のひとりである新川氏の思想と行動を考える上で、とても有意義な企画だった。私もパネリストのひとりとして参加したのだが、その際に考えたことを書いてみたい。

新川氏は一九三一年に嘉手納で生まれている。三七年に八重山に移住し、四六年に沖縄島に引き上げるまでそこで生活している。シンポジウムで配布された年譜（納富香織氏・戸邉秀明氏作成）には、〈軍国少年として育つ〉〈沖縄戦を八重山・石垣で経験する。マラリアに罹り、死にそうになる〉〈敗戦後の八重山駐屯日本軍の態度に失望する〉〈敗戦後の八重山生活で飢えを経験する、寄留民・母子家庭の辛さを味わう〉という、新川氏の戦争体験が記されている。

シンポジウムでは、戦後、新制コザ高校に編入し、琉球大学第一期生となったころのことが、高良勉氏の質問に答える形で語られた。毎晩のように酒を飲み、売られた喧嘩は買う、という荒れた大学生活をしていたことは、半ば「新川明伝説」になりつつあるような気がするが、そのころの「荒れ」を「ヤクザ」「無頼」という言葉でロマン主義的に解釈するのではなく、「戦争トラウマ」の視点から新川氏の戦争体験とつなげて検証する必要を感じた。と言うのも、その「荒れ」は新川氏個人の資質に還元できないと思うからだ。

私の父は一九三〇年の生まれで新川氏と同世代である。六〇年前の四月、父は県立三中の学生として鉄血勤皇隊に動員され、宇土部隊の指揮下、本部半島の山中で米軍と戦っていた。八重山出身の上原上等兵という人が戦闘中に目の前で射殺されたり、部隊の解散後、敗残兵となった五人の日本兵と山中で生活を送るという体験をしている。

戦後、父は外語学校を出るのだが、希望した軍作業にはつけず、生活の苦労もあって精神的に荒れた時期があったようだ。新川氏や父のように一九三〇年前後に生まれた世代は、一五年戦争下の軍国主義の時代に育ち、天皇のために死ぬことを名誉とする教育を幼少からたたき込まれている。そうやって純粋培養された軍国少年・少女たちにとって、敗戦のもたらした衝撃と崩壊感覚はどれだけのものだったろうか。戦争と敗戦後の混乱の中で、彼らほど根底的な価値観の転換を強いられた世代はないのではないか。

敗戦直後は日々の生活を送るのに精いっぱいだ。戦争から数年がたってある程度生活が安定し、青年期に達したときに、軍国少年・少女たちの心に刻み込まれた「戦争トラウマ」は、むしろ深刻な影響を与えていったのではないか。無論、それは軍国少年・少女だけの問題ではない。「特攻崩れ」という言葉が当時使われたように、軍隊から帰った兵士や、空襲、原爆の被害者、旧植民地からの帰還者、大陸から強制連行された人々や慰安婦とされた人たち、それぞれの戦争体験に応じて、人々は自らに刻み込まれた「戦争トラウマ」に苦しまねばならなかった。

一九五三年に一時、辺土名高校で臨時教員をした後、五四年に新川氏は大学に復学する。以降、新川氏や川満信一氏、岡本恵徳氏らを中心とした『琉大文学』は、社会主義リアリズムを導入して大きな変貌を遂げる。そこから新川氏の「反復帰論」へといたる思想運動と文学活動も始まるのだが、その前史として、沖縄戦体験と「戦争トラウマ」をめぐる葛藤がどうあったのか、それが新川氏のその後の思想や行動にどう影響し、昇華していったのか、を考える必要を感じた。

それとあわせて考えたのは、「反復帰論」の前に「書かれざる一章」として、沖縄における「戦争責任の追及」があったのではないかということだ。戦前のリーダーたちの公職追放も行なわれず、米軍政下で自治への歩みを始めた沖縄の特殊状況は、「戦争責任の追及」において「本土」以上に不徹底だった。「祖国復帰運動」の主要な担い手であった沖縄の教師たちは、「教え子を戦場に送った」ことへの良心の痛みや罪悪感に基づく平和教育には熱心であった。だが、自らの戦争責任を国家や天皇制の問題にまで掘り下げて検証することを、どれだけなしえたか。

日の丸を掲げて祖国や憲法への幻想を煽りながら進められる「復帰運動」を、新川氏は厳しく批判した。そのときに、軍国少年・少女として育てられた世代として、教師や行政、政党リーダーたちの「戦争責任の追及」を、「同化思想」批判と同時に進めていく必要があったのではないか、と思った。
沖縄ブームの裏で領土問題、島嶼防衛が喧伝される今日、「反復帰論」も「戦争責任」も、あるいは沖縄の日本への「統合」と「反逆」も、現在進行形の問題として私たちに突きつけられている。新川氏の「反復帰論」は今も実践的な意味を持っている。

（「沖縄タイムス」二〇〇五年四月六日）

歴史を忘却する装置

昨年の八月一五日、初めて靖国神社に行った。

鳥居をくぐってさざれ石を見学し、参道を歩いていくと軍服を着たお年寄りのグループが隊列を組んで行進してきた。参道横の休憩室では別のお年寄りのグループが「海ゆかば」を歌って涙している。そういう様子に面食らいながら人込みの中を歩き、本殿から遊就館へと足を運んだ。説明文を逐一読んで展示物を見、外に出て改めて参道を埋める人込みを眺めたとき、沖縄では目にできない空間のかもし出す雰囲気に、違和感が募ってならなかった。

遊就館では日本の近代以降の戦争についてさまざまな遺品や写真などが展示され、沖縄戦についても触れられている。しかしそこでは、皇軍兵士たちが沖縄で行った住民虐殺や食糧強奪、壕《ごう》追い出しなどについては記されていない。傷ついて歩けない兵士たちに青酸カリ入りのミルクを渡し、置き去りにして敗走していった日本軍の姿も伝えられず、また敗残兵となった日本兵に住民が抱いた恐怖も記されない。

そういう事実からは目をそむけることによって、死んだ皇軍兵士たちは「英霊」とたたえられる。逆に言えば、「英霊」のイメージを壊す沖縄戦の実相は、靖国神社では触れてはいけないタブーなのだろう。

それは沖縄戦だけではない。日本が植民地とし、戦場としたアジア諸地域の戦争の実相もそうだ。私には靖国神社や遊就館が、皇軍兵士による住民虐殺や略奪と暴行など、侵略と加害の歴史を忘却させ、侵略者としての皇軍兵士の死を殉国美談の物語に仕立て上げる巨大な装置としか思えなかった。

沖縄では毎年六月二三日に県内各地で沖縄戦戦没者の慰霊祭が行なわれる。県主催の慰霊祭は糸満市摩文仁《まぶに》の平和祈念公園で行なわれ、当日は早朝から平和の礎《いしじ》や魂魄《こんぱく》の塔、健児の塔などに遺族が訪れて手を合わせる。同じ光景は県内各市町村や字単位で行なわれる慰霊祭でも見られる。そこに出ない遺族は自宅の仏壇に向かって手を合わせているだろう。

沖縄人の大多数の宗教観は祖先崇拝だ。もともと神道の影響の少ない沖縄で、慰霊祭で手を合わせながら靖国神社にまで思いをはせる人はわずかだろう。国の追悼施設などなくても、大方の沖縄人は別に困りはしない。むしろ、首相の靖国参拝に沖縄からも違憲訴訟が起こされたり、肉親が勝手にまつられていることに異議を唱える声の方が目立つ。

靖国神社に対するこの意識の有り様に、「国体護持」と「本土防衛」のために「捨て石」にされた沖縄戦の体験が影響しているのは言うまでもない。その体験は親から子へ、祖父母から孫へと語り伝えられてきた。私の祖父や父は日本兵に殺されかけた体験を話していたが、その記憶を私も忘れはしない。

韓国や中国の「反日」デモについて、日本のメディアは「愛国主義教育」の影響を喧伝するが、私には口伝えに伝えられる記憶や歴史の力について認識が弱いように思える。

日本人がいくら目をそむけても、日本が行なった侵略と虐殺、略奪の歴史を消せはしない。そのことに真摯に向き合わない限り、日本はアジアでさらに孤立していくだろう。靖国神社にかわって新たな国の追悼施設を作ろうが作るまいが、歴史の過ちを反省する姿勢が日本人の中にない限り、アジア諸国の民衆から理解は得られまい。


（「朝日新聞」二〇〇五年四月二三日）

軍事強化で新たな緊張

あるシミュレーション

「陸海空統合作戦を徹底シミュレーション／西表島を奪回せよ」という物騒な題名の評論が、雑誌『軍事研究』二〇〇五年三月号に載っている。執筆したのは戦史研究家の藤井久氏で、中国軍が西表島に上陸して船浮湾の白浜港を押さえ、歩兵連隊一個規模で密林でのゲリラ戦を展開することを想定。それに対して自衛隊がどう対処するかをシミュレーションしている。沖縄に配備されている陸上自衛隊の第一混成団や航空自衛隊の南西航空混成団は元より、全国の自衛隊が共同して「西表島を奪回」する作戦を、部隊の展開を示しながら検討している。

〈陸上自衛隊の任務は、西表島西部を占拠している敵侵攻部隊と直接交戦して、これを撃破殲滅《せんめつ》することにある〉

〈宮古島がどんな状況でも、これを確保して前進拠点としなければ、先島諸島での作戦が成り立たない〉

〈離島での勝負は歩兵の対決だと認識すべきだ。歩兵の練度、そしてその頭数が何より重要だ〉

勇ましい言葉が並ぶ文章を読み進め、〈最後になるが、ほとんど触れなかった住民保護の問題がある〉以下の文章を読んで、どこかの生命保険会社のアヒラーではないが「あふぁ」と呆れてしまった。

〈奇襲された離島で、住民が敵の支配下に入った場合、これをどうやって安全に避難させるか。損害覚悟でヘリボーンで急襲しても、住民がまとまっているとは限らない。まとまっていても、付近に降着適地がないとなればお手上げとなる〉

〈そんなことは誰でも知っているのに、住民保護を法制化するということは、一方で不安感を煽り、その一方で根拠なき安心感を与えることだ。これを律儀面した無責任と言う。本来ならば、「交戦状態では、住民保護はできない場合がほとんどです」と正直に告白し、「万一、死亡などの被害が出たならば、仇は倍にして取ります。敵に歴史的に永続性のある責任を取らせます」と宣言するだけでよいのではないか〉

これを軍事オタクの放言と笑う人もいるだろう。しかし、沖縄戦の実態を見るなら、これこそ軍事的リアリズムであり、狭い島嶼内部での戦闘において、「住民保護」など不可能であることを「正直に告白」しているのではないだろうか。

現在、「国民保護法」に基づいて、有事＝戦争の際に住民をどのように避難させるか、という議論が行なわれている。だが、民間地域と米軍基地や自衛隊基地が隣接し、まわりを海に囲まれ離島が多いこの沖縄で、どこに、どうやって住民を避難させるというのか。できもしないことが分かっていて計画を論じること自体、それこそ「律儀面した無責任」だろう。

昨年の九月に防衛庁の「防衛力の在り方検討会議」がまとめた最終報告で、沖縄に配備している陸上自衛隊第一混成団に約八百五十人の普通科連隊を新設し、二千三百人規模の旅団に増強する方針が打ち出された。それを受けて一二月には「新防衛計画大綱」と「次期中期防衛整備計画」が発表された。防衛庁は宮古島に陸上自衛隊の部隊を配置し、下地島空港に戦闘機を移駐する計画も示している。

この三月に起こった、伊良部町議会の自衛隊誘致決議をめぐる混乱の背景に、このような政府・防衛庁の方針があるのは言うまでもない。住民の強い反対によって今回は頓挫したが、宮古島への陸自部隊配備と下地島空港の軍事基地化の動きは、今後も執拗に進められるだろう。このような南西諸島の「島嶼防衛」強化の裏に透けて見えるのは、沖縄までは戦場にしても「本土」はしっかり守る、という六〇年前と同じ発想だ。

宮古の下地島空港を軍事化し、戦闘機を移駐するというのは、中国の喉元《のどもと》にあいくちを突きつけるようなものだ。政府・防衛庁は、航空自衛隊那覇基地所属のＦ４戦闘機を機動性の高いＦ15戦闘機に替える予定だ。上海など中国の経済発展を支える諸都市が沿海部に多く、経済活動の基礎となる港湾施設や船舶の運航を考えれば、東シナ海を挟んで対面するように連なる琉球列島の軍事強化が、中国を刺激するのは間違いない。

日中間の経済交流がこれだけ進んでいる時代に、中国が沖縄・日本に武力侵攻する可能性がどれだけあるというのか。中国国民の中に根強い「反日」感情があり、領土問題や資源問題が簡単に解決できないのは事実だろう。だからといって、そこから武力衝突に結びつけるのは飛躍がありすぎる。
むしろ危険なのは、日本と中国それぞれで右派ナショナリストが台頭し、意識的に対立を煽ることによって「国境」周辺に緊張を作り出し、軍事強化に結びつけようという動きだ。宮古島への自衛隊配備は、中国との新たな軍事的緊張を生み出し、それは沖縄に何の利益ももたらさない。六〇年前の歴史の教訓を忘れてはならない。

（「沖縄タイムス」二〇〇五年五月四日）

辺野古が「日本」に問うもの

沖縄への「差別」自覚を

梅雨を迎えた沖縄島北部・ヤンバルの森は、深い緑の中に咲く白いイジュの花が美しい。その森を見ながら辺野古に行くと、一見穏やかに見える海の上で、緊迫した状況が繰り広げられている。海上基地建設に向けたボーリング調査のために沖に作られたやぐら。その上や周辺の海上では、ボートやカヌーを繰り出し、反対派による調査の阻止行動が行われている。昼間はもとより、那覇防衛施設局が夜間作業を始めてからこの一カ月余は、夜間も阻止態勢がとられている。

沖縄の強い日差しを受け、風雨をさえぎることもできない海上のやぐらで、二四時間の阻止行動を行なうことが、どれだけ体力を消耗させるか。実際、体調を崩した人や、作業員の暴力によって怪我をした人も出ている。

海上ヘリ基地の建設をめぐって、名護市で市民投票が行なわれたのが一九九七年一二月である。「建設反対」の意思を市民が示したにも関わらず、当時の比嘉鉄也市長はそれを覆して受け入れを表明し、辞任した。以後、八年にわたって名護市民は対立の中で傷つき、苦しみ続けている。

一九九五年九月に起こった米兵三名によるレイプ事件から一〇年。沖縄の施政権が日本に「返還」されてから三三年。沖縄戦が終わり米軍の占領と基地建設が始まってから六〇年。その間、沖縄人は米軍の支配と演習による被害、米兵の犯罪に苦しみ続けてきた。

いったいなぜ六〇年も苦しまねばならなかったのか。苦しめてきたのは誰なのか。沖縄人を苦しめ続けてきたのは米軍だけではない。日米安保体制の負担を沖縄に押し付けてきた日本人、つまり貴方たちなのだ。

日米安保条約が成立したとき、沖縄は日本ではなかった。一九五〇年代、米軍支配下の沖縄に、日本「本土」から海兵隊基地を移設し、米軍基地を集中させることで、日本人は日米安保体制の負担から免れた。それ以来、負担を担わされた沖縄では、どれだけの人が爆音被害や演習事故で苦しみ、米兵による犯罪の被害に遭ってきたことか。

日本人の多くは、沖縄で米軍による事件や事故が発生すれば、眉《まゆ》をひそめて見せる。しかし、その事件や事故を起こさせているのが、自分たちであるという自覚はない。米軍基地（専用施設）の七五％が沖縄にあると聞けば、「ああ大変ですね」と同情し、沖縄基地の「整理縮小」や「負担軽減」に賛成もする。しかし、沖縄のために日本「本土」に基地を移転しましょうとは誰も言わない。

在日米軍再編が進む中で、沖縄の「負担軽減」のために普天間基地を「本土」に分散移転しよう、という声が上がると、沖縄にいらない基地はこちらでもいらない、ということが平然と言われる。「本土」でいらない基地を沖縄に六〇年も押し付けてきたことは棚に上げ、やっぱり日本全体の安全のために沖縄に犠牲になってもらうしかない、という本音は隠して、そっと顔をそむける。

だからといって沖縄を完全に無視するわけではない。沖縄の自然や音楽・芸能・文化・食事は楽しみ、「癒しの島」と持ち上げてエイサーを踊り、ゴーヤーを食べ、沖縄大好きと言って移住してくる人もいる。その点で「韓流ブーム」と「沖縄ブーム」はよく似ている。美味しい所をつまみ食いし、嫌な所は目をそむける。自分が踏みつけた者が、痛みに呻《うめ》いて声を上げると逆ギレする。沖縄人が必死で基地撤去を訴えても、日本人はせいぜい同情して終わりなのだ。

沖縄に米軍基地を押し付けていること。それが沖縄への差別であることを自覚さえしない日本人は醜い。はっきりとそう言おう。辺野古で起こっていることは「沖縄問題」ではない。ヤマトゥンチュー（日本人）が起こしている「日本問題」なのだ。なぜ自分たちが住んでいる地域に米軍基地がないのか。そのことの不思議さを考えてみるべきだ。日本人には「日本問題」を解決する義務がある。

（「信濃毎日新聞」二〇〇五年五月三一日）

少年の身で戦闘参加

父の戦争体験

五月初旬のある日、名護市の多野岳に行った。頂上は霧が深かった。山小屋風の宿泊施設で、遊びに来た家族がバーベキューの準備をしていて、他にも数人の人が広場を歩いていたが、かなりの速さで流れる霧は二、三〇メートル先の人の姿もぼんやりと翳らせる。周囲の景色はまったく見えない。

六〇年前の四月下旬から五月にかけて、私の父は多野岳に隠れていた。敗残兵となった宇土部隊の兵士と一緒に、この山のどこかに潜んでいたのだ、と思いながら霧のかなたを確かめようとしたが、霧は晴れる気配がなく夕暮れも迫ってくる。仕方なく、車一台がやっと通れるほどの林道を下り、途中からは新しく作られた立派な道路やトンネルを通って名護市街に戻った。

多野岳に移動する前の四月、父は本部半島の八重岳で戦闘に参加していた。父は一九三〇（昭和五）年九月生まれだから、当時一四歳である。県立三中の学生として鉄血勤皇隊に動員されていた。小柄で今の小学校四年生くらいの体しかなかった父には、三八式歩兵銃が重くてちゃんと構えることができず、木の股や土手に載せて撃ったと話していた。

八重岳の山中で、日本兵と一緒に擲弾筒《てきだんとう》で米軍を攻撃しているとき、弾が切れたので父は取りに行かされた。戻ってみると、日本兵の姿がない。残された擲弾筒には被弾した跡があり、自分がいない間に米軍に襲撃されて皆逃げたのだ、と思い周りを見回していると、父を呼ぶ声がした。八重山出身の上原上等兵という人が、地面に伏せて「来い、来い」と父を手招きしていた。

急いでその後ろに腹這いになると、米軍の攻撃が始まり、体の上を銃弾がぴゅんぴゅん飛んでいく。上原上等兵は応戦していたというが、様子を見ようとしたのか頭を上げたとき、ぷすっと音がして手にした銃と頭が地面に落ちた。父が後ろからズボンを引っ張り、名前を呼んでもぴくりとも動かない。頭を撃ち抜かれて即死していることを知った父は、このままでは自分もやられると思い、立ち上がると近くの岩陰に走る。それこそ「映画のように」体のそばを銃弾が飛んでいったというが、父は難を逃れる。

それから宇土部隊に解散命令が出て、父は鉄血勤皇隊の上級生たちと一緒に八重岳を下り、屋部から勝山、伊差川を通って多野岳に向かう。途中、日本兵や住民の死体を数多く見たという。

多野岳に着いてしばらく後、父は仲間とはぐれてしまい、宇土部隊の敗残兵と会う。以後、五人の日本兵と山中で潜伏生活を送る。体の小さい父は米軍に見つかっても大丈夫だろうということで、集落に下りて食糧を分けてもらったり、名護の町まで行って米軍の残飯をあさり、山中の日本兵に食わせる日々が続く。

そういうある夜、ふと目が覚めた父は、日本兵が話をしているのを聞く。父が山を下りているときに米軍と会って、自分たちのことを知らせているのではないか。スパイかもしれないから殺そう、という相談をしていたという。一人の兵隊が、そんなことはできない、と反対したおかげで、父は助かった。

その後、父は名護で残飯をあさっているときに同じ村の人に会い、家族が生きていて父を捜していることを知らされる。雨の中をクワズイモの葉を頭にかぶって父は今帰仁に急ぎ、家族と再会する。

これは父から聞いた戦争体験の一部である。一五年戦争のただ中で育ち、軍国少年として純粋培養された一四歳の少年にとって、沖縄戦の体験はどういう意味を持っていたのか、と最近よく考える。目の前で上原上等兵が射殺される瞬間を目にしたことが、父の心にどういう傷を残したのか。毎日食糧を運び信頼していたであろう日本兵が、自分を殺そうとしているのを知ったとき、どれだけの恐怖を味わい、それが人間に対する認識や信頼をどう変えたのか。中学入学の際に抱いた希望が戦争によってついえ、軍国主義教育によって作られた価値観も崩壊し、戦後の混乱の中で自分の人生が思うようにならなかったとき、父の心中に生まれた苛立ちや虚無感は、果たして解消されたのか。

そういうことを考えると、戦争が一人の人間に与えた影響の大きさを改めて認識する。その影響は戦争を体験した本人にとどまらず、父との生活を通して次の世代である私にも及んでいると思う。母や祖父母の影響も含めてそう言える。

六〇年目の「六・二三――沖縄戦慰霊の日」が迫っている。戦争体験者の話を聞き、証言集を読み、戦争の跡を歩いて、六〇年前に沖縄で起こったことを、今の問題として考えたい。これから先、沖縄戦の事実をねじ曲げ、戦場での死を美化しようとするグループの動きも活発化するだろう。「記憶の暗

殺」を許さないためにも、沖縄戦についてもっと知らなければと思う。（「沖縄タイムス」二〇〇五年六月二日）

日本人の愚劣さ　「戦後六〇年」沖縄から

この数カ月、地元沖縄の新聞（沖縄タイムス・琉球新報）を読んでいるうちに怒りが込み上げ、心と体に重く淀《よど》み続けている感覚にさいなまれる日が続いている。

その原因は、在日米軍の再編をめぐる報道にある。今回の世界的規模の米軍再編に対して沖縄では、在沖海兵隊基地や部隊を中心に大規模な移転・削減がなされるのではないか、という期待が高まった。

しかし、二月一九日の日米安全保障協議委員会（2プラス2）で、朝鮮半島と台湾海峡の緊張や中国の軍事力の抑制が打ち出されて以降、沖縄の米軍基地の「負担軽減」をめぐる議論は急速にしぼんでいった。

それどころか、対中国や対テロ戦争への対応を名目にして、在沖米軍基地の抑止力維持や自衛隊の強化が強調されている。それによって、在日米軍再編は沖縄側の期待とは逆に、沖縄の軍事的負担がさらに増えていく結果になりかねない状況になっている。

ここまで沖縄は愚弄《ぐろう》され、差別されなければならないのか。そう考えると、アメリカ政府や日本政府だけではない、沖縄に基地を押しつけていることに疑問も抱かず、みずからの行っている沖縄差別を自覚さえしない日本人への、嫌悪が噴き出してくる。

沖縄戦のさなかから米軍基地の建設が始まり、以来六〇年間、沖縄は「太平洋の要石」と呼ばれ、米軍の戦略拠点とされてきた。日本の国土面積の〇・六％しかない沖縄に、実に七五％の米軍専用施設が集中している。いったい沖縄以外のどこに、外国の軍隊が六〇年もの長期にわたって、これほど大規模かつ多様な機能を持って占拠している地域があるだろうか。

このような異常な状況を法的に支えている日米安保条約に対して、日本（ヤマトゥ）においては、反対の声はほとんど聞かれなくなった。日米安保体制の負担を沖縄に押しつけ、自分たちは米軍基地がもたらす事件や事故の被害から免れることによって、日本人の圧倒的多数は、日米安保条約に関心を持たなくても生活できるし、やすやすと肯定することもできる。

それに対して沖縄から異議を唱え、基地撤去を叫ぶと、それは理想論でしょう、と日本人は訳知り顔な返事をし、沖縄に基地があるのはどうしようもない宿命と、沖縄人をあきらめと絶望に追い込むことで、自分たちの利益を守ろうとする。

あるいは、基地で働いている人もいるし、軍用地料で生活している人もいるそうだから、基地がないと困る人もいるんでしょう、とあたかも沖縄のことを気遣っているような顔して、自分たちの利己的な本音から目をそらす。

かと思えば、そんなに日本が嫌なら独立したらいいじゃないですか、と沖縄人を励ましているような口調で言いながら、腹の中では、どうせできるわけないだろうけど、と舌を出してその場をごまかす。

そういう日本人をこれまでうんざりするくらい見てきた。

六〇年経っても沖縄にこれだけ米軍基地を押しつけ、なおかつ自衛隊の強化も進めながら、それを他人事のように眺めている日本人とは何なのか。自分たちがやっている沖縄への差別には目をそむけ、そのくせ沖縄の音楽や芸能、自然、食事を楽しみ、「沖縄大好き」とまで口にする、日本人の神経構造はいったいどうなっているのか。

日本人が沖縄を「癒やしの島」と持ち上げるのは、敗戦後も残った唯一の植民地である沖縄を好き勝手に支配できる快楽を味わい、「まだここに一つ残ってるよ」と自らを癒やしているだけではないのか。

「戦後六〇年」という言葉が空《むな》しくひびく。沖縄は今も日本人にとって「捨て石」でしかない。

(「朝日新聞」二〇〇五年六月一七日)

何も変わっていない

五月の中旬に大阪に行く機会があった。用を終えて沖縄に戻るため伊丹空港行きのバスに乗ってしばらくすると、後ろに座っている若い男性二人の会話が聞こえた。

「沖縄の人は本土の人をナイチャーって呼んで、嫌っているから注意した方がいいよ」

「え、そうなの？」

「うん」

これから沖縄旅行に行くらしい若者たちが、そのような認識を持っているのか、と印象に残った。

テレビドラマや映画では、人が良くて酒や踊りの好きな沖縄人がよく描かれる。外から来た人を気さくに受け入れ、悩める若者を癒やしてくれる「おじー」「おばー」。

しかし、そういう沖縄人像が虚構にすぎないのは、日本人自身が気づいているはずだ。自分たちが沖縄に対して行っていることを直視する人なら、そういう沖縄人像を作り出すことの虫の良さにも気づくだろう。

六月二日付「毎日新聞」朝刊に、米海兵隊普天間基地のヘリ部隊を、沖縄県内の米空軍嘉手納基地に移設する方針が固まった、という記事が載っている。

普天間基地の「移設」先として決まっていた名護市辺野古は、海上基地建設が反対運動によって見通しが立たない。それじゃあ今度は嘉手納基地にするか。基地の中なら建設阻止もできないだろう。そうやってあくまで沖縄県内での「基地のたらい回し」にこだわる日本政府。

日本の国土面積の〇・六％しかない沖縄に、米軍専用基地の七五％を押しつけ、これから先も日米安保体制の「負担」を強要し続けようという日本人の多数意志。それが沖縄への差別だと声を上げ、良心の呵責はないのかと沖縄人が問えば、今の日本人は哀れみや嘲笑を返すだけかもしれない。

日本政府内には、「沖縄側の抵抗は条件闘争だ」「沖縄は結局、ゼネコンが牛耳っているから」と言う声があり、嘉手納基地への統合なら受け入れるという「楽観論」があるという（「琉球新報」六月三日付朝刊）。

巨額の振興策をばらまいても、海上基地建設を阻止されている辺野古の現実も見ず、沖縄人をばかにしている日本政府官僚や政治家たち。そして、そのような政府の姿勢を支えている大多数の日本人たち。

一九九五年の九月に三名の米兵によるレイプ事件が起こってから一〇年。沖縄に米軍基地を押しつけて当然とする日本政府と日本人の姿勢は、何も変わっていない。

いや、六〇年前、国体護持（天皇制維持）と本土決戦に向けての時間稼ぎのために沖縄を「捨て石」

にし、日本軍が住民を守るどころか虐殺や食糧強奪を行ない、「集団自決」を強いたときから、日本人の沖縄に対する姿勢は何が変わったのだろうか。

日本全体の利益のために沖縄が犠牲になるのは仕方がない。

そういう日本人の変わらない本音が透けて見える。だが、小の虫をいつもやすやすと殺せると思ったら大きな間違いだ。

(「毎日新聞」二〇〇五年六月二二日)

「同じ任務」語るに落ちた　旧日本軍の末裔

六月二三日の「沖縄タイムス」夕刊に、牛島中将をまつる黎明之塔で自衛隊員が慰霊祭を行なったという記事が載っている。県内のほとんどの部隊長や航空自衛隊の幹部ら約百人が参加したということだが、胸に記念章を付けた幹部自衛官が制服姿で隊列を組んでいる写真は、県内各地で行なわれた慰霊祭の様子を伝える記事や写真の中にあって異様だった。

同記事によれば〈慰霊祭の開催は、五月中旬から駐屯地の掲示板に張り出すなどして隊員や防衛協会などに参加を呼びかけ〉、当日も〈鎮魂のラッパが鳴り響く中、出席者全員で黙祷を捧げ、焼香し〉、君塚栄治第一混成団長が挨拶を行なったという。これだけの取り組みをして「有志を募って開いた個人的行事」とはしらじらしい限りだ。自衛隊の公式行事とすると問題になるから、抜け道を作っているのが見え見えではないか。

君塚団長は〈「意義ある日に、意義ある時間、意義ある場所で哀悼のみ霊をささげることは大切なことだ」と述べた。さらに、第三十二軍が沖縄の防衛任務に死力を尽くした点を強調し、「いざとなれば県民のために命をささげる、同じ任務を担うわれわれが、将兵を追悼することは意義あることだ」とあいさつした〉という。語るに落ちるとはこのことだろう。自分たちが旧日本軍の末裔であり、深いつながりがあることを自己証明しているようなものではないか。いや、今までは旧日本軍と自衛隊は違う、と強調してきたが、もはやそう取りつくろう必要もなくなったということか。

沖縄戦から六〇年を迎えるにあたり、県内の新聞やテレビでは、連日沖縄戦の実相を検証する報道がなされた。その中では日本軍による住民虐殺や壕追い出し、食糧強奪、住民の「集団自決」（軍の強制による集団死）などの事実が、数多く取り上げられている。君塚団長の発言を読んでいると、そういう事実など念頭にないかのようだ。

「いざとなれば県民のために命をささげる」。六〇年前の日本軍も、そうやって美辞麗句を並べていたはずだ。「同じ任務を担うわれわれ」という文句を見ると、この人、自分と牛島司令官を同一視してるんじゃないか、とさえ思えてくる。戦後生まれの防衛大卒のエリートたちは、戦史や戦術の研究で沖縄戦を学ぶことはあっても、住民の視点で沖縄戦を検証し、追体験する努力はしていないだろう。軍事基地が集中している沖縄で、「いざとなれば」死ぬのは住民なのだ。

今年の二月、那覇市の路上で幹部自衛官が沖縄県民を傘で刺し殺すという事件が起こった。今回の自衛隊の行動は、この事件に対する配慮も反省も感じられない。事件を重く受けとめていたなら、目立つ行動を自粛するのが自然だろう。それがなされなかったのは、「戦後六〇年」を一つの節目にしたい、という気持ちが先行していたからではないか。

現在、在日米軍再編と連動して、沖縄の自衛隊を旅団規模に拡大し、宮古島に陸上自衛隊の部隊を配置したり、下地島空港を軍事利用する方針が、日本政府・防衛庁によって示されている。八重山や与那国島でも防災訓練やスポーツ大会への参加を口実とした自衛隊の活動が活発化している。

台湾海峡や尖閣諸島などの問題を主とした中国との軍事的対抗やアメリカの進める「対テロ戦争」への参加など、沖縄の自衛隊の果たす役割が拡大していこうとしている。今後、米軍と自衛隊の一体化が進み、アメリカにとっては「太平洋の要石」として、日本にとっては「南西領土防衛の拠点」として、沖縄の軍事的位置づけが強調されることにより、沖縄県民はよりいっそう基地被害と軍事的脅威にさらされる。

そのとき、沖縄県民の抵抗や反発、不満を抑え込むには、基地がらみの振興策や補助金だけでは限界がある。沖縄県民の自衛隊に対する意識を根底から変え、「領土防衛」に協力させるために、沖縄戦、とりわけ旧日本軍に対する認識を変える必要がある。

昨年から今年にかけて雑誌『ＳＡＰＩＯ』（小学館発行）で小林よしのりが「新ゴーマニズム宣言」の沖縄編を連載し、自由主義史観グループも今年に入って日本軍による「集団自決」強要を否定する運動を活発化している。これらは、そういう沖縄における自衛隊強化の動きと連動しているだろう。実際、小林が『ＳＡＰＩＯ』の連載で真っ先に取り上げたのが沖縄の自衛隊であり、自由主義史観グループも五月の来沖調査の際に、自衛隊基地で沖縄戦の概要説明を受けている。

「戦後六〇年」を、沖縄戦と日本軍に対する県民の認識を変え、自衛隊の沖縄における位置づけを転換していく節目とする。そういう動きに対して黙っていれば、私たちはもう一度辛酸をなめることになる。ヤマトゥにいて好き勝手にほざいている小林らには、何の痛みもない。この地で苦しむのは私たちなのだ。

（「沖縄タイムス」二〇〇五年七月四日）

日本人が果たすべき義務

四月二八日に野村浩也『無意識の植民地主義』（お茶の水書房）という本が出版された。同書において野村氏は、日本人による沖縄の植民地支配と沖縄人への差別を徹底的に批判している。例えば「基地問題」に関して野村氏はこう指摘する。

〈日本国領土全体のわずか〇・六パーセント、日本国民人口の一パーセントにすぎない沖縄に、在日米軍基地専用施設面積の七五パーセントが押しつけられているということは、圧倒的な不平等であり、差別であるのはあきらかだ。しかも、沖縄人の意志を暴力的に踏みにじることによって成立しているこの基地負担の強要は、ひとりひとりの日本人が民主主義によって主体的に選択したものにほかならない。したがって、この日本人の行為は、民主主義的な植民地主義の実践としかいいようのないものなのである〉（二七〜二八頁）

その上で野村氏は、日本人が日本「本土」に沖縄の米軍基地を持ち帰ること、つまり移設することによって、安保条約に基づく米軍基地の負担を平等にすることを主張する。そして、日本人の沖縄人に対する現在的な差別の構造を検証しながら、「沖縄大好き！」と言ってやってくる「沖縄ストーカ！」や基地問題で苦しむ沖縄に同情する「良心的日本人」の欺瞞を衝き、批判していく。

この本を開く日本人の多くは、心中穏やかに読めないはずだ。苛立ちや反発、不快感を覚えて途中で投げ出す人もいるだろう。自分は沖縄を理解しようと努力している。そう思っている日本人ほど、眉をひそめて見なかった振りをするかもしれない。あるいは、こんな主張は昔からあった、と軽く受け流そうとするかもしれない。

しかし、この本を読んで戸惑いや不快感、反発を覚えるとしたら、そこにこそ今考えるべき沖縄と日本の関係の問題点があるのではないか、と思う。それは日本人に限らず沖縄人にとっても言える。

沖縄にとって「戦後」六〇年とは、米軍の占領と支配の二七年間、そして、日本への施政権返還後も変わらない米軍基地の重圧と被害に苦しみ続けた三三年間を合わせた年月だ。その間、日本政府と日本人は、沖縄に何をしてきたのか。「本土」の海兵隊基地を沖縄に移し、日米安保体制の負担を集中させたうえ、「日本復帰」後は自衛隊まで配置している。

毎年、五・一五平和行進の季節になると、ヤマトゥから大勢の労組員がやってくる。日本人の多数意志で占拠させている広大な基地を組合員に見せて驚かせ、「沖縄の基地って大変だろう。沖縄の人たちのためにも平和運動を取り組まないといけないよな」と若者をオルグする。昼間は汗を流して歩き、夜は交流会で酒を飲んで盛り上がる。そして、「県民大会」に参加して、今年も良かったな、と「空気が入って」帰っていく。

この三三年間だけでも、どれだけの人が「沖縄との連帯」のためにヤマトゥから来ただろうか。それ以前にも、「沖縄を返せ」「沖縄奪還」「沖縄解放」「沖縄人民との連帯」「沖縄闘争勝利」云々と勇ましい言葉を吐き散らしながら、闘争団や交流団がやってきた。しかし、それで沖縄の基地はどう変わったのか。何も変わっていない。

「本土は基地が目の前にないから、反戦とか反基地と言っても、みんなぴんと来ないんですよ。沖縄は基地があるから、反戦運動もやりやすいと思いますけど……」

こういう言葉を「本土交流団」の口から何度聞いただろう。酒が回ってくると、そういうことがしばしば言われる。自分たちの生活する地域になぜ米軍基地がないのか。それは自分たちが沖縄に基地を押しつけているからであり、沖縄人を差別しているからだということを自覚しないまま、沖縄と連帯している良心的日本人たち。

在日米軍再編をめぐる議論が大詰めを迎えようとしている現在、沖縄人の関心の高さ、必死さに対して、日本人の圧倒的多数は無関心だ。米軍再編問題は、基地を抱えさせられた沖縄人と「本土」の一部地域の人が考える問題だと思っている。名護市辺野古沖への「移設」が行き詰まる中で、普天間基地へリ部隊を嘉手納基地に統合し、その他の機能を「本土」に分散移転する動きも出ている。それに対して、ヤマトゥの反戦・反基地運動を取り組んでいる人たちはどう対応するのか。

沖縄にいらない基地は、「本土」でもいらない。

そう言って反対してすまされるのか。普天間でも辺野古でも岩国でもいらないと「完全撤去」を主張するなら、その結果が再び沖縄内での「たらい回し」にならないために、どういう運動を取り組むのか。沖縄の基地問題は日本人が作り出した「日本問題」であり、それを解決するのは日本人の義務だ。良心的日本人の「沖縄連帯」物語に自己満足するのは終わりにして、自分たちの義務を果たすべきだ。

（「社会評論」一四二号、二〇〇五年夏）

友人との会話も犯罪に　共謀罪

今、国会に「共謀罪」という恐るべき法律が上程されている。国会をめぐるマスコミ報道は、郵政民営化関連法案についてのものばかりで、その陰に隠れて、というよりもマスコミの怠慢に隠されて、戦後の刑法を根本からひっくり返すと言われるほどの法律なのに、「共謀罪」に対する市民の関心は余りにも低い。

国会に提出されている「共謀罪」（組織犯罪処罰法第六条の二）の政府案は、こういうものである。

次の各号に掲げる罪に当たる行為で、団体の活動として、当該行為を実行するための組織により行われるものの遂行を共謀した者は、当該各号に定める刑に処する。ただし、実行に着手する前に自首した者は、その刑を減軽し、又は免除する。

一　死刑又は無期若しくは長期十年を超える懲役若しくは禁固の刑が定められている罪（に関する

共謀は）五年以下の懲役又は禁錮《きんこ》

二　長期四年以上十年以下の懲役又は禁錮の刑が定められている罪（に関する共謀は）二年以下の懲役又は禁錮

斉藤貴男・沢田竜夫編『「治安国家」拒否宣言「共謀罪」がやってくる』（晶文社）で弁護士の山下幸夫氏はこう書いている。

〈共謀罪の本質は、共謀するだけで犯罪になるという点にあります。共謀とは何かというと、人と人とが話し合う、相談する、意見を交わすという行為です。相談した行為そのものが犯罪にされる、つまり、犯罪をしようと会話を交わすこと自体を犯罪行為にするというのが共謀罪です〉

普通、私たちが考える犯罪とは、人を傷つけるとか、人を騙《だま》して金を奪い取るとか、法律を犯す具体的な行為のことだろう。傷害や詐欺など実際の犯罪行為があってはじめて、警察に逮捕され、裁判で処罰されるのであり、たんに「今度盗みをやろう」と言っただけで処罰されることはない、と考えている。殺人などの「重大な法益（法律が保護しようとする利益）を侵害する犯罪」については、「未遂」や「予備行為」など実際の行為に及ぶ前に処罰されることもあるが、それはあくまで例外であり、〈法益侵害という結果を発生させた行為を処罰するというのが刑法の原則〉（前掲書、四五ページ）とされてきた。

ところが、この「共謀罪」では、四年以上の懲役・禁錮の罪に当たる犯罪について、話し合っただけで逮捕され、処罰されるという内容になっている。四年以上の懲役・禁錮の罪に当たる犯罪は五百五〇以上もあるとされ、この法律が成立すれば、市民の思想・信条・表現の自由や団体・結社の自由が脅かされるのは間違いない。

例えば、労働組合が会議でストライキについて話し合ったとする。それに対して、企業への威力業務妨害を共謀したという判断が下され、会議に参加した役員・組合員が根こそぎ逮捕されたらどうなるか。それだけでその労働組合は壊滅的な打撃を受けるだろう。

注意しなければならないのは、「共謀罪」でいう団体とは、政党や労働組合・民主団体などの組織とは限らないことだ。ふたり以上の人が話し合えば、それも団体と見なされる。友人との会話や隣近所との話し合いの内容も「共謀罪」の対象となり得るのである。

また、共謀とは直接あって話し合うことだけではない。電話やメールでのやりとり、目があってうなずきあうなどの行為も、それが意思の確認と見なされれば「共謀罪」の対象となる。電話やメールで冗談交じりに「あいつ、ぶん殴ってやろうか」とやりとりしたことが、逮捕・処罰の理由となることだってあり得るのである。

ある犯罪について話し合うことと、それを実行することの間には、大きな差がある。話し合っても実行に移さないこともあれば、実行に移せないことを知りつつ話すこともある。一時的な感情で議論が飛躍することだって少なくない。それらが全て犯罪として処罰されるなら、私たちは日常生活で常に警察権力の目を恐れてしか物を言えなくなる。

なぜなら、「共謀罪」は話し合うこと自体を犯罪と見なすが故に、話し合いの内容を把握するための盗聴や密告が必要となる。警察への協力者（スパイ）が大量につくられ、潜入捜査が進められることによって、それこそかつてのソ連や東ドイツのように、まわりにいる誰も信じられなくなるような相互監視・密告社会が作り出されていく。

これだけの危険性を持った法律が、郵政民営化関連法案をめぐるどたばたの中で、ろくに問題にされてもいないことが恐ろしくてならない。「共謀罪」はいずれ思想弾圧の手段として、治安維持法に匹敵する猛威をふるうだろう。そうなる前に、政党や労組、市民団体はもとより、市民一人ひとりが「共謀罪」について知り、反対の声を上げてほしい。

（「沖縄タイムス」二〇〇五年八月四日）

今でも続く沖縄戦

六月二三日は、沖縄にとっては特別な日だ。「沖縄戦慰霊の日」として学校も休みとなり、県内各地で慰霊祭が行なわれる。今年、私も糸満市にある魂魄の塔や平和の礎、健児之塔などに足を運び、六〇年前に起こった戦争に思いをめぐらした。

沖縄島の南部は平地となだらかな丘が続き、防空壕以外に隠れる所といえば、岩陰や地下に空いた洞窟くらいしかない。沖縄でガマと呼ばれるその洞窟の中では、数々の惨劇が起こった。米軍の投げ込んだ爆弾やガス弾、火炎放射器の炎で死んでいった者だけではない。泣き声が米軍に探知されるということで殺害された子どもや、後から来た日本軍によってガマを追い出され、砲撃にさらされて死んでいった住民の話は、沖縄戦の証言集を読むといくらでも出てくる。

米軍の攻撃に追われた住民や日本兵は、最後は島の最南端の荒崎海岸やギーザバンタに追い詰められた。海上を埋める米軍艦からは投降が呼びかけられたが、それに従おうとして背後から日本兵に撃ち殺された住民や兵隊もいる。そして、米軍の捕虜となることを恐れ、みずから命を絶った者たちもいた。

荒崎海岸の岩場に、ひめゆり学徒隊の生徒と教師の冥福を祈る碑がある。米軍に捕まると残虐な仕打ちを受けて殺される。そう教え込まれていた生徒たちの中には、日本軍から渡された手榴弾で自爆死した者もいる。戦後、家族が収骨に訪れたとき、周りの岩にはまだ少女たちの髪の毛が張り付いていたという。その地にある碑を訪ねると、少し前に置かれたらしい線香の束から煙が昇っていた。

その名の通り、荒崎海岸は荒れた岩肌の崖が続いている。風雨にさらされて今は黒ずんだ灰色の岩肌が、六〇年前は雪が積もったように白く見えたという。数知れず撃ち込まれた砲弾や機銃弾によって岩肌が破壊され、石灰岩の白い礫や粉が積もってそう見えたのだ。

潮の引いたリーフの先で砕ける波音が、辺りに響いている。沖縄島の海岸線の多くは開発によって破壊されているのだが、この一帯は人工的な構築物も少なく、自然の姿は六〇年前とほとんど変わらない。その景色を眺め、海鳴りの音に身をゆだねる。

沖縄戦を追体験するといっても、それが難しいことは最初から分かっている。しかし、その努力は続けなければならない。そう考えて碑に向かい、手を合わせた。この地で死んだ人たちの鎮魂と、この島が二度と戦場になることがないようにと祈って。

ただ、沖縄の現実はそういう祈りを踏みにじるものだ。金武町のキャンプ・ハンセン基地に新しく作られた都市型戦闘訓練施設は、住宅地からわずか三〇〇メートルしか離れていない。観光客もよく利用する高速自動車道からは二〇〇メートルであり、過去に何度も民間地域に実弾が飛んでくる事故が起こっている。地元住民は一年以上前から反対行動を行なっているのだが、米軍は七月一二日から演習を強行しようとしている。

七月三日には、小学五年生の少女に米兵が猥褻行為を行なう事件も起こっている。沖縄では今でも、形を変えた戦争が続いているとしか思えない。そういう沖縄の状況を作り出しているのは誰か。戦後六〇年経っても、沖縄に米軍基地を集中させている日本人は無責任すぎる。

荒崎海岸から車に戻る途中、ぼろぼろに錆びた二個の銃弾を拾った。手のひらに載せた銃弾の重みと、今でもこうやって簡単に拾えることに、「鉄の暴風」と呼ばれた沖縄戦の過酷さを思わずにおられなかった。

（「財界展望」二〇〇五年九月号）

引用と二重基準に問題

小林よしのりの『沖縄論』

小林よしのり『新ゴーマニズム宣言SPECIAL沖縄論』（小学館。以下、『沖縄論』と略す）を一読してまず目を引くのは、第19章「亀次郎の戦い」である。これまでの小林の主張をある程度知っている人なら、思想的にまったく逆の立場にあるはずの瀬長亀次郎を絶賛していることに驚くはずだ。中には感動して、小林がこれまでの主張を変えたかのように錯覚する人もいるかもしれない。日本共産党の機関誌「赤旗」七月三日付に載っている書評でも、第19章を中心に『沖縄論』を肯定的に評価しているくらいだから、勘違いしている人は多いのだろう。

だが、書店で『沖縄論』と並んで売られている『新ゴーマニズム宣言SPECIAL靖国論』（幻冬舎。以下、『靖国論』と略す）を手に取ってみれば、小林の主張や思想が何も変わっていないのは明らかだ。そういう小林が、雑誌『SAPIO』の連載を『沖縄論』として一冊にまとめるときに、なぜ「亀次郎の戦い」を新たに書き下ろして付け加えたのか。その意味をもっと考える必要がある。

『沖縄論』の第19章「亀次郎の戦い」は、『瀬長亀次郎回想録』（新日本出版社）や『民族の悲劇』（新日本新書）などの著作で内容が補強されている個所もあるが、その全体の構成や内容は、佐次田勉『沖縄の青春　米軍と瀬長亀次郎』（かもがわ出版。以下、『沖縄の青春』と略す）に依拠していると言っていい。関心のある人は、小林の『沖縄論』と佐次田の『沖縄の青春』を読み比べ、内容を引き合わせてみてほしい。そのあからさまな利用の仕方に驚くだろう。

「亀次郎の戦い」は五〇ページもあり、『沖縄論』全体の八分の一を占める。総コマ数は三百五コマで、登場人物のせりふの入った吹き出しが、やじを含めて二百一五ある。その内、少なくみても百四（四八%）の吹き出しで、『沖縄の青春』の中の「　」でくくられた証言や発言、演説の言葉が使われている。吹き出しのせりふだけではない。瀬長が那覇市長に立候補した『沖縄論』三百二九ページ以下の展開は、ストーリーの構成から説明文の内容まで『沖縄の青春』と酷似している。

さらにあきれるのは、終わり方まで一緒なのだ。『沖縄の青春』は瀬長が那覇市長を追放され、抗議の市民大会で「私は勝ちました。アメリカは敗《ママ》けました」と演説する所で終わる。小林の「亀次郎の戦い」も詳しい描写はその演説までであり、その後の瀬長の生涯は簡単に描かれ、小林の瀬長に対する評価が述べられている。

小林『沖縄論』と佐次田『沖縄の青春』は同じ資料を使って書かれているのだから、内容や「せりふ」が似てくるのは当然、という反論があるかもしれない。しかし、問題は類似の程度であり、引用の仕方なのだ。登場人物のせりふの半分近くが別の著作と共通し、構成も似ているというのは、同じことをノンフィクションや小説でやれば、著作権侵害として訴えられ、盗作問題が起こってもおかしくない。それがマンガでは許されるのだろうか。

さらに付け加えると、佐次田の『亀次郎の青春』は、映画『カメジロー　沖縄の青春』（監督・橘祐典、謝名元慶福、島田耕）の原作（原案）として書かれたものだ。「亀次郎の戦い」の作画の段階で、映像資料があったのはさぞ便利だったであろう。『沖縄論』三一九〜三三〇ページの夜間の演説会や、三三三ページ以下の那覇市議会の様子などを描く上で、映画のビデオが利用されたと思えるのだが、参考資料としては明示されていない。

小林は瀬長の〈民族主義と異民族統治への抵抗精神には、親米派よりも情熱的な「愛国心」が宿っている〉（『沖縄論』三四九ページ）と持ち上げ、〈瀬長にとっては、「イデオロギーのための抵抗」よりも、「国を守るための抵抗」の方が、重大だったはずである〉（同）とまとめる。

そして、「十五年戦争史観」「天皇制反対」「自主防衛も認めない反戦平和主義」など、小林とは違う瀬長の「歴史観、国家観」には深入りせず、日本共産党幹部としての瀬長の活動や七期十九年務めた国会議員としての活動も無視してすませる。小林がつねづね批判し揶揄《やゆ》する「サヨク」としての瀬長を意識的に描かないことによって、瀬長を「反米愛国の民族主義者」としてまとめ上げ、あたかも自分と共通の立場に立っていたかのように描き出すのである。

しかし、それは欺瞞にすぎない。小林のよって立つ「反米愛国の民族主義」とは、先に挙げた『靖国論』や同じ「新ゴーマニズム宣言」シリーズの『戦争論1〜3』で展開されているものだ。そのどこに瀬長との共通点があるだろうか。沖縄県民を読者としてキャッチするために、他の章で「サヨク」批判をし、第19章で「亀次郎賛美」をやってのける小林のダブルスタンダードが、私にはしらじらしくてならない。

（「沖縄タイムス」二〇〇五年九月一日）

〔追記〕

小林よしのりの引用の実態については、百聞は一見に如かずで、以下に引用する佐次田勉『沖縄の青春　米軍と瀬長亀次郎』（かもがわ出版）の一節と、小林よしのり『新ゴーマニズム宣言SPECIAL沖縄論』（小学館。カット参照）を比較してみてほしい。

〈また、「瀬長さんを守るには税金を納めることだ」と市民による自主的な納税運動が起こった。カメジローの自宅に顔をだし「金を借りてでも税金を納めるからね」と声をかけ、妻のフミさんを感激させる人もいた。当時、瀬長市長の秘書を務めた伊波広定元県議は、「税金を収めにきた市民の列が、市役所や首里支所の建物まで約五百メートル続き、みんなでワイワイおしゃべりしながら順番を待っていました。あの光景はいまでも忘れられません。ほんとに感動的でした」と語る。毎日の生活を送るだけでも大変な時代、誇りあふれた表情で税金を納めにくる市民、カメジローは「こんな素晴らしい市民はない」と心底思い、励まされた〉（『沖縄の青春』一四六ページ）。

〈さて、集った税金は備えつけの金庫には納まらない。かといって銀行に預けると〝凍結〟されかね

ワイワイ
ガヤガヤ
ワイワイ
瀬長さんを守るには、みんなで税金納めるしかないからね。
私、カメさんの家へ行って言ってきたんだよ、借金してでも税金納めるからねって。
市長、外の様子をご存じですか？
ここからよく見えるよ。
みんな自分の生活を守るのに精一杯だろうに…
笑顔で税金を納める市民がどこにいるか。
我々は那覇市民に誇りを持とうじゃないか。
はい。
ところで、大型金庫がいくつも必要なんです。
銀行に預けたら「凍結」されかねませんので…
必要なだけ手配しなさい。
はい、では…
……
？

337

市長、握手をお願いします。

あなたを市長に持てて誇りに思います。

その日から職員が自主的に徹夜で金庫番をすることになった。

ストップしていた公共事業は一斉に再開され、
那覇市は活気に満ちた。

納税率は市政史上最高の97%に達した。

計算に強い亀次郎は、自主財源による市の運営が十分可能だと確信した。

そんな中、何年も税金を払っていない者が判明した。

それは反瀬長の議員が経営する映画館だった。

他にも、瀬長追放に躍起となる財界人が前市長と癒着《ゆちゃく》し、市有地の使用料を支払っていなかったことなど、
それまでの市政の腐敗が次々と暴かれ、市民はますます快哉《かいさい》を叫んだ。

これに対して、野党勢力は瀬長市長の不信任案を提出。

一時は中立を保っていた議員を、米軍をバックにした圧力や金で切り崩し、
24対6で、可決させる。

それでも以前、「非協力表明」を出した議員のうち3人が、決然と亀次郎を支持した。

ない。係長が市長室に相談に飛び込んできた。

係長　市長、外の様子をご存じですか。

市長　よく見えるよ、ここから。笑顔で税金を納める市民がどこにいるか。われわれは那覇市民に誇りをもとうじゃないか。

係長　はい。ところで大型金庫が幾つも必要なんです。

市長　必要なだけ手配しなさい。

「はい」といって市長室を出かかった係長は、少し照れた、しかし嬉しそうな表情で戻ってきて、「市長、もう一度握手をお願いします。あなたを市長に持てて誇りに思います」とカメジローの手を強く握りかえして言った〉（同、一四七ページ）。

〈大型金庫が四台運び込まれた。議員が自主的に申し出て徹夜で金庫番をすることになった。（中略）納められた税金はただちに活用された。「資金凍結」でストップしていた架橋事業、ポートターミナルの建設、通学路にかける橋、区画整理事業などがいっせいに再開され、作業現場ではブルドーザーのエンジン音が勢いよく響き、労働者の活気にみちた声がとびかっていた。那覇市民は、文字通り自分たちの力で街づくりをはじめたのである〉（同、一四七〜一四八ページ）。

ここまであからさまな引き写しは、もはや引用ではなく盗作と言うべきではないか。登場人物の台詞や説明文はもとより、作画から構成まで『沖縄の青春』の文章に基づき、語句をそのまま使うか、わずかに並べ替えたり、切り貼りしているだけなのである。反瀬長派の議員や前市長と癒着した財界人が税金を払っていなかった問題以降の展開も、『沖縄の青春』の要点をまとめたものにすぎない。

『沖縄論』が発行された後に佐次田勉氏に電話で確認したところ、小林よしのり氏やその事務所から『沖縄の青春』を利用することについて事前の連絡は一切なかったと明言していた。第19章「亀次郎の戦い」の中でも、『沖縄の青春』を引用あるいは利用したことへの言及はまったくない。巻末の参考文献一覧には書名が記されているが、不思議なことに瀬長氏関連の他の著作は四〇六ページにまとめて挙げられているのに、『沖縄の青春』だけが四〇四ページに切り離されて挙げられている。これもかなり不自然だ。

小林氏は『沖縄論』のあとがきで次のように記している。

〈驚いたのは取材中、肝心の沖縄の若者たちも、いや沖縄のマスコミや言論活動に携わる知識人たちまでもが、沖縄の歴史を知らないという現実に直面することだった〉

よく言うよ、まったく。『沖縄論』に協力した沖縄大学の宮城能彦教授以外に、小林氏が沖縄の知識人の誰に取材したというのか。「沖縄の歴史を知らない」知識人とは宮城氏のことだろうか。参考文献一覧に挙げられている書物をあらかた読んでいる者なら、小林氏がどれだけ沖縄のマスコミや知識人が執筆・編集した書物に依存しているかが分かる。にわか勉強した自らの知識を誇大に見せるためにはったりをかましているのだろうが、高々一年「取材」（居酒屋でのおしゃべり？）してここまで言えるおめでたさには呆れるしかない。そのゴーマンさが他人の著作の引用にも通用すると思ったら、大きな間違いだろう。

矮小化される復帰運動

小林よしのりの『沖縄論』続

前回、小林よしのりの『新ゴーマニズム宣言SPECIAL沖縄論』（以下、『沖縄論』と略す）の第19章「亀次郎の戦い」が、佐次田勉『沖縄の青春　米軍と瀬長亀次郎』に大きく依拠して書かれており、瀬長の思想と行動を「反米愛国の民族主義」という視点から一面的に描いたものであることを指摘した。

小林は何度か沖縄に取材旅行に訪れたようだが、「亀次郎の戦い」を描くにあたって、瀬長の遺族や共産党の関係者に話を聞いた形跡は、『沖縄論』を読む限り見られない。これは小林の沖縄取材の特徴でもあろうが、『沖縄論』の第1部で基地問題や反戦地主を描いたり、第3部「沖縄戦後史」で復帰運動を描くに際しても、実際に運動を担ってきた当事者たちに直接会って取材した記述はない。

『沖縄論』は漫画という形式だが内容はノンフィクションに近い。本来なら描こうとするテーマに関係する当事者たちに直接会って取材するのが普通だろう。ところが、基地問題や反戦地主、復帰運動の当事者に取材しようとすれば、小林が「サヨク」とレッテルをはって忌み嫌う革新系の政党や団体、労働組合の運動家や知識人たちと対面しなければならない。そういう意見の対立する相手にも踏みこんで取材し、新たな事実を掘り起こそうという姿勢は小林にはない。むしろ自分の主張を展開する上でも、そういう取材は意図的に回避されているように思える。

最終章「歴史とクニガラ」で小林は、沖縄の「本土復帰」について次のように主張する。

〈日本国の成立要件は「歴史」への帰属にあるのであり、アメリカに占領された沖縄も、日本国憲法や民主主義に復帰したかったのではなく、祖国の「歴史」に帰属したかったのである。それが沖縄の「帰巣本能」の正体なのだ〉〈左翼に繰り返して言うが、沖縄は「憲法9条」に帰属したかったのではない！そんなちんけな目的で復帰したのではない〉〈親米派にも繰り返して言うが、沖縄は「自由民主・人権　資本主義経済」に帰属したかったのではない！そんなケチな打算で復帰したのではない〉

（『沖縄論』三八九ページ）

はたしてそうか。すでに瀬長や屋良朝苗、喜屋武真栄といった人たちは故人になってしまったとはいえ、復帰運動を担った人たちの証言は、まだいくらでも聞けるはずだ。政治家や組織のリーダーでなくても、いまの五〇代以上の人なら「本土復帰」に対してさまざまな記憶や思いを持っている。それらの人々の声をどれだけ聞いて、小林はそう結論づけたのだろうか。

小林の主張では、主語が沖縄人や沖縄県民ではなく、「沖縄」となっていることに注意を要するが、復帰運動に参加した人たちは、〈祖国の「歴史」に帰属〉したいという意識が他の何よりも強かったのか。米軍の犯罪や事故で犠牲者が出ても、ちゃんとした裁判も行なわれず、遺族や被害者への補償も行なわれない。そういう米軍の圧政下で裁判権や基本的人権の保障を求め、九条を含めた日本国憲法のもとに帰属したいと願った沖縄の人々は多数いたはずだが、その願いは〈ちんけな目的〉だったのか。五〇年代や六〇年代の沖縄で、当時の人たちは、いまとは違う切実さをもって〈自由民主・人権〉を求めていたのではなかったか。

いずれにしても小林がそう思ったのなら、復帰運動の担い手たちに取材し、直接意見を聞いて検証するのは最低限の必要な作業だったろう。それを回避して自分の思いこみを述べても、独りよがりな感想でしかない。そういう小林の復帰運動に対する評価は、復帰運動が持っていた多面的で複雑な要素を、〈日本国の成立要件〉としての〈歴史〉への〈帰属〉に矮小化しているように私には見える。

復帰運動が「祖国」への帰属を求める民族主義的な運動として進められていったのは事実である。しかし、五〇年代から六〇年代へと時代が変わるにつれて復帰運動も変化していったし、六〇年代後半になって「復帰」の内実が明らかになり、ベトナム戦争が激化したころからは、「反戦復帰」や「反復帰論」など多様な動きが出た。それは小林も『沖縄論』で書いている。だが「差別告発」や「反戦・反基地」など小林の意に添わない運動は、ろくな検証もされずに否定的に描かれて終わりなのだ。そして〈沖縄を包む言論空間が復帰前と、復帰直前、そして復帰後では変質してしまっている！〉（同、二九六ページ）その理由については考察されることもない。

また、「反復帰論」に関して小林は、〈すっきりしない返還を目の当たりにした沖縄人の心情に、「自分たちは日本人ではないのでは？」というような引きこもりがちの負の影響を与えた〉と書いている。

『沖縄論』の参考文献一覧に、「反復帰論」を主導した新川明や川満信一、岡本恵徳らの著作は一冊もないのだが、いったい何を読んで小林はそのような評価を下したのだろうか。あまりにもずさんな決めつけとしか思えない。

(「沖縄タイムス」二〇〇五年一〇月三日)

露骨な政治的目的

小林と対馬丸記念館

雑誌『SAPIO』一〇月一二日号で小林よしのりは、連載中の「新ゴーマニズム宣言」第220章として「対馬丸の悲劇は日本軍が悪い？」を描いている。八月初旬に宜野湾市で行なった講演会の前に対馬丸記念館を訪れ、そこで取材したことを基に描いているのだが、その悪意に満ちた描写には嫌悪をもよおさずにおられない。

冒頭からポカQという小林のスタッフが〈この記念館に子供たちを海でおぼれさせた毛唐の人相書きは展示してござるか？〉というせりふを口にし、ふざけた調子が演出される。そして、対馬丸の撃沈と集団疎開について概説したあとに、記念館の展示や説明文などが次のように評価される。

〈疎開をさせようとしました。↓日本軍が悪い！　疎開が進みませんでした。↓日本軍が悪い！　疎開をしました。↓日本軍が悪い！　対馬丸が米軍に撃沈されました。↓日本軍が悪い！　…という記念館なのだ、ここは〉

〈館内には、被災者の手記を「これでもか！」とばかりにおどろおどろしい抑揚をつけて朗読する音声が響き渡っている。過剰演出でまるでお化け屋敷だ〉

〈くくく…きてますな社長！ここはかなりきてますゼ〉

批判と呼ぶにも値しないようなケチツケをした上で小林は、海に投げ出され漂流した人たちの中から「天皇陛下バンザァイ」という叫びが漏れたり、「海ゆかば」の歌声が聞こえてきたというエピソードを書き、それが記念館の展示にないから「歴史の歪曲、歴史の書き換え」を行なっているとまで言い放つ。

さらにあきれるのは案内人である沖縄大学の宮城能彦教授の次の言葉だ。

〈この記念館は昨年できたばかりですが、沖縄の平和記念館は新しいものほど過剰になっているらしいですね。しかもここは全額国庫補助で建設されています。国内ＯＤＡ（政府開発援助）みたいなものです。国が金を出して、福岡の企業が建設しているのですから〉

対馬丸記念館が建設されるにいたった経緯や建設に携わった人々の思いに触れることもなく〈国内ＯＤＡみたいなもの〉と強調するのは、記念館をおとしめるための印象操作としか思えない。

実際に対馬丸記念館に足を運んでみれば、「日本軍が悪い」と強調するような説明文はどこにもありはしない。ただ、疎開の理由や日本軍の目的、住民の言葉、遭難の様子が書かれているだけだ。事実を淡々と記したその筆致は、むしろ抑制的と言っていい。また、ぼろぼろのランドセルや学用品など、数少ない遺品を使って苦労しながら展示しているのが分かる。定期的に上映されるビデオ映像のナレーションで、子どもを亡くした母親（老女）の言葉が、シマクトゥバ風の〈抑揚〉で語られるが、そのどこが〈おどろおどろしい〉のか。そういう展示やビデオを見て〈お化け屋敷〉と感じる人がいたら、その方がよほど異様だ。

受ける印象は人それぞれ、と言ってしまえばそれまでだ。しかし、小林の漫画には、対馬丸記念館をおとしめ、読者に悪印象を与えるという政治的目的が露骨に現れている。小林はすでに『ＳＡＰＩＯ』の連載で、ひめゆり平和祈念館についても描いているが、この間「記（祈）念館批判」という形で沖縄戦を描いているのが特徴だ。そのような手法を取っているのは、小林がこれら記念館の教育的機能について注目しているからだろう。

対馬丸記念館に〈平和学習の子供がいっぱい来ている〉ことを見て小林は、優等生は教師に媚びる作文を書くと決めつけ、戦争や軍隊に否定感を持つことを、オウム真理教の洗脳と同じであるかのように描く。国（公）のために命を捧げることを賛美し、「命どぅ宝」を批判する小林は、このような沖縄の記念館が持つ教育的機能を突き崩すことを目的として、不信煽りを行なっているのである。

『新ゴーマニズム宣言ＳＰＥＣＩＡＬ沖縄論』三七一ページに、久高島の海岸で小林がこう祈る場面が描かれている。

〈わしはガラにもなく「平和」を祈ってみた。たとえ本土が焦土と化そうとも、この沖縄が二度と戦渦を蒙ることがないように…〉

「小林よしのりを沖縄に呼ぶ会」代表の高里洋介石嶺公民館長は、この言葉を読んで感涙にむせんだという。しかし、ひめゆり平和祈念館や対馬丸記念館について描いた小林の漫画を読めば、その言葉も沖縄へのリップサービスでしかないのが分かる。沖縄が蒙った「戦渦」を書き換え、日本軍の「名誉回復」をはかり、献身的に戦った沖縄県民を強調する。そして、「標準語励行」や「皇民化教育」を賛美する。そういう小林の漫画から「平和」への祈りなど感じ取れはしない。

対馬丸記念館を見て小林は〈沖縄は「親米・反日」だったんだ！〉と分かったとも書いている。不思議な感想だが、その単純な二元論的思考にはあきれるしかない。

（「沖縄タイムス」二〇〇五年一一月七日）

知事切り捨てた首相

移設反対全県民で

沖縄県民はとことん愚弄《ぐろう》されているのだな。とりわけヤンバルに住む住民は、人間扱いされていないのではないか。在日米軍再編協議で日米両政府が示した米軍基地の北部集約や辺野古沿岸域への普天間基地「移設」の方針に、怒りを抑えられなかった。

同時に、何か肌寒さを覚えるような嫌な気配を感じた。米政府はさておき少なくとも日本政府は、従来の計画より住宅地域に接近し、辺野古の浅瀬や大浦湾の埋め立てを伴う新しい計画が、沖縄県民の反発を呼び、地元の合意形成が困難を極めることが分かっているはずだ。海上阻止行動をはじめとした反対運動によって、これまでの計画が阻止されたのと同じ結果が繰り返されることも予想しているだろう。

にもかかわらず、「県外移設」について議論もせず、「県内移設」＝たらい回し以外の選択肢を追求しなかったのはなぜか。日本政府の対米追随の姿勢や沖縄の地政学的位置、対中国のための日米共同基地化、沖縄への差別意識、いろいろな理由が指摘されよう。それらと同時に私が感じるのは、小泉首相や政府全体の居直りであり、沖縄に対する強硬な姿勢への転換だ。

少し話が変わるが、郵政民営化法案をめぐって行なわれた解散・総選挙前後の小泉首相の言動を思い出してほしい。昨日まで仲間であった者でも、いったん敵に回れば容赦なく切り捨て、徹底的に叩き、追いつめる。その権力者然とした冷酷さは、今回の在日米軍再編をめぐる沖縄への対応でも現れているのではないか。

辺野古沿岸部での日米合意が出ると同時に、日本政府は公有水面の埋め立て許認可の権限を知事から国に移す特別措置法案を年明けの通常国会に提案する検討を始めた。

かつて大田知事が軍用地強制使用の代理署名を拒否したことに対し、米軍用地特別措置法を改悪して、代理署名の権限を知事から奪ったことが思い出される。今回の相手は、日本政府の全面支援で誕生した保守の稲嶺知事だ。しかし、政府の方針に逆らう者は、かつての仲間でも容赦はない。

軍民共用化や一五年使用期限問題など、政府から見れば行き詰まりの原因の一つとなった稲嶺知事の公約は反古《ほご》にされ、「県外移設」という主張も一顧だにされなかった。現行計画を維持しながら「県外移設」を求めるという稲嶺知事の中途半端な姿勢は、小泉首相に切り捨てられたのだ。

これは稲嶺知事だけの問題ではない。日本政府が強権的な手法で建設強行に踏み出すことを決意したのなら、沖縄県民全体が相応の決意をしないといけない。沖縄県民を分裂させる基地の北部集約案と辺野古沿岸部への「移設」反対を全県民で取り組む必要がある。

(「沖縄タイムス」二〇〇五年一〇月二七日)

県内移設は自滅的行為

次世代に何を残すか

一〇月に宮城県の仙台市、一一月に石川県の金沢市を訪ねる機会があった。

杜《もり》の都と呼ばれる仙台市は言うに及ばず、金沢市も緑の豊かな街だ。有名な兼六園のほかにも名庭が数多くあり、市街地にはケヤキや銀杏の並木が続いている。色づき始めた木々に囲まれた石川近代文学館や県立博物館の煉瓦造りの建物、武家屋敷、ひがし茶屋街など、歴史を残す建物や町並みを見てまわり、自然と歴史、文化施設の豊かさに驚きと羨望を覚えた。

そのあと沖縄に戻り、国際通りを歩いたのだが、緑が消えうせた風景が異様に感じられてならなかった。歩道の拡張のために街路樹が撤去され、たしかに以前より歩きやすくはなり、開放的な感じもする。しかし、コンクリートとアスファルトとタイルで固められ、徹底して緑が排除された通りを眺めていて、空間的・歴史的な深みが見出せないという印象をぬぐえなかった。

観光客しか歩いてないんだから、あそこはもう国際通りじゃなくてナイチャー通りだろう、という皮肉も聞く。国際通りは買い物をする場所であり、歴史を味わいたければ首里を歩けばいい。そういう意見もあるかもしれない。だが、首里の街を歩いたとして、どれだけ歴史を感じられるだろうか。

金城町の石畳を歩いて首里城を見学し、龍潭池の側をまわって県立博物館に足を運ぶ。そういうコースを団体旅行ではなく、地図を片手に歩いている観光客がいる。その中には旅が好きで日本各地を歩いている人もいるはずだ。そういう人たちに国際通りや首里の町並みは満足を与えているだろうか。

空襲を受けずに古い町並みが残った金沢市と地上戦で壊滅的な被害を受けた那覇市を比較するのは酷かもしれない。ただ、問題は戦争の被害を受けたかどうかだけにあるのではないだろう。建造物や道路、森、川などの自然を含めた景観や町並みを美しく保とう。地域の歴史・文化を前面に出しながら観光と町づくりを一体化して進めよう。そのような意識や取り組みの差が、金沢市と那覇市の景観や歴史・文化施設の差となって現れているのではないかと思う。

数年前、旧県議会棟の取り壊しに対して、琉球政府時代の歴史的建造物として保存しようという運動が取り組まれた。しかし、県議会や行政の姿勢は変わらず、市民運動としての広がりをつくれないまま、沖縄の戦後史の舞台となった立法院の姿は、永遠に消えてしまった。建物を残してそれを中心に沖縄戦後史を学ぶ施設や空間を造るだけの文化的な意識と力があったなら、観光客にとってだけでなく地元に住む私たちにとっても、将来にわたって大きな意義を持っただろうに。

それらのことを考え合わせるとき、国際通りから緑が消えたのが、沖縄に住む私たちの自然や歴史、文化、景観に対する意識を象徴するかのように思える。経済振興の名の下に自然や集落、街の景観、歴史的建造物を惜しげもなく破壊し、コンクーリートで固めて、目先の経済的利益を求めていった。そういう私たちの生き方を反映した、戦後六〇年目の沖縄を象徴する風景ではないのか。

今、名護市辺野古沿岸部への普天間基地の「移設」をめぐって、県内では反対の声が盛り上がっている。だが一部には、沿岸案には反対だが浅瀬の埋め立てなら賛成、という主張もある。ジュゴンの餌である藻場を埋め立てる点や住宅地域に接近する点からも、浅瀬の埋め立て案が多くの問題を持っているのは明らかだ。何よりも、日本政府が沿岸案で強硬な姿勢を示しているなかで、浅瀬案を対置して県内「移設」を容認するのは、沖縄にとって自滅的行為に等しい。

浅瀬の埋め立てをした方が金が入る。土建業者も食わなければならないんだから、浅瀬案を主張して何が悪い。そういう声がいつまでも通る時代でもあるまい。公共事業を中心とした開発行政を、財政の地方再分配や雇用創出の点から評価する意見もある。だが、それは莫大な借金と環境破壊をあとの世代にツケとして回すことで成り立っていた。そのツケがもう限界に達していることは、誰の目にも明らかだろう。浅瀬案を主張している人たちは、辺野古の海に米軍基地を建設して、これが君たちに残す財産だ、と子どもらに胸を張って言えるのか。

あとの世代に何を残すか。そのことを考えずして、基地問題や地域開発、町づくりを論じることはできない。この一二月三〇日で名護シアターが幕を閉じる。これを単なる時代の流れで片づけてはならないだろう。市街地の活性化や町づくりのために、映画館が果たす役割は大きい。しかし、一千億円という北部振興費で箱物を乱立する一方で、既存の民間の文化・娯楽施設への財政支援はどれだけなされているか。北部に映画館を残せず、文化の灯を一つ消してしまうのが残念でならない。

（「沖縄タイムス」二〇〇五年一二月二日）

望んだのはこんな日本の姿ですか

島に流れ着いた特攻隊員のあなたへ

六〇年前の春、あなたは沖縄島北部の海を漂っていました。

特攻隊員の遺体が打ち上げられているという話を聞いた私の祖母は、海岸に行って、岩に引っかかっていたあなたの姿を目にしています。波に揺れる白いマフラーが印象に残ったようです。しばらく前に長男（私の父）が鉄血勤皇隊員として戦場に出ていくのを見送った祖母は、きっとあなたの母親のことを思い、胸を痛めたと思います。

あなたはどこの出身だったのでしょうか。名は何といったのでしょうか。どこの飛行基地から沖縄まで飛んできたのでしょうか。今ではもう、それを知る術はありません。あなたの最後の姿を目にした村の人たちも、ほとんど亡くなってしまいました。ただ、書き残された記録と、島で語り伝えられた記憶の中に、あなたの最後の様子が伝えられています。

沖縄島周辺に集結した米軍の艦船に、あなたたちが攻撃を仕掛けるのを私の祖父母は、逃げ込んでいた山中で目撃しています。体当たりを敢行しても対空砲火で片っ端から撃墜されてしまう。海に落ち、波間を漂ったあなたたちの死体の一部が、島の海岸に漂着しました。

あの当時、あなたたちの死は「散華」と美しい言葉で飾られ、「水漬く屍」と荘重な響きの歌で讃えられました。それは今でも一部で続いています。靖国神社の遊就館には、あなたたちの死を飾り立て、讃える言葉が連ねられています。けれども、戦場の死が、華が散るように、玉が砕けるように美しいはずがありません。

撃墜されて損傷を負ったあなたたちの肉体は、鮫や魚に食われ、サンゴによって傷つき、沖縄の陽に照らされて腐敗、膨張し、無惨な姿となって漂着していたのでした。頭や手足がもげて、飛行服を着た胴体だけが流れ着いたこともあったと言います。それでも、どのような形であれ海岸に打ち上げられ、島の人たちによって葬られたのは、まだましだったでしょう。あなたの仲間の大半は海の藻屑となり、骨は海底に沈んでいきました。

そうやってあなたたちが自らの命を捨てて行った攻撃も、沖縄戦の戦局に影響を与えることはできませんでした。米軍は艦砲射撃や空爆、銃撃、火炎放射器、ガス弾によって無差別的な攻撃を行ない、日本軍兵士だけでなく一〇万人以上の一般住民が殺されていきました。

沖縄の男のほとんどは軍隊や防衛隊にとられ、残された女や子ども、老人たちも戦場を逃げまどいます。梅雨の雨に打たれ、泥と死体の中を這いずり回り、動けなくなった老人を置き去りにし、死んだ母親の乳房にすがりついている幼い子どもを見捨て、やっと逃げ込んだ壕を日本兵に追い出され、島の最南端の摩文仁の丘や海岸に追いつめられて、米軍の掃討戦によって殺されていきました。

沖縄の住民を殺したのは米軍だけではありません。友軍と呼んで頼りにした日本軍も、いざ地上戦が始まると、住民を守るどころか逆にスパイ視して虐殺したり、食料を強奪したり、壕を追い出して砲撃の中にさらしたりしたのです。日本軍の命令、強制、誘導による住民の「集団自決」も起こっています。

あなたが流れ着いた私の故郷の村でも、日本軍に射殺された女性や、日本刀で斬殺された男性がいます。彼らはけっして日本軍が疑ったようにスパイではありませんでした。

自分の仲間がこのようなことを行なうと、あなたは夢にも思わなかったでしょう。しかし、敵の米軍だけでなく、味方と思った日本軍にも虐殺され、壕を追い出されてひどい目にあった。中には強姦された女性もいる。これが沖縄戦で起こった事実です。あなたたちが空から最後に見たであろう沖縄の地上では、このようなことが起こっていたのです。

沖縄の住民の苦しみは戦後も続きます。生活は破壊され、餓死や衰弱死、マラリアによる病死が数年に渡って続きます。収容所から戻ってみると、故郷の土地は奪われて米軍基地と化していました。占領者の米兵による強姦事件や殺人事件が相次ぎます。

一九四七年、昭和天皇はＧＨＱ総司令官マッカーサーにメッセージを送り、「米国が沖縄その他の琉球諸島の軍事占領を続けるよう……希望している」「沖縄（および必要とされる他の島々）にたいする米国の軍事占領は、日本に主権を残したままでの長期租借――二五年ないし五〇年あるいはそれ以上――の擬制にもとづくべきである」と主張して、自己保身のために沖縄をアメリカに売り飛ばします。

一九五一年のサンフランシスコ講和条約締結の際にも、沖縄は切り捨てられて米軍の占領下に置かれ続けます。治外法権的な米軍支配の下で、米軍による沖縄住民への事件や事故が後を絶ちませんでした。それを満足に裁くことさえ沖縄側にはできませんでした。一九七二年に施政権が日本に返還されて以降も、沖縄島の面積の二割を占める巨大な米軍基地は残り、事件や事故は続いています。その中には、小学生の少女が米兵三名に暴行された事件もあります。

そして、「戦後六〇年」といわれる今年、在日米軍の大規模な再編計画が打ち出されています。その焦点の一つは、在沖海兵隊普天間基地の「移設」ですが、日本政府は沖縄県内でのたらい回しに固執し、米軍基地を沖縄に集中させる意志を継続しています。「移設」の名の下に名護市辺野古の沿岸に建設されようとしている基地は、一八〇〇メートルの滑走路を持つだけでなく、大浦湾を大規模に埋め立て、そこに港湾施設が建設される可能性も指摘されています。

すでにある辺野古弾薬庫やキャンプ・シュワブ内の演習場、住宅・娯楽施設と一体化し、米軍の望み通りの基地機能の集約化が行われるのです。さらに米軍基地を自衛隊が共同使用する計画も打ち出されています。対テロ戦争や対中国を目的とし、米軍と自衛隊が一体化して展開する軍事拠点として、沖縄基地は「負担軽減」どころか、より強化されようとしているのです。

それはまた、沖縄の米軍と自衛隊の基地が、恒久的に固定化されることを意味しています。これから先も沖縄県民は、軍事基地がもたらす事故や事件に脅かされながら生きることを強いられようとしています。

このことに圧倒的多数の日本人は無関心であり、日米安保体制の負担を沖縄に押し付けることを当然としています。多くの観光客が沖縄を訪れ、芸能や音楽、自然を楽しみ、もてはやしていますが、日本人の中には今でも、沖縄への差別意識が巣くっているとしか思えません。

六〇年前、あなたたちが命を捨てて守ろうとし、未来へつなげようとした日本のこれが現在の姿です。二度と国権の発動としての戦争を行なわず、戦力を持たないとした憲法の平和主義は踏みにじられ、今や戦地イラクに自衛隊が派兵されています。沖縄の空は連日、米軍や自衛隊機の轟音で切り裂かれ、地上でも海上でも海中でも演習が行なわれています。そこに住む住民に被害を与えながら。

そして、沖縄から出撃した米海兵隊は、イラクのファルージャにおいて多くの市民を巻き添えにした戦闘を行なっています。かつてベトナム戦争で沖縄が米軍のベトナム攻撃の拠点となったとき、沖縄はベトナムの人々に「悪魔の島」と呼ばれました。今、イラクの人たちにそう呼ばれたとして、返す言葉があるでしょうか。

アメリカのイラクへの侵略戦争をいち早く支持し、「復興支援」の名の下に自衛隊を派兵しているのが日本の小泉政権です。

あなたたちが六〇年前に望んだのは、このような日本、沖縄の姿なのでしょうか。

私にはあなたたちが靖国神社で安らかに眠っているようには思えません。「癒しの島」と呼ばれる沖縄の陸や海や空で、今も癒されることのないあなたたちの魂が、鬼哭啾々として声を上げているように思います。再び戦争をする国へ変わりつつある日本の姿と、「捨て石」にされる沖縄の姿を見つめながら。

（「ニイタカヤマノボルナ！靖国に《死者の声》を聞きにゆく　靖国神社にまつられているあなたへの手紙」
主権在民！共同アピールの会、二〇〇五年一二月八日）

2006年

2006年

立ちゅる気持ち有《あい》がや？

わったーちゃーすが？

とーとーとー、あねあねあね、新年《みーどぅし》ん明きてぃ、ぐすーよー良い正月迎《そーがちむけー》えみそーちゃがやー。今年ん世《ゆ》ぬ中や落《う》てぃ着《ち》ちゅーぬ気配やねーやびらぬ、去年《くじゅ》よかー余計《ゆけー》に沖縄《うちなー》んヤマトゥん、とぅんとぅるもーかー騒がしくないぬ如《ぐとぅ》くあいびーしが、あね、あまから歩っちちょーる二人《たい》ん、口喧嘩《くちがーそー》しちょーるふーじーやしが……。

（歌と波の音）

辺野古の海岸散歩する
貫一お宮の二人連れ
共に歩むも今日限り
共に語るも今日限り

（ナレーション）
ここは名にしおう辺野古の海岸
それは一月某日の夜の出来事でした
渚を歩む男女の二人の影

貫一　宮さんよ。お前《いやー》とぅ吾んとぅや、昨日今日《ちぬーちゅー》ぬ仲やあらん。二人《たい》やぐそーまでぃんまじゅん、瓶《かーみ》ぬちびんてぃーちにならやーんでぃいちるやたしが、だーなーお前《いやー》が肝《ちむ》ぐゎーや、さーなー返《けー》りてぃ無《ぬ》ーらんむん。ちゃーすがてー。話ぐゎー聞《ち》ちみーどぅんせー、お前《いやー》や小泉んでぃ言ゆぬヤマトゥンチューとぅまじゅんなんでぃ言ゆぬ事るやしが、本当《ふんとぅー》やみ？　お前《いやー》やくぬ男から振興策んでぃ言ゆぬ銭《じん》ぐゎーまでぃいーたんでぃやさや。お前《いやー》や吾んが貧すー者《むん》でぃいちるうしぇーとーさや。人間《にんじん》ぬうぇーき貧すーんでぃ言うしや、坂《ひら》ぬ下《う》り上《ぬぶ》いんでぃいちるある。しむさ、お前《いやー》がうしぇーゆらーばうしぇーり、ゆたさるある。

お宮　あね勘違《かんちげー》いすなよー貫一さん。じちやくりかいや深さぬ事情ぬあしが。今《なま》からー吾んが、くぬ事情ん詳しく語ゆくとぅ、ゆー聞《ち》ちばるやんどー。ぃんちゃ確かに、あぬ小泉んでぃ言ゆぬ御方《うかた》やいっぺー金満家やんせーしが、じちぇー吾ねーあぬ御方《うかた》とぅまじゅんなやーに、振興策引ちいじゃち、くりっし沖縄《うちなー》発展しみゅーぬ考《かんげー》えるやしが。

貫一　嘘物《ゆくしむぬ》言《い》いしーねー、前歯《めーばー》たっかかりんどーやー。

お宮　あね短気《たんち》や起《う》くすなよー。えー、ゆー考ーてぃくぃみそーりよー。普天間基地を辺野古にむちなち、嘉手納以南ぬ基地を無《ね》んくなせーから、沖縄《うちなー》ぬ負担軽減にないびーせー。ヤンバルの御方《うかた》にや迷惑かきーんでぃ思《うむ》やびしが、沖縄《うちなー》とぅヤマトゥぬ為《たみ》るやくとぅ、ヤンバル生まりぬお前《いやー》ん、にじてぃとぅらそわやー。

貫一　吾んにんてーげーゆーにじやーやしが、くぬ事だけや絶対にゆーにじらん。沖縄《うちなー》の中うとーてぃあまなしくまなし、くりっし負担軽減でぃ言ゃーりんな？　振興策んでぃ言ゆぬダイヤモンドに目が眩《く》れて、乗ってはならぬ玉の輿《こし》。お前《いやー》やうちなーんちゅーぬ肝心《ちむぐくる》ん無《ね》んなちぇーさや。

お宮　肝心《ちむぐくる》っし物《むぬ》や食《か》まらんどーたい。昔《んかし》ぬ歌にんあいびーしが。

　基地や昔ぬ基地やしが
　変わてぃ行ちゅむぬや
　人《ひちゅ》ぬ心《くくる》

保守ぬ御方《うかた》ん今《なま》や沿岸案に反対でぃ言ちょぃびーしが、選挙ぬ終《う》わーれーから、しぐ賛成に変わいびーさ。お金はこの世の回りもの、ヤマトゥぬ政府とぅ仲良くしちょーてぃる銭《じに》ん回《まー》てぃ来《ち》ゃーびんど。儲きじくやちゃー人《ちゅー》よかー先《さち》に走《は》らんねーちゃーさびが。

貫一　あびいなけー、やなアタビチ！　お前達《いったー》ぐとーぬ者《むん》が居《う》いとぅる、何時《いち》までぃん沖縄《うちなー》やヤマトゥにうしぇーらりんどーやー。六〇年間基地ぬ為《たみ》なかい哀りしち、今《なま》から先《さち》ん哀りするちむいなー？　あり宮さん、見ーちんでぃ。月《ちら》んきっさまでー煌々とぅ輝《かーが》とーたるむん、だーなーけー曇《くむ》てぃ無《ね》ーらんさ。

来年の今月今夜のこの月を。再来年の今月今夜のこの月を。十年後の今月今夜のこの月を。必《かんな》じ曇《くむ》らち見しいしが、くりや吾んが涙《なだ》さーに曇らすぬむのーあらん。お前達《いったー》が涙《なだ》さーにる曇《くむ》らする。お前達《いったー》が計画やたっぴらかちとぅらすくとぅ、覚《うび》とーきよー。

お宮　あね貫一さん、吾んが気持ちん分かてぃくぃみそーれー。

貫一　かしまさぬ、泣ちねーびーすなけー、あまちなれー。

（ナレーション）

すがるお宮を突き放し、立ち去る貫一の後ろ影。見つめるお宮は砂浜に、よよと崩れて泣き濡れぬ。

無念の涙はらはらと、残る渚に月さびし。

とーとー、沖縄《うちなー》ぬ置《う》かっとーる状況んでぃいうしや厳しいむんやくとぅ、貫一がたっぴらかすんでぃ言ちん、簡単なむのーあいびらん。うちなーんちゅーや自分《どぅー》ぬ力さーに立ちゅる気持ちや有いがや？　無《ね》んがや？　無《ね》んねーたっぴらかさりしや吾達《わったー》やさ。とー、ちゃーすが？

参考資料

照屋林助「ワタブーショー」

（「沖縄タイムス」二〇〇六年一月六日）

重い選択強いるのは誰

名護市長選挙

『ザ・ハードコア　ナックルズ』という雑誌の1号に、「沖縄・普天間基地を巡るドロドロ劇／基地利権の背後に見える裏事情」という文章が載っている。米国企業のベクテルと県内企業の国場組や東開発との関係、「浅瀬案」が出た背景、昨年（二〇〇五年）六月の公正取引委員会による県内建設会社への立ち入り検査をめぐる動きなど、興味深い内容である。

今回の名護市長選挙でも、北部振興費をめぐる利権争いをうかがわせる文書がばらまかれていた。保守の「分裂」の背景には、そういう利権争いがあるのだろう、と思いながら読んだ。

一月二七日の琉球新報朝刊には国場幸一郎氏が、「沖縄基地は経済問題である」という一文を寄せている。普天間基地の辺野古「移設」にとどまらず、キンザーやフォスターなどの整理（北部集約）は大きなチャンスだから、「名護市民、および辺野古周辺の住民には申し訳ないが、沖縄の大局的見地から沖縄県民のため、解決の交渉の先頭に立ってほしいと願うものである」と書いている。

基地建設や政府の補助金でもうけ続けてきた県内経済界の重鎮の本音が、呆れるほどあからさまに述べられた文章で、選挙に負けていささか意気消沈していた反対派の皆さんには、いいカンフル剤になったであろう。

岸本建男市長の後継者の島袋吉和氏が圧勝したとマスコミは書きたてているが、前回選挙で岸本氏が二万票を越えたのに比べれば、三千五百票以上も減らしている。我喜屋宗弘氏と大城敬人氏の合計得票数との差も千四百票たらずだ。前回選挙で一万票近くの差がついたことからすれば、この四年間の変化は大きい。革新側だけでなく、保守の側も「分裂」し、反自公という「保革相乗り」が生じた問題を含めて、今回の選挙については、事実経過をふまえた検証と、ていねいな議論が必要だろう。

今回の名護市長選挙は、全国的な注目を浴びただけに、革新側が「統一」できなかったことに、色んな人が批判的な意見を述べている。こういうとき、ともすれば得票数の少ない候補者に批判が集中しがちである。共倒れになったことへのいら立ちや、あるいは選挙運動を行なった者の自己保身から、「当選の見込みもないのにどうして立ったのか。あの人が下りて統一すれば勝てたのに」と、「分裂」にいたった事実経過をきちんと検証もしないで、力の弱い候補者を悪者にし、「分裂」の責任をなすりつけてしまいがちだ。

今回の選挙においても、そういう傾向がすでに見られるので、名護市に住んでいて選挙戦を間近に見た者として、次のことは書きとめておきたい。

普天間基地の「移設」先として、名護市辺野古の名前が挙がってから、これまで反対運動を取り組み、座り込みの行動を行なってきた辺野古のお年寄りたちは、自分たちと行動をともにしてきた大城氏を支持し、みずから選挙運動をになっていた。

これまで何かと言えば「辺野古のおじー、おばー」と持ち上げていた政治家や労組幹部、運動家、学者、文化人、女性写真家が、「保革相乗り」の候補者を支持する中で、そのことへの憤りを口にしながら、自分たちもできる限りのことをしようと、集会に参加したり、応援活動を行なっていた。

投票日の前日と前々日、辺野古のお年寄りたちが中心となって、名護市為又の58号線沿いで、お昼と夕方の一時間ずつ、応援活動が取り組まれた。歩道に折り畳みのイスを並べて座り、身を乗り出すようにして手を振り、何人かはマイクを手にして、自分の思いを訴えていた。雨が降る中、雨合羽を着けて応援しているその姿は、一貫して基地建設反対の運動を取り組んできた候補者への信頼にあふれていた。

政党や企業、労組の動員力に比べれば、その取り組みはささやかなものだったかもしれない。しかし、県知事選挙もからんだ党利党略や政治的打算、自己利益の追求、誹謗中傷を連ねたビラや文書が飛び交う選挙戦の中で、辺野古のお年寄りたちが懸命に訴えている姿は、数少ない心を打たれる場面であった。

傍観者的立場から「分裂」をなじったり、名護市民は金と引き換えに基地を選んだのか、と批判するのはたやすい。だが、人口五万八千人余の市の首長選挙で、全国が注目するほどの重い選択を強いているのは誰なのか。米軍基地を沖縄に押し付けている日本人、それをはね返しきれない沖縄人、それぞれ一人ひとりにいくらかの責任があるはずだ。

今回の「保革相乗り」という構図を見て、私の脳裏をよぎったのは、自民党と連立政権をくみ、村山富市首相を押し立てた旧社会党が、政界再編の波に飲み込まれたあげく、自己解体していった姿だった。反自公という形で「保守との共同」を追求していく先に何が起こるのか。選挙の勝ち負けにのみ目を奪われていてはいけないだろう。

（「沖縄タイムス」二〇〇六年二月一日）

持ちたい理性と意志

煽られる恐怖心

雑誌『論座』二月号に芹沢一也氏の〈「子どもを守れ」という快楽／不安にとりつかれた社会で――〉という評論が載っている。治安の悪化が叫ばれ、日本の「安全神話」は崩れてしまった。犯罪がかつてないほど身近に感じられ、子どもの殺人事件も増えている。多くの人がそのように感じ、危険から身を守らねばならない、という強迫観念にとりつかれた結果、〈現在、新しい治安管理体制がかたちづくられている〉と芹沢氏は指摘する。

子どものランドセルに集積回路（ＩＣ）タグをつけて校門でチェックしたり、街頭に監視カメラを設置して不審者を発見する。あるいは、警察によって地域住民ボランティアが組織される。そうやって人や物を動員して地域の安全を守ろうとしているにもかかわらず、むしろ日本の社会は犯罪に弱くなり、危険への耐性が驚くほど低くなっている、と芹沢氏はいう。

〈治安管理によって不安を拭い去ろうとする社会は、恐怖と治安の終わりなきスパイラルに巻き込まれる。それはどこかで起こった犯罪に過剰に反応しパニックを起こす。そして、社会全体が一丸となって、さらなる治安管理へと突き進む〉

いったい私たちは何に怯《おび》えているのか。この社会はそれほど恐怖に満ちあふれているのか。メディアが毎日供給する恐怖は、本当に私たちの身近にあるのか。芹沢氏はいう。

〈実はいかなる統計を見ても治安は悪化していないし、凶悪犯罪に巻き込まれる可能性など個々人のレベルで考えたらほとんど皆無だ。／たとえば殺害された小学生の数であるが、1990年以前と比べて人口比でもかなり減少したまま安定している。実数では76年は100人、82年は79人だったのに対して、04年は26人である〉

一読して意外に思う人が多いのではないか。幼い子どもが殺される事件が相次いでいる。私たちがそういう印象を持つのは、メディアから流される情報によってだが、そこには統計的な事実とのズレがある。

さらに注意しなければならないのは、子どもが殺されるのは、見知らぬ他人によるものよりも、家族内の暴力によるものが多いということだ。親の虐待による死や無理心中など、家庭崩壊や経済的困窮などの問題を背景とした事件も多い。

猟奇的な変質者が子どもたちを狙っている、というワイドショー好みの犯罪イメージは、子どもたちが受けている暴力の実態を一面化し、その社会政策的な対処を誤らせてしまう。街中に監視カメラを張り巡らすよりも、子育てに悩んでいる親への支援や、経済的困窮に起因する子どもの虐待（放置や未就学を含む）を防ぐための予算措置をはかった方が、子どもの犠牲を少なくするのではないか。そのような議論がおろそかになっていく。

バリー・グラスナー著『アメリカは恐怖に踊る』（草思社）は、アメリカ社会に広がっているさまざまな恐怖について検証しながら、それが社会の実態とかけ離れていて、本来真っ先に取り組まれるべき問題を押し隠す役割を果たしていることを明らかにしている。それは私たちの住む社会においても言えるのではないか。

また、恐怖をまき散らすことによって利益を得る者たちの問題も指摘している。特定の人種や階層、世代を恐怖の対象とすることによって、福祉や教育予算の切り捨てから目を逸らさせようとする政府。恐怖への対処をうたって収益を上げる警備会社や監視カメラ関連企業などのセキュリティ産業。それらによって恐怖はしばしば意図的に煽られる。

最近、衛星利用測位システム（ＧＰＳ）機能を強調し、子どもたちや高齢者に携帯電話を持たせようという売り込みを携帯電話会社が行なっている。市場が飽和状態にある中で、子どもたちや高齢者に市場を拡大するために、誘拐や徘徊への対策が宣伝される。そこでも恐怖は大きな役割を果たしている。しかし、子どもに携帯電話を持たせることで、ツーショットダイヤルやワンクリック詐欺の被害者にする危険性もあるはずなのに、それには触れようとしない。

恐怖によって利益を得るのは、セキュリティ産業だけではない。軍隊や軍事産業もそうだ。ソ連の脅威がなくなると北朝鮮の脅威が強調され、さらに中国やテロリストの脅威が煽られる。いつ日本が攻撃されるかしれないという恐怖が絶えずかき立てられ、それを利用して、政府は兵力や軍事予算の確保を行なう。それが軍事産業の利益確保につながるのは言うまでもない。いま自衛隊は北方重視から南西方面重視へと転換し、沖縄における兵員の増強や下地島空港の軍事化などを追求しているが、それも彼らの利益確保の一環だろう。

国内における〈恐怖と治安の終わりなきスパイラル〉は、対外的には〈恐怖と軍事強化の終わりなきスパイラル〉へとつながる。有事＝戦争への準備体制の構築が進むいま、意図的に流される恐怖に踊らされない理性と意志を持ちたい。

（「沖縄タイムス」二〇〇六年三月三日）

基地固定化自ら容認

名護市の動き

在日米軍再編をめぐる日米間の協議が大詰めを迎えている。そういう中で、三月下旬になって連続して東京に出向き、額賀福志郎防衛庁長官と協議を重ねた島袋吉和名護市長と末松文信助役の動きは、辺野古沿岸域への基地建設を強行しようとしている日本政府にとって、大きなプラスとなった。

島袋名護市長は「沿岸案反対」を選挙公約として掲げる一方で、選挙期間中は基地問題について触れないことによって争点回避を行なってきた。それが三月八日の名護市議会において、従来案のバリエーションとして受け入れの許容範囲を末松助役が示し、さらに沿岸案の「微修正」を前提とした議論を政府と行なうまでに姿勢を変えている。

ついこの間まで、沿岸案を前提とした協議には応じない、と口にしていたのは誰だったのか。みずから東京に出向いて協議を繰り返している島袋市長の姿は、政府の手のひらで踊らされているようにしか見えない。「微修正」を受け入れて名護市が沿岸案で妥協するのなら政府は万々歳だ。仮に拒否したとしても、「地元の頭越し」にことを進めていると批判されてきた政府からすれば、地元と協議したという事実ができた。修正案を出して政府は妥協しようとしたのに名護市がかたくなに拒否した。地元を説得する努力をしたが報われなかった。マスコミを使ってそのような宣伝を行ない、沿岸案を強行する世論形成を政府がはかっていくのは目に見えている。

それにしても島袋市長の交渉の拙劣さには呆れはてる。飛行経路だけが問題であるかのように主張することによって、騒音問題が解決され、安全が確保されれば、他には問題がないかのような印象を全国の人々に与えてしまった。それによって辺野古に建設されようとしている基地の実態や危険性は押し隠されてしまっている。

辺野古に建設される基地は、大浦湾の大規模な埋め立てが示すように港湾機能も備えたものと予想される。大浦湾は空母が接岸可能な水深を持つと指摘されている。そこに飛行場と港湾施設を備えた新基地が完成すれば、中国の軍事強化や台湾海峡の紛争に対応することを口実として、米空母の基地として利用されることだって考えられる。辺野古弾薬庫や射撃演習場とも隣接し、さらに米軍基地の北部集約や自衛隊との基地共有化も進められれば、北部東海岸一帯はまさに米軍と自衛隊の総合的な軍事基地地帯となる。それによって生じる問題が、たんに飛行経路の議論だけですむはずがない。

すでに米軍はMV―22オスプレイの沖縄配備を明らかにしているが、辺野古の新基地ができれば空母艦載機の演習も予想される。普天間基地のように市街地の真ん中にあるという制約から解放されて、米軍の演習が激化するのは目に見えている。今の段階で飛行経路の議論をいくらやったところで、いざ基地ができてしまえばあとは米軍の意のままだ。滑走路の向きを変えて海側に位置をずらせば、米軍はいつも海の上だけを飛んで、落ちるときも海に落ちるというのは、戦後六〇年余の沖縄の歴史と現実から何一つ学ぼうとしない愚か者のたわごとだろう。

しかも、稲嶺恵一知事が唱えていた一五年の使用期限や軍民共用という選挙公約も吹き飛んだ今、辺野古に造られる基地は軍事専用として固定化される。それを承知で辺野古への基地建設を受け入れるということは、沖縄がこれから先も日米安保体制の過重な負担を背負い続けると、日本全体に向かって宣言するに等しい。

今でさえ県外の人々の間では、沖縄は経済振興（金）と引き換えに基地を受け入れている、という認識が広まり、基地問題が「沖縄問題」と矮小化されて他人ごとのように語られている。圧倒的多数の日本人は、米軍再編問題に対して関心すら持たない。そういう中で、沿岸案であれ、従来案であれ、そのバリエーションであれ、普天間基地の県内「移設」を認めれば、沖縄は「基地の島」であり続けることをみずから望んだと受け取られるだろう。そういう愚かな選択を島袋市長はやってのけようというのか。

一方で、稲嶺知事の動きは何とも弱々しい。沿岸案に反対して従来案の継続を主張しているが、政府の方針に影響を与えるような具体的な行動は取ろうとしない。その様子を見ていると、県内建設業者の談合問題で政府に急所を握られて、もはや身動きも取れないのかとさえ思える。沿岸案反対のポーズを取ることで大衆の怒りが高まるのを適度にガス抜きし、一一月の県知事選挙までどうにかしのぐ。そうやって政府の強行策に「マグマが噴き出す」のを抑えるのが、稲嶺知事に残された役割ということか。

沖縄に半永久的に軍事基地の負担を押しつけておく。日本政府の愚劣な意思に対して怒りと拒否の姿勢を示さなければ、沖縄県民は侮られるばかりだ。

（「沖縄タイムス」二〇〇六年四月四日）

名護で考える

一九九五年の九月に米海兵隊員三名に小学生の少女が暴行される事件が発生した。沖縄県民の怒りの高まりは八万人余が集まる県民大会を実現し、大田昌秀知事の代理署名拒否とも相まって、沖縄の基地問題が国政を揺るがすほどになる。しかし、基地の「整理縮小」を求めた運動は、日米特別行動委員会（SACO）合意へと歪曲され、普天間基地の「移設」先として名護市辺野古が浮上する。

その報道に接したとき、八〇年代の後半に辺野古で生活した日々のことが思い出された。当時、辺野古にある中学校で補充教員をしていた。朝礼をしているグラウンドに機関銃の射撃音が鳴り渡り、砲撃演習の着弾音や走り回る戦車のキャタピラの音が教室にまで響いてきた。すでに米軍基地の演習被害にさらされている地域に、さらに基地の負担が押し付けられる。しかも、少女の事件が起こった北部の地に新たな基地が建設されるということは、勇気を持って訴えた少女と家族をこれ以上ないほど冒瀆することではないか。

そういう思いをもって基地反対の集会や行動にできるだけ参加していたのだが、九七年に沖縄市から宮古島に転勤になった。海上基地建設反対の運動が名護市民投票に結実していくのを遠く離れた場所から注目していた。市民投票が行なわれる二週間前、いても立ってもいられなくて、金曜日の午後の仕事を終えると飛行機で那覇に飛んだ。バスで名護まで行き、隣の今帰仁村にある実家に泊まって、その夜から土、日曜と反対派の運動の手伝いをさせてもらった。

次の週も同じように金曜日の最終便で那覇に飛び、名護市民投票の運動に参加した。市民投票当日は朝から投票会場の入り口で呼びかけを行ない、名護市内各投票所の様子を見て回った。名護市民体育館で行なわれた開票を固唾をのんで見守り、反対の票が多数を占めて勝利が決まった瞬間、万歳の声で沸き立つ反対派の事務所の様子を感激をもって眺めた。

それだけに、そのあと比嘉鉄也市長が市民投票の結果を踏みにじり、基地受け入れを表明して辞任したことや、それを受けた市長選挙で反対派が破れ、岸本建男市長が誕生した様子を宮古で見ながら、いったい何が起こったのか、という思いにかられた。

相互不信の苦しみ

その間の事情が多少なりとも分かるようになったのは、三年後に転勤して名護市に住むようになってからだった。二〇〇一年の三月、名護市民投票で活動した男性二人が訪ねてきて、一年後に迫った市長選挙に向けて、市長候補公募の運動に取り組みたいので協力してほしいと頼まれた。

地縁血縁関係が強く、共同体意識も強く残っている地方の小都市で、市長候補を公募で選ぶという試みが、無謀に近いのは誰でも分かる。しかし、そういう運動が発想されるほど、革新側の市長候補選びは難渋している様子だった。

一九九九年一二月二七日、岸本名護市長は普天間基地「代替施設」の名護市辺野古への受け入れを表明した。その見返りに一〇年で一〇〇〇億円という金が北部振興費としてばらまかれ、二〇〇〇年七月には九州・沖縄サミットが名護市を主会場に開かれる。そうやって基地受け入れ容認の世論工作が進められる中で、反対運動側は岸本市長のリコール運動を進めていた。だが、リコール署名のための受認者を市民投票の時以上に集めながら、運動は挫折する。リコール成立後の市長候補者を擁立できなかったのが原因だった。

辺野古の「命を守る会」やヘリ基地反対協議会の運動など市民の抵抗は粘り強く続いていた。けれども、金と権力に物を言わせた日本政府と保守県政、名護市政の一体となった基地建設への地ならしの前に、リコール挫折後の運動は停滞を免れなかった。市民投票から今日にいたるまでの八年余で、この時期が名護の市民運動にとって一番苦しい状況にあったのではないかと思う。

市長候補公募の運動はこのような状況下で行なわれた。全国的にも例がない取り組みであり、試行錯誤の連続だった。結果として候補者を擁立することはできなかったが、その運動に参加することで多くの人から話を聞くことができ、名護市民投票以降の反対運動の内実について知ることができた。

話を聞きながら私が何よりも驚いたのは、市民投票から四年間、運動に参加してきた人たちの間にわだかまっている相互不信や反発の強さだった。特に四年前の市長選挙をめぐって、政党や労組幹部への市民運動家たちの不信感には根深いものを感じた。名護市民投票には、それまで政治運動に関わったことのない人たちも広く参加していた。手作りの市民運動として進め、成功させたという実感を持っていた人たちの中には、市長選挙になると同時に政党や労組の幹部が選挙事務所に陣取り、旧態然とした運動に変質していく様子を目にして反発を覚えた人も多いようだった。

それが市長候補公募の運動につながる一因でもあった。ただ、市民運動として市長候補者を擁立する取り組みを進める一方で、政党や労組、議員などを含めて幅広い協力体制を作り出さねばならない、という認識もあった。しかし、運動の輪をそこまで広げることはできなかった。公募に応じた三名による公開討論会を何度か持ったものの、候補者を決定できないまま公募の運動は終わった。

名護市内の革新政党や労組幹部、議員たちは公募の取り組みを冷ややかに眺めたり反発したりしていたが、そういう彼らにしても候補者選定の動きは遅れていた。結局、名護市議会議員で市民投票のリーダー的存在であった宮城康博氏が、海上基地建設反対を訴えて立候補したが、準備の遅れが選挙戦にも大きく響いた。結果は現職の岸本氏が二万〇三五六票で再選を果たし、宮城氏は一万一一四八票と、九〇〇〇票以上の大差をつけられて敗北してしまった。

保守の分裂と革新の退潮

ここまで長々と名護市民投票や前回、前々回の市長選挙について書いてきた。今年の一月二二日に行なわれた名護市長選挙について書こうとしたときに、以上の経緯をふまえることなしには、選挙の内実や私自身の考え、思いを正確に伝えることはできないと思ったのだ。

今回の名護市長選挙は、昨年一〇月に日米安全保障協議委員会（2プラス2）が出した「中間報告」で、それまでの辺野古沖海上案が反古にされ、新たに陸上と海上にかかる沿岸案が「合意」されたことによって、より注目度が高まった。それだけに、基地反対派が候補者を「統一」できないまま敗北したことを批判し、なじる者も多い。だが、自分は誰に票を投じるのか、という具体的な選択を自らに問うこともなく、傍観者的な立場から「統一すれば勝てたのに」云々と口にするだけの批判にどれだけの意味があろうか。

過去二回の市長選挙の状況を見ても分かるように、今回も革新側が候補者擁立で難渋するだろうということは容易に予測できた。そういう中で、昨年の三月に名護市議会議員の大城敬人氏が、市長候補に名乗りを上げた。その新聞報道を読んで、私は期待と不安の両方を持った。

大城氏は名護市議会議員を七期二七年務めていて、実績や知名度がある。平和運動にも熱心に取り組んできて、辺野古の座り込みにも連日早朝から参加していた。私は沖縄で住基ネットに反対する運動を取り組んでいるが、それに協力して具体的に行動してくれた議員は、名護市では大城氏だけだった。票に結びつかない住基ネットの問題に関しても、すぐに対応するだけの行動力や問題意識の高さを私は評価していたし、議会活動への姿勢や市民向けの生活相談を地道に行なっていることも評価できた。

四年前に市長候補公募の運動に取り組んだ際に、候補者として誰がふさわしいかという議論も盛んに行なわれた。具体的に名前を出して論じられた議論を振り返り、この四年間の名護市の状況を見て、大城氏が革新側の候補者として名乗りを上げることは自然なことに思えた。大城氏は四年前にも市長選挙に立とうとしたが、宮城氏に譲って自らは降りたという過去もある。今回は満を持して立候補表明したのだろうと思い、何とか大城氏でまとまればいいが、と期待した。

その一方で不安もあった。大城氏はかつて共産党員だったが、トラブルがあって党を除名された過去があり、大城氏の立候補には共産党が強く反対してくることが予想された。他の革新政党や労組幹部などがそれにどのような対応をとるかにより、候補者擁立はまたもめるかもしれないと思った。

その不安がより悪い形で現実となったのは、半年以上経った昨年の一〇月だった。名護市選出の県議会議員・玉城義和氏（社民党）を座長に、社大党、共産党、社民党、北部地区労、名護市職労によって構成された六者協議会が、保守系の市議会議員・我喜屋宗弘氏を「保革相乗り」という形で候補者に擁立するという報道がなされた。共産党の反発を見越したのだろう、先に立候補の意志を表明していた大城氏は無視され、事前に調整が図られることもなかった。

これまでの名護市長選挙は、基本的に保革一騎打ちの構図で行なわれてきた。それが今回初めて「保革相乗り」という形が出てきた背景には、名護市議会における与党・保守系の分裂と革新系の退潮があった。

選挙戦の最中、「市民有志」名で一枚のビラが流された。そこには総合建設業の東開発グループと現名護市政との癒着ぶりが描かれ、公共工事が特定企業に優先的に回されていることが批判されていた。

辺野古への基地建設を促進するために一〇年間で一〇〇〇億円の北部振興費がばらまかれるのは先に書いた。それ以外にも、沖縄米軍基地所在市町村に関する懇談会（島田懇談会）事業や情報通信・金融特区の指定、国立高等専門学校の誘致などの施策が次々と採られた。公共工事の受注をめぐる建設業者の利権争いも激しくなり、市議会与党の中に東開発グループと強いつながりを持つ岸本市長派とそれに対立するグループが形成され、北部振興利権をめぐる争いは与党・保守系の分裂にまで至っていた。

その反岸本派の保守系グループに六者協議会はすり寄った。名護市議会で革新系はわずか六議席にまで退潮している現状に、保守との相乗りで活路を見出そうとしたのだろう。前回の市長選挙で宮城氏が取った一万一〇〇〇票余りを革新側の基礎票とみて、岸本氏が取った二万票余りから五～六〇〇〇票を保守の分裂を利用して足すことができれば、勝算がある。勝利を万全にするには、大城氏を降ろすことが課題となるが、仮に大城氏が降りなくても、政党や労組などの支持がなくては二〇〇〇票も取れはすまい。それくらいの減票ならどうにかなる。六者協議会に集まった県議会議員や政党・労組幹部らがそういう計算をしていることは、それまでの名護市の状況を知っている者なら容易に想像できた。

一方で、我喜屋氏をはじめとした反岸本市長派の保守グループからすれば、革新側から「保革相乗り」を持ちかけられたのは渡りに船だったはずだ。市長のイスと北部振興をめぐる利権を手に入れる絶好の機会を逃すはずがない。海上基地建設は反対派の運動によって行き詰まっており、それを反古にして2プラス2で出された「沿岸案」も、「地元の頭越しに決まった」と稲嶺恵一知事や岸本市長でさえ反対していている。我喜屋氏が反対するのはたやすいことだった。

かくして、名護市長選挙ではじめて「保革相乗り」候補の擁立がなされた。そこには名護市内の事情だけではなく、今年の一一月に行なわれる県知事選挙に向けた、沖縄の革新政党や労組と元自民党の下地幹郎衆議院議員を中心としたグループの思惑もからんでいた。

九八年の県知事選挙で当時の大田知事を破って稲嶺保守県政が誕生して以降、沖縄では自民党と公明党の連立体制が確立し、国政選挙や首長選挙において次々と勝利していく。その過程で那覇市を中心とした衆議院沖縄一区で公明党の議員擁立を優先したために、はじき出された形の自民党議員・下地幹郎氏と自民党県執行部との間に対立が生じる。それが高じて党を離脱した下地氏は、革新政党や労組と反自公の共闘を組み、昨年七月の衆議院選挙で自公協力の公明党候補者を沖縄一区で破り、国会に返り咲いた（この選挙で我喜屋宗弘氏と宮城康博氏は下地氏の応援を行なっていた）。

革新政党も反自公共闘の勝利によって展望が開けた。続く一一月の宮古島市長選挙でも反自公共闘が実現し、革新系の現職伊志嶺亮氏を下地氏が支持する。これは少し前なら考えられないことだった。下地幹郎氏の父下地米一氏は、県内有数の建設会社である大米建設の会長であり、合併して宮古島市になる前の平良市長を務めたこともある。その下地米一氏を市長選挙で破ったのが伊志嶺現市長であった。仕事の関係で宮古島に住んでいたとき、宮古における大米建設の力や革新側との対立をよく耳にした。そういう過去がありながら反自公という共闘が成立するとき、各政党間や労組、政治家との間で、実際には様々な思惑や利権の追求があるのは言うまでもない。

同じことは名護市長選挙でも言える。憲法や日米安保条約、米軍基地や自衛隊基地に対する考えなど、基本的な立場で大きな違いがあるにもかかわらず、一一月の県知事選挙で反自公共闘を組むためにそれらは棚上げにされた。沖縄の革新諸政党と労組、下地幹郎氏はそれぞれの思惑を抱きながら名護市長選挙に取り組んでいた。

その中でも下地氏の動きは際立っていた。投票日の八日前（告示前日）の一月一四日、下地氏を頭首とする政治団体「そうぞう」の結成総会が、名護市内のホテルで開かれた。県議会議員と市町村議会議員計九三人が「そうぞう」に加わった。翌日の「沖縄タイムス」朝刊は「保革の対立構造が崩れ、流動化する県内政局で第三の政治潮流の台頭をアピールした」と報じている。那覇市を中心とした衆議院沖縄一区で基盤をつくり、出身地の宮古島で足場を固め、さらに我喜屋氏を当選させることで名護市を中心とした沖縄島北部にも「そうぞう」の拠点を築く。そう宣言するに等しい結成のタイミングだった。

反自公共闘の主導権を取って県内政局でキャスティングボートを握り、自公体制に不満を持つ保守系議員や革新系議員を巻き込んで「そうぞう」を拡大する。そういう意欲に溢れて下地氏は、名護市に張り付いて選挙運動を行なっていた。選挙戦の終盤、大声を張り上げて名護市内を練り歩く下地氏の姿は、候補者の我喜屋氏がかすんでしまうほどだった。

このように沖縄県内の革新政党や労組、「そうぞう」などの思惑が交錯する中で名護市長選挙は行なわれた。加えて現名護市政や稲嶺県政を支える自民党と公明党、建設業者をはじめとした経済界の思惑や利害得失があり、さらに辺野古への基地建設を強行しようとする日本政府と米国政府の思惑がある。人口五万八〇〇〇人ほどの地方の小都市の首長選挙に、これほど複雑にからんだ思惑や利権が重くのしかかっていた。その中で市民一人ひとりが選択を迫られたのだ。

運動をつなげるために

六者協議会が我喜屋氏擁立を表明して以降、革新側候補者の一本化の動きが追求される。しかし、それは実質的に「大城降ろし」と言ってよかった。社民党の照屋寛徳氏や社大党の糸数慶子氏といった国会議員、山内徳信氏など沖縄の革新の顔役たちが、大城氏を降ろすための「説得」にのりだす。もともと保守地盤の名護市で革新側が「分裂」していては勝ち目がない。だから少数派の大城氏が降りるのは、辺野古への基地建設を阻止するという大義の前にはやむを得ない、という雰囲気が作り出されていく。

そういう状況を見ながら、私はうんざりした気持ちになっていた。有権者を単なる票＝数としか見ず、革新の票と分裂した保守の票を合わせれば勝てるだろう、という発想には、市民投票以来八年余、苦しみ、悩みながら基地反対を貫いてきた名護市民の意思や心情に対する理解が欠けていた。

我喜屋氏は保守系議員として六期を務め、市議会議長にもなっている。市民投票では海上基地建設推進派であり、当時の比嘉鉄也市長が市民投票の結果を覆して基地受け入れを表明したときもそれを支持した。岸本市長が辺野古海上案を受け入れたときもそれを支えた人物だ。立候補に当たって我喜屋氏がそういう自らの過去を反省したわけでもなければ、政治思想や行動原理を変えたわけでもない。にわかに辺野古への基地建設を反対し始めたその姿勢も曖昧なものだ。

二〇〇五年一一月五日付「基地問題に対する基本的態度」で我喜屋氏はこう述べている。

「これまでの経過の中でキャンプ・シュワブ周辺は新基地建設地の対象として全て検討しつくされました。名護市としては、新しい基地建設を受け入れる余地はないというべきです」

「キャンプ・シュワブ周辺」「新しい基地建設」という表現は微妙であり、下地幹郎氏が主張する、既存のキャンプ・シュワブ基地内にヘリパットを建設し、普天間基地のヘリ部隊だけを移すという案なら受け入れられる含みを持たせている。革新政党や労組の幹部たちは、その曖昧さや危うさに気づかなかったのだろうか。実際には気づいていて、その上で当面する選挙に勝つことを至上命題とし、政治主義的に対応したのではなかったのか。

これまでの我喜屋氏の行動やその主張から判断して、仮に当選したとしても、いずれ下地氏の案を持ち出してくるだろうと私には思えた。そういう我喜屋氏に一票を投じることは、名護市民投票以来多少なりとも自分が関わってきた運動を自己否定することではないのか。踏み絵を踏むかのような選択ができるのか。そのような思いを持つ一方で、大城氏にも不満があった。いち早く立候補の意思を表明したのなら、政党、労組や同僚議員へのはたらきかけなど、支持基盤の拡大のためにもっと努めるべきではなかったか、と思った。

告示日が近づくにつれ、苛立ちややりきれなさを覚え、棄権するか白票を投じようかとも考えた。そういう気持ちが変わったのは、大城氏を支持する女性たちが開いた、大城氏の講演と琉球民謡歌手の大城美佐子氏のコンサートを組み合わせた集会に参加してからだった。

会場の港区公民館に詰めかけた一五〇名ほどの人たちは、お年寄りの姿が目立った。集会の様子から、辺野古の「命を守る会」で座り込みをつづけてきたお年寄りたちが、大城氏を支持していることを知った。これまで一緒に基地建設反対の運動をたたかってきた大城氏を信頼し、熱心に応援しているお年寄りたちの姿を見て、考えさせられた。

政治家や労組幹部、市民運動家、学者、文化人、女性写真家など、いろいろな人たちがことあることに「辺野古のおじー、おばー」と持ち上げ、「おじー、おばー」と一緒に自分たちもたたかっているかのように打ち出していたのに、いざ選挙となると手のひらを返したような対応をしていた。しかし、そういう人たちと違い、辺野古のお年寄りたちには党利党略も利害打算もなかった。これまで自分たちを応援し、一緒にたたかってきた人を、今度は自分たちが応援する。それを当たり前のこととして行なっていた。

そのことに心を動かされたこともあり、一週間ほどだが大城氏の後援会事務所に行き、チラシ配布やポスター貼りなどの手伝いをさせてもらった。そこにあったのは、辺野古のお年寄りたちや座り込み、海上阻止行動に参加した人たち、大城氏の高校の同期生や生活相談で世話になった人など、一貫して基地に反対してきた大城氏を支持する市民たち手作りの運動だった。

投票日の前日と前々日、名護市では一番交通量の多い国道五八号線の沿道で、辺野古のお年寄りたちを中心としたＰＲ活動が取り組まれた。我喜屋氏の運動を行ないながら「辺野古のおじー、おばーのために」と演説している人がいることに憤り、自分たちが大城氏を支持していることをもっとＰＲしようと、街頭に積極的に出て行なった取り組みだった。お昼時間と夕方の一時間ずつ、応援にきた人たちがマイクを手に訴え、ミニコンサートも持たれた。

二日目は雨になった。雨合羽を着け、沿道に並べられたイスから身を乗り出して手を振っていたお年寄りたちの姿を、今あらためて思い出しながら、選挙の結果は厳しいものであったが、大城氏が立候補してよかったと思う。最後まで意志を貫いたことに敬意を表したい。

革新の顔役たちや「中立」という立場から「統一」を呼びかける者たちの圧力に屈して大城氏が途中で降りていたら、辺野古のお年寄りたちはどれだけ心に痛手を受けたことだろう。市民投票以来これまで、一貫して基地建設に反対してきた候補者は一人もいなくなり、基地建設を推進してきた保守系候補者二人のうちから誰を選ぶかという選択肢しか、名護市民にはなくなってしまうところだった。そうなれば名護の市民運動はもう、名護市民投票の意義を強調することも、比嘉元市長の裏切りを糾弾することも、岸本前市長の辺野古案受け入れを批判することもできなくなっていたはずだ。

大城氏の得票は四三五四票だった。最下位で落選はしたが、大城氏の置かれた状況を考えれば、全有権者の一〇%にあたるこの票数はけっして少なくない。「死に票になる」と言われながらあえて大城氏に票を投じた人の中には、名護市民投票以来八年余の思いを込めた人も多かっただろう。

名護市内をチラシ配りやポスター貼りで歩き回りながら、私の心に何度も浮かんだのは、リコール運動が挫折して市民運動が停滞していたときの様子だった。そういうときにも、運動の火を消すまいと地道に取り組んでいる人たちがいた。そういう人たちの努力によって運動の火が今につながれてきたからこそ、辺野古での座り込み行動やボーリング調査の海上阻止行動も実現できたはずだ。

党利党略にふり回され、名護市民投票以来の運動の積み重ねの上に候補者を統一し得なかったこと。革新側の真の敗因はそこにある。

（「世界」七五一号、二〇〇六年四月号）

誰のための「負担軽減」か

一位沖縄県七四・六七％、二位青森県七・五七％、三位神奈川県六・〇一％、四位東京都四・二三％、五位山口県一・八四％、六位長崎県一・四六％、七位北海道一・三七％、八位広島県一・一三％……。この数字が何を示しているかお分かりだろうか。二〇〇四年三月三一日時点で、各都道府県に所在する在日米軍専用施設の面積を割合として示した数字である（引用は久江雅彦『米軍再編』講談社現代新書より）。一位の沖縄県と二位の青森県との間の数字の落差。それを見て読者はどう感じるだろうか。

国土面積の〇・六％しかない沖縄県に米軍専用施設の七五％が集中している、とよく言われる。残りの二五％が右の都道府県の他に千葉県、埼玉県、静岡県、福岡県、佐賀県に置かれている。しかし、その負担率は二位の青森県でさえ沖縄県の約十分の一なのだ。では、熊本県に住んでいるあなたの家のそばに米軍基地はあるか。無いだろう。では、なぜ無いのか。そのことをあなたは考えたことがあるだろうか。

沖縄県に住む者、といっても宮古島や石垣島など離島には米軍基地がない島もあるので、沖縄島に限っていうが、そこに生まれて生活している者は、すぐそばに米軍基地があることを当たり前のこととして日々の生活を送っている人が多い。それと対照的に熊本県に住む人たちは、家のそばに米軍基地がないことを当たり前のこととして、何の疑問も抱かずに生活しているのだろう。

だが、それは当たり前のことなのか。そんなはずはない。ある地域に米軍基地が集中し、ある地域にはまったく無いというのは、偶然でも自然がなせる業でもない。それは戦後六〇年余の間、米国政府と日本政府、そして日本人の多数がとった政治的選択の結果なのだ。

日本の安全を守るために日米安保体制は必要だし、米軍に駐留してもらわないと困る。しかし、米軍の演習による事故や米兵がおかす事件には巻き込まれたくない。だから、遠く離れた沖縄に米軍基地を集中させ、大多数の日本人＝ヤマトゥンチューは日米安保体制の負担を免れる。そういう政治的意思によって作り出されてきた日本と沖縄の関係なのだ。ひと頃「安保ただ乗り」という言葉が使われたが、「ただ乗り」していたのは日本人ではあっても沖縄人ではない。

そういうことに多少なりとも疚《やま》しさを感じる日本人たちは、いくつも言い訳を考え出してきた。沖縄の人たちの苦しみは分かるが、日本全体の安全のためには仕方がない。基地で働いている人もいるんだから、基地が無くなったら困る人もいるんでしょう。基地のおかげで振興策や補助金も多いみたいだし……。

しかし、そういう疚しささえ最近は消えているようだ。沖縄の基地問題に関心さえ持たないヤマトゥンチューが増えている。沖縄の自然や芸能・音楽を楽しみ、ゴーヤーや島らっきょうを食べ、サンシンを弾いて沖縄を楽しみ、消費する。そういう人たちにとっては、米軍基地と町の中を歩く米兵も、アメリカ的な「異国情緒」を作り出す風景となる。

そうやってブームとなった沖縄は「癒しの島」と呼ばれる。だが、癒されているのはヤマトゥンチューであって、ウチナンチューではない。普天間基地や嘉手納基地の周辺住民は、連日米軍機の爆音に苦しめられ、墜落の不安に脅かされている。金武町や恩納村のキャンプ・ハンセン基地の周辺では、実弾射撃演習の流弾の恐怖にさらされてきた。米兵による暴行事件など、米軍犯罪や事故によって深い傷を抱えて生きている人は数知れない。

今、在日米軍の再編をめぐる報道が連日なされる中で、「沖縄の負担軽減」ということがしきりに言われている。だが、沖縄のために「負担」を分かち合おうという都道府県や市町村は全国どこにもない。

もう一度、冒頭の数字を見てほしい。その数字を見て、あなたは何を考えるのか。

（「熊本日々新聞」二〇〇六年四月九日）

日米一体の軍事基地化

普天間移設・米軍再編、沖縄の現実

四月七日、島袋吉和名護市長が額賀福志郎防衛庁長官の示した辺野古沿岸域への基地建設案を受け入れた。滑走路を二本にしてV字型にするという案に、稲嶺恵一沖縄県知事がテレビのインタビューで「想像外…」と絶句している様子が印象的だった。島袋市長がその日のうちにも政府と妥協するというのは予想できた。しかし、滑走路が二本になると想像し得た人がどれだけいたか。

まやかしの修正

滑走路を一本から二本にするという大幅な設計の変更を、交渉過程で短期間になし得るわけがない。自然条件や工法の調査、米国政府との事前調整も裏ではなされていたはずだ。米軍にとって最高の建設案を最後まで隠し、あたかも地元の要望に応えて騒音対策のために滑走路を二本にしたかのように政府・防衛庁は言っている。まやかしも大概にした方がいい。日によっても、季節によっても風向きは変わる。二本の滑走路を離陸専用と着陸専用に分けるというのは子どもだましだ。

いざ基地ができてしまえば、回転翼のヘリコプターに加えて、最新鋭機のMV—22オスプレイや輸送機、戦闘機など多様な機種の訓練が、二本の滑走路を使って自由に行なわれるだろう。二〇メートル以上の水深がある大浦湾の埋め立て地には、原子力空母が接岸可能な港湾施設も建設できる。すぐそばには辺野古弾薬庫やキャンプ・シュワブの射撃演習場もある。在日米軍再編協議の中で、日米両政府は沖縄島北部への米軍基地集約や、自衛隊との基地の共同使用も打ち出している。いずれ、沖縄島北部東海岸は、日米両軍の総合的な軍事基地地帯となる。

米軍再編を進めるために、政府はしきりに「沖縄の負担軽減」を強調する。だが、辺野古に建設される基地の現実を見れば、「沖縄の負担軽減」などまやかしに過ぎないことが分かる。嘉手納基地より南の基地を返還するというのは、遊休化し、老朽化して以前から返還が予定されていた基地を整理・統合し、最新鋭の機能を備えた基地に造り替えるということなのである。普天間基地の辺野古への「移設」もその一環としてなされている。

海兵隊司令部のグアム移転も、八千人の兵員が移動すると強調されるが、実戦部隊が残ることによって沖縄県内での演習は減らない。そもそも司令部移転は、中国の中距離ミサイルの射程内にある沖縄から射程外のグアムに出るのが本来の目的と指摘する軍事専門家もいる。

増員進む自衛隊

嘉手納基地に配備されているF15の演習が福岡県や北海道の自衛隊基地に分散されるというのも、「沖縄の負担軽減」にはならない。現在、沖縄の那覇空港は民間と航空自衛隊が共用しているが、離発着数が多くて双方の不満が募っている。そのために、自衛隊の部隊を嘉手納基地に移す案が検討されている。政府・防衛庁は自衛隊那覇基地のF４戦闘機をF15戦闘機に変更する予定であり、米軍の演習が減った分、今度は自衛隊の演習が行なわれるだけのことだ。

さらに、自衛隊の戦力配置の「北方重視」から「南西方面重視」への転換によって、沖縄の自衛隊は混成団から旅団に格上げされ、増員が進む。在日米軍再編が狙うのは、米軍と自衛隊が一体となり、対中国、対テロ戦争に対応することだ。沖縄はその最前線に位置付けられている。宮古の下地島空港の軍事化や新石垣空港の軍事利用も進められるだろう。台湾海峡や尖閣諸島に近い与那国島、西表島周辺では、海上自衛隊の訓練がすでに活発に行なわれている。

これが沖縄の現実なのだ。「沖縄の負担軽減」など、海兵隊司令部のグアム移転費用を日本が支払うための口実として利用されているだけだ。そもそも、「沖縄の負担軽減」のために、みずから「負担」を引き受けようという自治体が全国の何処《どこ》にあるか。自分たちを踏みつける足は刺せ。沖縄人はそういう気持ちで、みずからの力でたたかうしかない。

（「北海道新聞」二〇〇六年四月一四日）

犠牲求める国家は滅びよ　苦しむ基地・沖縄

在日米軍再編をめぐる日米間の協議が大詰めを迎え、一月の市長選挙以来しばらく静かだった名護市も、再び緊迫した雰囲気につつまれている。就任したばかりの島袋吉和市長は、三月下旬から東京で額賀福志郎防衛庁長官と繰り返し会い、辺野古への基地建設について協議を行なってきた。そして、四月七日にみずからの選挙公約を破って沿岸案の受け入れを表明した。これから、名護市だけでなく沖縄全体で激しい反対運動が起こるだろう。

すでに三月下旬から、市民団体や労働団体による集会や名護市長への要請行動、市役所中庭での座り込みなどが連日のように行なわれている。名護市内だけではない。隣接する宜野座村でも、四月四日に沿岸案に反対する村民大会が開かれ、子どもから老人まで一〇〇〇人が集まった。私も集会や座り込み、名護市当局への要請行動にできるだけ参加しているのだが、その中で辺野古で基地建設反対に取り組んできたお年寄りのひとりが、市の職員に訴える言葉を聞いた。

辺野古でひとり住まいをしているそのおばあさんは、月三万五〇〇〇円の年金で暮らしている。それだけでは生活が苦しいので、アルミ缶を拾い集めてわずかばかりの金を得ている。しかし、基地反対派と見られてから、それまでゴミに出すアルミ缶をもらっていた家から拒否されるようになった。ゲートボールに行っても仲間はずれにされ、毎日つらい思いをしているという。

それでも、そのおばあさんが基地に反対しているのは、沖縄戦で肉親を失う体験をし、二度と戦争を起こさせてはいけない、という思いからだという。そういう七〇代、八〇代のお年寄りたちが、孫と遊んだり、のんびりと趣味を楽しむ時間を犠牲にして、辺野古の海岸で座り込みを続けてきた。昨年、政府が進めるボーリング調査が反対派の海上行動によって阻止され、辺野古沖への建設計画が頓挫させられたのも、お年寄りたちの粘り強い座り込みがあってこその結果だった。

＊

だが、やっと海上基地建設を断念に追い込んだと思ったのも束の間、今度は沿岸案と姿を変えて、再び辺野古への基地建設が進められようとしている。思えば、名護市民投票によって海上基地建設反対の市民意思が示されたのは、一九九七年の一二月のことだった。比嘉鉄也元市長によってその意思が踏みにじられ、以来八年にわたって名護市は、辺野古への基地建設問題に振りまわされてきた。

この間に、建設反対を訴え続けながら亡くなったお年寄りも多い。比嘉元市長のあとを受けて市長となり、辺野古沖への建設受け入れを決めた岸本建男前市長も三月下旬に死去した。基地建設をめぐる賛成派と反対派の対立は、地域を分裂させ、親戚や家族の中にも確執を生み出し、今でも深い傷としこりを残している。そういう苦しみが、これから先もまた続こうとしている。

辺野古だけではない。戦後六〇年余の沖縄の歴史は、まさに基地問題に振りまわされてきた歴史だった。基地問題とは、土地を奪われたり、米軍の起こす事件や事故の被害にあうことだけを言うのではない。それは多くの人の人生を狂わせ、産業や文化など社会全般に害を与えてきた。沖縄の人たちが基地問題に費やす時間をもっと生産的な仕事にあてることができたなら、沖縄の各分野でどれだけの成果が生み出されていたことか。

＊

沖縄がなぜ基地問題に苦しまねばならないのか。それは沖縄に基地を集中させることを日本人の多数が望んでいるからだ。今、嘉手納基地のF15戦闘機の訓練や普天間基地の空中給油機の受け入れをめぐって、受け入れ先にあたっている自治体で反対の声があがっている。それらの地域で米軍の演習や基地の負担が増えるのは事実だ。だが、そうやって増える負担は、沖縄が現に負っている負担からすれば微々たるものだ。それでも、「沖縄にいらないものは、ここにもいらない」という言葉が、平和運動に取り組んでいる人々からさえ簡単に言われる。実際には、自分たちの所にいらないものを沖縄に押しつけてきた、という歴史と事実を自覚もせずに口にされるその言葉を聞くとき、私の中に生まれる感情は怒りというより憎しみに近い。

今回の名護市長の沿岸案受け入れにしても、ヤマトゥに住む日本人の多くは内心ほっとしているのではないか。そして基地建設反対を訴える沖縄人にこう言い返す日本人がきっと出てくるだろう。

「だって、沖縄の人自身が建設を望んだんでしょう」

本当にそうか。マスコミの世論調査では沖縄県民の九割が、日米両政府が「合意」した沿岸案に反対している。それでも政府が工事を強行すれば、いずれ後悔するのは政府の方だ。日本の平和と安全のために沖縄の犠牲が必要と言うのなら、そういう日本という国家は早く滅びた方がいい。

（「西日本新聞」二〇〇六年四月一六日）

公約違反より重い罪

北部を軍事要塞にするな

四月八日、前の日にキャンプ・シュワブ沿岸への新基地建設受け入れを表明した島袋吉和名護市長の記者会見が、名護市内のホテルで行なわれた。ホテル周辺やロビー内には私服刑事や政府、名護市の職員、企業動員された男たちが百人ほども警戒にあたっていて、島袋市長と日本政府との「合意」が、誰のためになされたのかをよく示していた。

翌週の一週間、島袋市長は市役所に登庁しなかった。市長就任から二カ月もしないで選挙公約を破り捨てたことが恥ずかしくて、市民に見せる顔がなかったのだろう。それにしても、滑走路を二本にしてV字形にするという、これまで出されてきた計画の中でも最悪の案を、示されてたった一日、たった一回の議論で、よく受け入れることができたものだ。

ごく単純に考えても、航空機の事故や故障、敵の攻撃などで滑走路が使用不能になったとき、予備の滑走路があるのとないのとでは大きな違いがある。有事＝戦争のときには、二本の滑走路を同時使用して、戦闘機や輸送機を次々と離着陸させることも可能だ。

軍事評論家の神浦元彰氏は自身のホームページで、滑走路の角度が逆時計回りに変更されることで、基地としての軍事価値がより高まると指摘していた。角度変更によって滑走路の延長線上にリゾート施設のゴルフ場が位置することになる。有事＝戦争の際、滑走路沿いに攻撃してくる敵の戦闘機を迎え撃つうえで、滑走路の延長線上にあるゴルフ場は対空部隊を移駐する最適の場所になるという。

滑走路が二本になることにより、軍事価値はさらに高まっただろう。大浦湾の埋め立て面積も拡大し、軍港建設もやりやすくなった。隣接する辺野古弾薬庫や射撃演習場に加え、航空機の機体洗浄に必要な水もすぐ近くに辺野古ダムがある。

まさに米軍にとっては至れり尽くせりだ。島袋市長や末松文信助役は、受け入れたのは政府が最初に示した沿岸案ではないから公約違反ではない、と言い訳している。しかし建設位置は「沿岸」以外のどこでもない。島袋市長が受け入れたのは、当初案より面積も機能もより大規模になった「拡大沿岸案」としか言いようのないものだ。当然、基地が拡大する分、住民の生活への影響や自然破壊も拡大する。単なる公約違反より、さらに罪は重い。

また、島袋市長や末松助役は、飛行ルートが陸上にかからないという約束を政府が行なったと、あたかもそれで騒音が防げて、安全性が確保されるかのように述べている。しかし、それなら騒音被害を避けるために沖合三キロだの、二キロだのに造る、と言ってきた今までの議論はなんだったのか。岸から十メートル離れたところを低空で米軍ヘリが飛んでも、いちおう海の上だろう。過去の建設案よりも集落に近い沿岸案を受け入れたことをごまかすために、いくら陸上は飛ばないと強調しても、誰が信じるだろうか。

普天間基地の現状は言うに及ばず、今だって名護市の上空を米軍ヘリは飛んでいる。人口密集地である宜野湾市から辺野古に「移設」され、しかも滑走路が二本に増えれば、現在以上に演習回数が増え、騒音や事故の危険性も増えると考えるのが普通だろう。

さらに問題は騒音や事故の危険性だけではない。在日米軍再編の中で進められようとしている辺野古への新基地建設は、北部地域への基地集約と自衛隊と米軍の基地共用化が一体になっている。那覇軍港やキャンプ・キンザー、キャンプ桑江、普天間基地などが撤去され、そこが商業地や住宅地として再開発される一方で、北部地域に基地が集中化すればどうなるか。

経済的にも社会的にも、基地依存からの脱却が進む地域と依存がさらに増す地域が生まれ、これまで沖縄が抱えてきた矛盾が嘉手納基地以北、とりわけ北部東海岸に集約されていくだろう。どんなに振興策がばらまかれようと、それは長期的には北部の各種産業を衰退させ、中南部への人口流出を加速させるはずだ。何よりも、ヤンバルの大きな財産である自然環境を破壊することは、北部地域にとって自滅行為だ。

自衛隊と米軍の基地共用化も進んでいる。守屋武昌防衛事務次官は二月一六日の定例会見で、嘉手納基地を自衛隊も共同使用する方向で検討していることを明言した。航空自衛隊那覇基地のＦ４戦闘機からＦ15戦闘機への更新も二〇〇八年度から実施される。それにあわせて自衛隊那覇基地の嘉手納基地への「移設・統合」が具体化されるだろう。すでに陸上自衛隊のライフル射撃場が、嘉手納弾薬庫地区内に建設されることが明らかにされ、キャンプ・ハンセンでは陸自の訓練も行なわれようとしている。こういう流れを見るなら、辺野古沿岸に新基地が建設されれば、米軍と自衛隊の共同の拠点となる可能性もある。

選挙公約や村民大会の決議を簡単に破り、市町村民の多数意思をふみにじるような首長の「合意」に正当性はない。北部地域を日米の軍事要塞にしてはならない。

(「沖縄タイムス」二〇〇六年五月一日)

「負担軽減」利用した米軍再編

五月一日に日米安保協議委員会（2プラス2）で在日米軍再編の最終報告が決定された。報告の「共同発表」では、日米による「より広い中東」地域への関与が、アジア太平洋地域よりも先に記されているのが目を引く。

「（日米の）閣僚は、イラクおよびアフガニスタンを再建し、これらの国々において民主主義を強化するとともに、より広い中東における改革の努力を支援するための、日米の努力の重要性を留意した」と記す。

日米安保条約は第六条で「極東」の「平和と安全」のために米軍に基地を提供するとうたっている。しかし、沖縄の基地から米兵がイラクに派兵され、「極東条項」は骨抜きにされてきた。今回の米軍再編により「極東」どころか、アジア太平洋から中東にいたる広大な地域で、米軍と自衛隊が一体となって活動する態勢が作られようとしている。自衛隊の本来の目的は専守防衛にあったはずだ。それが今や戦地イラクにまで派兵されている。宿営地に引きこもり、イギリス軍やオランダ軍に守ってもらうことで、これまでのところ自衛隊員に死傷者は出ていない。だが、今後米政府の要求はさらにエスカレートしていくだろう。そうなればどうなるか。

憲法九条を改定し、自衛隊を「自衛軍」にした上で集団的自衛権を確立する。日米両政府が望んでいるようにことが進めば、「自衛軍」が米軍と「より広い中東」地域で戦闘を行なうことも可能となる。今回の「再編」で神奈川県のキャンプ座間の米陸軍司令部が改編され、同時に自衛隊の中央即応集団司令部が移転する。「より広い中東」地域への対応を想定した具体的動きの一つだ。

それにしても、「イラクおよびアフガニスタンを再建し」などとよく書けたものだ。イラクやアフガニスタンを破壊したのは誰だったのか。イラク攻撃の理由としてブッシュ政権がかかげた大量破壊兵器は存在しなかったし、その狙いが石油資源の確保と中東における影響力の拡大にあったことは、もはや明らかだろう。そのために多くの市民が米軍の攻撃で殺され、民主化をもたらすどころか今もイラクでは混乱が続いている。アフガニスタンも同じだ。タリバン政権が9・11の自爆攻撃を行なったわけでもないのに「報復戦争」が強行された。

これらの戦争に日本政府はいち早く支持を表明し、協力してきた。その政府を選んだ有権者として、イラクやアフガニスタンで米軍に殺された市民の犠牲に、私たちも責任があるはずだ。そして、今回の米軍再編によって、アメリカが行なう戦争に私たちはより深く関与することになるのを自覚する必要がある。

そういう米軍再編を進めるための手段として「沖縄の負担軽減」が利用されているのを見ると、怒りを禁じ得ない。海兵隊員八千人をグアムに移転し、嘉手納基地より南の基地を返還する。そのことをもって「沖縄の負担軽減」が進むと日米両政府は強調する。しかし、移転するのは司令部要員であり、戦闘部隊が残るので県内での演習や事件・事故は減らない。嘉手納より南の基地が返還されても、それは沖縄全体の基地の五％にすぎず、老朽化し遊休化した基地を整理して、北部地域に集約するのが目的だ。しかも返還はキャンプ・シュワブ沿岸への基地建設とパッケージになっている。新基地建設を受け入れなければ返還もない、というのは沖縄県民への脅しに等しい。

また、「抑止力の維持」がうたわれて自衛隊の強化が進められ、米軍基地を自衛隊も共同使用して演習を行なおうとしている。対中国との関係でも、沖縄の軍事的位置づけは、より大きくなろうとしているのが現実だ。

辺野古への新基地建設に向け、日本政府は稲嶺県知事を屈服させた。だが、沖縄県民を屈服させきれると思ったら間違いだ。「沖縄の負担軽減」をダシに使って進められようとしている米軍再編に強く反対したい。

（「熊本日日新聞」二〇〇六年五月一四日）

県教育庁に構造的問題

教員採用試験の在り方

今、県内の各学校では多くの補充教員たちが働いている。彼らは正職員と同じように授業やクラス担任などの仕事をこなしながら、教員採用試験に向けての勉強に取り組んでいる。産休や病休、研修などで長期の休みを取る職員に代わる彼らの存在なくして、現場は成り立たない。

多忙化が進む学校で毎日遅くまで残業をし、採用試験の勉強時間を確保できなくて悩んでいる補充教員も多い。そういう中で、いきなり三線や空手、琉舞を採用試験の実技科目として打ち出されて、いつそれらを習う時間を持てというのか。無理をして時間を作ったとして、初心者がわずか二、三カ月で何を身につけられるだろうか。不安や憤りにかられた人も多かっただろう。

県教育庁の職員にしても、かつては学校現場にいたはずだ。なのに試験を受ける側のことをまったく考えきれないのはなぜなのか。そこには今の県教育庁の構造的問題があるように思える。

上意下達で現場に命令することを当然と思い、現場からの声には耳を傾けない。職員会議や研修で教師が意見を言うことを許さず、物言う教師には圧力を加えて黙らせる。この数年、県教育庁の強権的な姿勢が強まり、沖縄の教育現場から民主主義が消え、息苦しさが広がっている。

今回の採用試験の問題にしても、県教育庁が決めたことには従うのが当然、という今や日常化した傲慢な姿勢がもたらしたものに思えてならない。学校現場や大学などの意見に耳を傾け、採用試験を受ける人たちの状況を事前に調査して参考にする姿勢があったなら、公表して一週間足らずで取り下げるという醜態をさらすことはなかっただろう。

それにしても、試験科目にすれば沖縄の伝統芸能に関心を持つだろう（持たざるを得ない）というのは、なんと安易な発想だろうか。現在の学校現場で教師に必要なものはなんなのか。まずは生徒や保護者、現場の教師の意見に耳を傾けることから県教育庁は始めるべきだ。そうでなければ過ちは繰り返されるし、そのしわ寄せは採用試験の受験者だけでなく、最終的に生徒に行くことになる。

（「沖縄タイムス」二〇〇六年五月一六日）

政府と県――「対立」を装った猿芝居

五月二四日、市民団体ティダの会が、「普天間飛行場代替施設建設に係る公開質問状」を名護市に出した。その話し合いの場に参加し、応対した名護市の末松文信助役に対して、四月七日に名護市と政府・防衛庁の間で交わされた基本合意書の5について質問をした。

5では次のように記されている。「政府は、米軍再編の日米合意を実施するための閣議決定を行う際には、平成一一年一二月二八日の『普天間飛行場の移設に係る政府方針』（閣議決定）を踏まえ、沖縄県・名護市及び関係地方公共団体と事前にその内容について、協議することに合意する」

閣議決定が迫っているなかで、名護市は政府と「事前にその内容について」協議を行なっているのか？　という質問に、末松助役の答えは「協議はしていない」というものだった。その答えを聞いて呆れてしまった。

島袋吉和名護市長が政府・防衛庁と交わした基本合意書に関しては、「沿岸案反対」という選挙公約を破ったものとして直後から批判が相次いだ。県内マスメディアの世論調査でも七割以上の県民が反対し、とりわけ名護市では八六％が容認できないとしている。

それに対して名護市当局は、市民に対する説明会も行なわなければ、自らが交わした基本合意書に記されている、閣議決定前の「協議」さえ行なっていないのである。なんの戦略もないまま政府の出した基本合意案を受け入れ、「地元は合意した」と全国に宣伝されたあげく、十分な「協議」も行なわずに政府の思うがままの閣議決定を許した島袋市長の責任は重い。

このような市当局に対して、本来なら名護市議会は基本合意後すぐに臨時議会を開いて、島袋市長を追及すべきだった。しかしこの二カ月、臨時議会を開こうという動きすら見えなかった。先の名護市長選挙で、島袋市長の対立候補の一人だった我喜屋宗弘氏を推した市会議員は二人いた。議員定数の四分の一の請求があれば、地方公共団体の長は臨時議会を招集しなければならない。定数三〇人の名護市議会なら、八人の議員の請求で足りる。野党会派がその気になれば、五月三〇日の閣議決定前に臨時議会で市長を追及できた。名護市議会もまた、自らの職務を怠っている。

そもそも、市長選挙後の名護市定例議会で、末松助役の再任が全会一致で決まったことからして疑問だった。岸本建男前市長の時代から助役を務めてきた末松氏は、辺野古への基地建設をめぐるこの間の政府との交渉について島袋新市長より熟知している。実際、三月下旬から東京で繰り返された名護市と政府・防衛庁との交渉でも、ずっと島袋市長に同行していた。野党会派が本気で「沿岸案」に反対する気があったなら、助役人事が全会一致であっさり決まることなどなかっただろう。

結局は、与野党を問わず議会は市当局に対するチェック機能を果たすことなく、馴れ合っているのではないか。市長も議員も市民の代表であり、自らの政策や市政にかかわる判断、行動について市民に説明する責任を負っている。住民説明会の要求を無視して引きこもっている島袋市長も、臨時議会を開いて市民に傍聴の機会を与えなかった議員たちも、その責任を果たしていない。

一方で稲嶺恵一知事は、五月一一日に日本政府と「在沖米軍再編に係る基本確認書」を交わした。それまでの、海上案以外なら県外移設という主張を投げ捨て、「五月一日に日米安全保障協議委員会において承認された政府案を基本として」「対応することに合意する」としながら、V字形滑走路は認めないだの、キャンプ・シュワブの陸上部に暫定へリパットを建設する、などと言っている。

稲嶺知事はいいかげん、県民を欺くのはやめるべきだ。日米間の最終合意が交わされるのを待ち、今ごろになって暫定へリパットを主張したところで、政府・防衛庁に拒否され、残された任期内でめどをつけることさえできないのは、知事自身がよく知っているはずだ。

政府の方針を全面的に受け入れれば県民の反発を招き、一一月の知事選挙に影響する。だから表向きは政府の方針に反対しているかのようなポーズをとるが、実際に政策に影響を与えるような積極的な行動はとらない。そういう稲嶺知事の曖昧戦術に勝手に幻想を抱き、反対運動の一部にも稲嶺知事を尻押ししようという動きが見られた。だが、もう幻想は捨てるべきだろう。

「米軍再編に関する閣議決定」でV字形滑走路や建設位置が明記されなかったのも、県当局に対する配慮というより、一一月の県知事選挙への配慮だろう。暫定へリパットを求める稲嶺知事と日本政府との対立という猿芝居が、一一月まで演じられるかもしれない。だが、その裏で日米間の最終合意で交わされた滑走路二本案の着工に向けて準備は進んでいく。私たちはその猿芝居の観客であってはいけない。米軍再編に反対する私たちの行動が問われている。

（「沖縄タイムス」二〇〇六年六月五日）

ガマでのもう一つの悲劇

沖縄の各島々には、石灰岩が浸食されてできた洞窟や鍾乳洞がいたるところにある。沖縄の言葉で洞窟のことをガマという。六一年前のこの時期、沖縄各地のガマ、とりわけ島尻と呼ばれる沖縄島南部のガマでは、米軍の攻撃から逃れようと住民や日本兵がひしめいていた。そのガマの中でいくつもの惨劇が起こった。

米軍の捕虜になれば、女性は暴行され、男はなぶり殺しにされる。そのような恐怖心を日本軍や村のリーダーから植え込まれていた住民の中には、カミソリ、鎌、縄、日本軍から渡された手榴弾《しゅりゅう》などを使って「集団自決」した人々がいた。泣き声でガマに隠れているのが米軍に探知されるとまわりからにらまれ、みずからの手で赤ん坊を殺した母親もいれば、母親から赤ん坊を奪い取って殺した日本兵や住民もいた。そして、米軍が投げ込んだ爆弾やガス弾によって、日本兵だけでなく多くの住民がガマの中で殺されていった。

一方で、先にガマに逃げ込んでいた住民が日本軍によって追い出され、食料を強奪されたあげくに米軍の砲火にさらされることが相次いだ。そうやって犠牲になった住民たちの姿が、沖縄戦の証言集を読むと次から次に出てくる。軍隊はけっして住民を守らない。沖縄戦の教訓としてそう語られるのは、日本軍による住民虐殺や壕追い出しによる犠牲、「集団自決」の強制などで肉親を失った住民がかなりの数にのぼり、その人たちが身をもって知った教訓を伝えてきたからだ。

そのような歴史を持つガマは、沖縄戦を考える際に重要な場所となっている。修学旅行の平和学習で、ガマの中に入って明かりを消し、当時の人々が味わった恐怖や苦しみを追体験する試みが行なわれるようになって久しい。漆黒の闇と冷気の中で、聞こえてくるのは水滴の落ちる音だけだ。六一年前にそこで何があったのかを考える戦争遺跡として、今あらためてガマが見直されている。

沖縄のガマには戦争とは別に、もう一つの忘れてはならない歴史がある。

子どもの頃に祖父母から、海岸や河口付近にあるガマには入ってはいけないと言われた。祖父母はそういうガマをナンブチガマと呼んでいた。ナンブチとは、私の生まれ育った地域の言葉でハンセン病のことである。かつて家から出されて集落を追われたハンセン病患者たちは、海岸や河口部の湿地帯など、人の住まない場所のガマで生活することを強いられた。そういうガマには今でもハンセン病の菌が残っているかもしれないから、けっして入ってはいけない。祖父母は私にそう教えていた。一九六〇年代のことだ。

ハンセン病の菌はきわめて弱い菌であり、そのような形で感染することはあり得ない。しかし、誤った認識とそれによる偏見・差別は、今でも克服されたとは言えない。道路ができて宅地開発が進み、ガマの周辺の風景は大きく変わっているが、その前を通るとき、時おり祖父母の言葉を思い出す。そして、かつての風景を思い浮かべながら、病におかされた体でガマで暮らした人々が置かれた状況の過酷さを考える。どれだけのうめき声と絶望の言葉が、ガマの湿った暗闇に響いたことだろうか。

六月三日、沖縄県名護市の屋我地島にある国立ハンセン病療養所・愛楽園で、「らい予防法」廃止一〇周年・熊本判決五周年を記念する集会が開かれた。その集会に参加し、講演会や来賓のあいさつを聞いたあと、三月末に刊行されたばかりの『沖縄県ハンセン病証言集資料編』を購入した。沖縄県におけるハンセン病に関する法令や議会議事録、隔離政策などの記録を集めた貴重な資料集である。八〇〇ページ余の大部だが、時間をかけてきちんと読みたいと思う。

自分の内なる差別と偏見を克服するためには、何があったのかを知ることが、まずは大切なのだから。

（「熊本日日新聞」二〇〇六年六月一一日）

膝を屈する報道機関

負の歴史隠す勢力増長

去る五月二六日にNHKが発表した人事異動で、見過ごすことのできない「報復人事」が行なわれた。二〇〇一年一月三〇日にNHK教育番組で、シリーズ「戦争をどう裁くか」の第二夜「問われる戦時性暴力」が放送された。この番組に対して放送前に政治家の圧力があったことを、同番組の制作にたずさわっていた長井暁氏（番組制作局教育番組センターチーフ・プロデューサー）が内部告発した。

昨年（二〇〇五年）の一月一三日に行なわれた記者会見で長井氏は、自民党の安倍晋三議員と中川昭一議員にNHK幹部が呼び出され、両議員の圧力によって急遽、元慰安婦の証言や慰安所の体験を語った元日本軍兵士の証言などがカットされ、通常四四分の番組が四〇分で放送されるという異例の形になったことなどを明らかにした。

その長井氏が今回のNHK人事で番組制作現場をはずされ、放送文化研究所（メディア研究）主任研究員に移された。また、番組内容の改変をめぐって市民団体とNHKが争っている裁判で「NHK幹部らが口裏合わせをした」と証言した永田浩三氏（衛星放送局統括担当部長）も、同じく制作現場からはずされた（詳しくは、放送の公共性の〈いま〉を考える全国連絡協議会のホームページhttp://www.hokokyu.org/を参照してほしい）。

また、昨年の一月一二日に同番組への政治圧力問題を大々的に報じた朝日新聞でも、記事を書いた記者に対して同様の人事が行なわれている。〈安倍、中川両氏がＮＨＫの番組に介入した事実をスクープした社会部の本田雅和記者は、四月一日付の人事で会員制の読者サービス部門「アスパラクラブ」に異動している。彼と近しい記者たちも編集局を外れ、あるいは全国に散っていった〉（斎藤貴男『ルポ改憲潮流』岩波新書）。ＮＨＫにしても朝日新聞にしても、これを「報復人事」と認めることはあるまい。政治家におもねって自社のプロデューサーや記者にこのような仕打ちを行なう様は、「報復」と言うより政治家への「忠誠人事」と言った方がいいかもしれない。いずれにしろ、これが日本を「代表」する公共放送と「ジャーナリスト宣言」をした新聞社の現状というわけだ。

ポスト小泉の最有力と言われる安倍晋三議員は、陰でほくそ笑んでいることだろう。政治家に弓を引けばどうなるか、という見せしめができた。これで報道の現場にいる記者や番組制作者を萎縮させ、慰安婦問題を新たなタブーにすることができると考えているかもしれない。だが、次期総理とも目される政治家に報道機関が膝を屈する様は、何ともおぞましく恐ろしいことではないか。

自民党の議員集団に「日本の前途と歴史教育を考える若手議員の会」というのがある。同会は日本軍の慰安婦問題が歴史教科書に取り上げられ始めたことに危機感を抱き、その記述を教科書から削除させることを目的として運動を行なってきた。中川昭一議員は同会発足時の代表であり、安倍晋三議員は事務局長であった。両議員のＮＨＫの番組への圧力は、単なる個人的なものではなく、このような組織的な運動の中で行なわれたものであった。

同会はまた、二〇〇四年のセンター試験の「世界史」で、「日本統治下の朝鮮」であったこととして「強制連行」と答えさせる問題が出たことにクレームをつけ、大学入試センターに問題作成者の名前を公表せよと迫っている。「慰安婦」「強制連行」といった日本軍の負の歴史をメディアや教育の場でタブーにし、無かったことにしていく。それは「新しい歴史教科書をつくる会」が追求してきたことでもあった。実際、二つの会は連携しながらこれまで運動を取り組み、「つくる会」が発行する教科書の採択を「若手議員の会」は全面支援している。

そのような背景を見るとき、ＮＨＫと朝日新聞の人事が、単なる報道機関内部の問題ではないことが分かるはずだ。自民党の総裁選挙をめぐる報道で、靖国神社への参拝問題が取り上げられることはあっても、安倍議員によるＮＨＫの番組への圧力問題は、忘れ去られたように触れられることもない。どちらも日本の侵略戦争にかかわる歴史認識が問われているのに。報道機関が政治圧力におびえて、問題を避ければ避けるほど、政治家とその取り巻き運動組織は増長していくだろう。

日本軍の「負の歴史」を押し隠そうという圧力は、「慰安婦」や「強制連行」だけでなく、沖縄戦にも向けられている。昨年来、藤岡信勝拓殖大学教授が代表を務める「自由主義史観研究会」は、沖縄戦における「集団自決」をめぐって、日本軍による命令・強要はなかったというキャンペーンを行なっている。岩波書店と大江健三郎氏が訴えられている裁判を含め、その圧力がじわじわと広がり、強まっているいることを黙視していてはいけない。

（「沖縄タイムス」二〇〇六年七月三日）

植民地支配と差別意識

沖縄戦慰霊の日が翌日に迫った六月二二日、那覇市にある沖縄大学で「平和の礎《いしじ》再考」というシンポジウムが開かれた。戦争中沖縄に軍夫として強制連行された姜仁昌（カン・インチャン）氏が韓国から来沖し、自らの体験を語った。姜氏はすでに八五歳で、強制連行の実体験を直接聴ける数少ない機会だと思い、那覇まで車を飛ばした。

沖縄戦当時、一万人を超える朝鮮人が、日本軍兵士や軍夫、慰安婦として沖縄にいたといわれる。しかし、その正確な数や実態は、いまだに明らかにできていない。創氏改名によって日本名を名乗らされていたため、沖縄戦で犠牲になっても、「生死不明」として扱われている人も多い。

姜氏は一九四四年六月、慶尚北道栄陽（ヨンヤン）で農作業中に巡査に呼び出され、大邸へ連れて行かれて訓練を受けさせられたあと、船で沖縄に運ばれた。第三二軍特設水上一〇三中隊軍属として、船から弾薬、食糧などの荷物を陸揚げしたり、壕《ごう》掘りなどの作業をさせられたという。日本軍は月給百円を支給すると約束したがまったくもらえなかったこと、二〇〇名ほどの慰安婦がいたのを目撃したこと、飢えに耐えかねた仲間の軍夫が畑から稲を取り、ポケットに入れていたのを日本兵に見つかって、一二人が殺されたことなどを語った。

「夜七時半に十三人を銃殺するという。責任者二人と葬る人三人が決められた。葬る人の一人がわたしだった。十三人が処刑場所に行く途中、一人は縄がほどけて逃げたが、その場所でシャベルで穴を掘らされた。十二人は銃殺され、死体を埋めさせられた」(「琉球新報」六月二三日付朝刊より)。

話が終わって質疑応答が始まったとき、姜氏が聴衆に向かって「日本人は謝罪するつもりがあるのか」と強い口調で問いつめる場面があった。その怒りに接しながら考えさせられたことは多い。

この一〇年ほど、「従軍慰安婦」や「強制連行」「南京大虐殺」など、日本軍が行なった蛮行を否定する言説が強まっている。そういう言葉が当時使われていなかったからそういう事実も無かった、というような乱暴な議論や、補償金目当てだの、反日運動のために嘘の証言をやっている、だのといった悪罵《あくば》が平気で投げつけられるようになっている。

だが、皇軍=天皇の軍隊が、根深い差別意識を持って中国人や朝鮮人、その他のアジアの人々を見下し、虐待していたのは紛れもない事実だ。沖縄戦に関する記録や証言を読み、両親や祖父母をはじめ沖縄人の戦争体験者から話を聴けば聴くほど、沖縄人に対してさえこんな酷《ひど》い仕打ちをした日本軍が、中国人や朝鮮人に対してそれ以上の酷いことをしたのは間違いないだろう、と考えざるを得ない。

友軍と呼んで信頼していた日本兵に食糧を奪われ、スパイの疑いをかけられて虐殺された例は、私の生まれ育った村にも何件かある。それらを見るときに浮き彫りになるのは、たんに戦場の混乱の中で起こったのではなく、日本人の沖縄人に対する差別意識や不信感が前提としてあったことだ。帝国の領土としての沖縄を防衛するという意識はあっても、そこに住む住民を守ろうという意識が、日本軍にどれだけあったか。

また、日本軍の中には現地召集された沖縄人も数多くいた。二等国民と馬鹿にされないために、日本人以上に日本人であろうとし、その一方で三等国民としての朝鮮人や台湾人を馬鹿にする。そういう屈折した「沖縄人の日本兵」の心情を考えるには、それこそ明治の「琉球処分」にまでさかのぼって、琉球人がどのようにして帝国臣民になっていったかを押さえなければいけない。

「従軍慰安婦」「強制連行」の問題にしても同じだろう。日本近代の植民地支配の歴史とその中で作られた差別意識を見つめ、反省する努力がなければ事実も見えてこない。

（「熊本日日新聞」二〇〇六年七月九日）

たとえ一人になっても……

三月下旬から名護市役所の中庭で、ティダの会という市民団体が昼休み時間に座り込み行動を行なっていて、私も参加している。島袋吉和名護市長が東京で額智防衛庁長官と会談を重ね、辺野古への新基地建設を受け入れようとしていることに抗議して始まった行動である。許し難いことに島袋市長は四月七日、滑走路をV字型で二本にして辺野古沿岸に建設するという政府・防衛庁の案を受け入れた。そして、五月一一日には稲嶺恵一沖縄県知事も、政府・防衛庁の案に基本的に合意する姿勢を示した。

そうやって東京で次々と物事が決まっていく。その決定は沖縄に住む私たちの生活や生命に大きな影響を及ぼすものだ。人間だけではない。辺野古沿岸に基地が建設されれば、ジュゴンをはじめとした多様な生物の棲む場所が破壊される。普天間基地は宜野湾市の中心にあり、住宅地に囲まれて危険だから辺野古に移すと、政府・防衛庁の役人や政治家は簡単に言う。まるで辺野古やその周辺には、人もその他の生物も住（棲）んでいないかのようだ。

そうやって進んでいく現実を目にして、やりきれなさや怒りが込み上げる。怒りは放っておくと増殖する。それが暴走しないようになだめながら、今の社会状況で最も有効な反戦の訴えを探そうと努める。しかし、今の私にできるのは、昼休みの座り込みや名護市内の住宅へのビラ配布、それに反対集会や学習会に参加することくらいだ。そして新聞や雑誌の依頼があれば、できる限り沖縄の基地問題の現状を知らせて、基地強化に反対することを訴えることくらい。

それですぐに状況がよい方向に変わるわけではない。変わるという幻想を持つこともない。むしろ日本の社会状況は、私が望むのとは逆の方向に変わるばかりだ。それは今に始まったことではなく、私の学生時代からそうだった。これから先もっと悪くなっていくだろう。そう悲観的な認識しか今は持てない。

かつて戦争に向かっていく状況の中で、文学者たちは転向を重ねて、最後は積極的に戦争に協力する作品を書いていった。その「戦争責任」を問うことから戦後の文学活動は始まったのだが、そういう歴史も忘れられてしまったかのようだ。だが、かつての文学者たちのように、私自身も今試されているのだ。そう自覚している。今の時代状況とどう向かい合うか。時局の流れに押し流されず、主体的な個として、自分の意思を曲げることなく表現していけるか。そう試されているし、そのことに常に自覚的でありたいと思う。

そうやって試されているのは、文学者だけではないだろう。この社会に生きているすべての人がそうなのだ。天皇や軍の高級将校、政治家、官僚、マスコミ、教師、宗教家ら社会のリーダーといわれる人にのみ「戦争責任」があったのではない。監獄に入れられても反戦の意志を貫いたごく一部の人たちをのぞいて、大多数の大衆は積極的に戦争に協力していたのであり、だまされた、と言って被者面をして「戦争責任」を逃れられるものではなかった。同じことは今の私たちにも当てはまる。

音楽やダンスを使い、デモをパレードと呼んで面白く活気のあるものにする。時代に合わせて運動のスタイルを変えることも必要なのだろう。しかし、楽しく気楽に参加できる集会に集まって、そこから先にどれだけ進んでいけるか。たとえ一人になっても、戦争反対と言い続けられるか。まわりに合わせて自己規制せず、地味で小さな活動を日々積み重ねていけるか。「和を持って尊しとなす」日本社会で、主体的な個を確立するのは難しいことだが、それこそが反戦運動をやり続けるうえで、一番大切なことだと思う。

（「あけぼの」二〇〇六年七月号）

沖縄人として愛郷心は抱いても……

一九七二年の五月一五日に沖縄の施政権がアメリカから日本に返還された。そのとき私は小学校の六年生だった。朝から土砂降りの雨で、教室に入ると授業が始まる前に特設のホームルームがあった。

今日からみなさんは日本人になりました。

私の記憶に残っているその言葉が、クラス担任が発した言葉そのものかは、はっきりしない。ただ、それと同じ意味のことを言ったのは確かだ。私は小学生なりに、今日から日本人か、と意識した。もう三四年前のことだが、そのときの記憶は、今も私の心に残っていて影響を及ぼしている。

私は生まれたときから日本人であったのではない。一一歳の五月一五日に、日本人になったのだ。いや、本当に日本人になったのか？　日本人になれたのか？

私は、と口にして、日本人である、と言い切ることのできない「自同律の不快」が、私にはずっとある。それは四〇代も半ばを過ぎる今になって、さらに高じている。

一九七二年の「日本復帰」は、沖縄にとっては支配権がアメリカから日本に返還されたにすぎなかった。三四年たった現在でも、米軍基地が集中する現実は変わっていない。在日米軍再編をめぐっても、「沖縄の負担軽減」を言いながら、日本政府は実質的に沖縄の軍事強化を進めようとしている。

グアムに海兵隊員約八〇〇〇人を移転するというが、それは司令部要員が中心であり、戦闘部隊は沖縄に残る。嘉手納基地より南の基地の返還も、老朽化し遊休化した施設を北部に集約し、最新鋭の基地を造るということでしかない。普天間基地の移設先として日米間で「合意」された辺野古沿岸案は、一八〇〇メートルの滑走路を二本持ち、港湾施設も備えた巨大な基地を建設しようというものだ。加えて、南西方面重視を打ち出して沖縄の自衛隊を強化し、米軍と自衛隊の基地共有化も進められている。

沖縄は日本とアメリカの軍事的植民地でしかない。沖縄の現実を見て、つくづくとそう感じる。もし東アジアで日本がかかわる有事＝戦争が勃発したときには、沖縄は日本「本土」防衛のために再び「捨て石」として切り捨てられるだろう。日本と沖縄の関係はそういうものだ。だから日本という国を愛する気持ちなど、私にはみじんもない。日本という国は警戒すべきものであり、愛する、などという間抜けな感情を持ったら、それこそ沖縄は日本にいいように利用されるだけだ。

一八七九年の「琉球処分」によって沖縄は日本の支配下におかれ、一九七二年の施政権返還で日本に「復帰」した。それ故に、私の国籍はいま日本にある。しかし、私は日本人である、と言い切ることには、生理的嫌悪さえ覚える。私はあくまでウチナーンチュー・沖縄人であり、沖縄に強い愛郷心は抱いても、日本という国に愛国心を抱こうとは思わない。

（『論座』二〇〇六年七月号）

橋本龍太郎元首相――違和感覚えた追悼報道

七月一日、橋本龍太郎元首相が死去した。翌日の沖縄の新聞二紙は、橋本氏を追悼する記事を大きく載せていた。それを読みながら報道のあり方に違和感を覚えた。

沖縄に深いかかわりがあった政治家であり、大きく取り扱うのは当然だろう。亡くなった直後ということもあって、功績を讃える方に記事の内容がかたむくのも、ある程度はやむを得ないのかもしれない。しかし、政治家や財界人、政党代表のコメントだけでなく、報道記事や記者の書くコラム、社説にいたるまで橋本氏礼賛の文章が続くと、首をかしげずにおられない。

〈「沖縄応援団」貫く〉〈これほど情熱を持って沖縄に向き合った首相は少ない〉〈「普天間」返還に情熱〉〈沖縄への思い最後まで〉〈沖縄に理解を示す最後の「沖縄族」と評された〉〈「大事な人を失った」〉等々。沖縄タイムスの紙面から抜き出した見出しや文章の一部だが、橋本氏が他の政治家よりも〈情熱を持って沖縄に向き合った〉のは事実かもしれない。

だが、沖縄に冷たい小泉政権と対比して、沖縄に熱い思いを持ち理解を示す〈最後の「沖縄族」〉とまで持ち上げるとき、複雑な利害関係のからむ政界で権力の頂点に上りつめた人物を単純にとらえ、美化しすぎではないか。

橋本氏への評価に限らず最近の沖縄では、いわゆる「沖縄族」と呼ばれた議員たちを懐かしみ、美化する傾向が生まれているように思う。もともとは否定的に使われてきた「沖縄族」という言葉が、沖縄に深い思いを抱き沖縄のために尽くした議員を指すものとして、肯定的に使われ始めているようだ。

「沖縄族」「防衛族」「厚生族」などという言葉は、本来それぞれの分野で発生する利権に群がる政治家の集団を指している。「沖縄族」なら、振興開発計画などで沖縄に投入される公共工事関連の予算や基地関連の交付金などに食い込み、工事を受注する本土や県内のゼネコンその他の企業と関係を結んで政治献金を得たり、政治的影響力を広げる。そうやって沖縄がらみの利権をあさる政治家を「沖縄族」と呼んでいたはずだ。沖縄のことを思って……、などというきれい事ではすまない生臭い政治の世界がそこにはある。

そういう「沖縄族」議員たちの働きによって、日本復帰後の沖縄で社会資本の整備が進んだ側面はあるだろう。しかし反面、乱開発による自然破壊も進んだ。埋め立てられ、コンクリートで覆われていった海岸線や河川。林道工事によってずたずたにされたヤンバルの森。土地改良によって失われた集落周辺の森やウタキ。そして、傷だらけの島が流す血に染まったかのような赤土汚染の海。

本土資本による土地買い占めの問題やＣＴＳ建設、国際海洋博など地域社会の分断と混乱を生み出した大型プロジェクトとも「沖縄族」は深くかかわっていた。そして、地方に金をばらまいて農業や建設業など諸産業の従事者を自民党の支持者にし、保守政権の安定を図るという政治のあり方は、この沖縄においては米軍基地の安定使用という目的とも結びついていた。

橋本氏への評価として、普天間基地の「返還」に努力したと持ち上げる声もある。しかし、「返還」とは見せかけで県内たらい回しでしかなかったSACO合意も、県民の「頭越し」に行なわれたのではなかったか。

そもそも、橋本氏や日本政府がそのような動きを見せたのは、一九九五年九月に発生した米兵三人による暴行事件をきっかけとして、県民が大きな大衆運動を起こしたからであり、それがなければ橋本氏が自発的にSACO合意にいたる動きを見せたとは思えない。橋本氏が追求したのは、あくまで米軍基地を沖縄県内に固定化し、安定使用を継続させるということでしかなかった。

たとえ追悼記事であっても、橋本氏の沖縄に対する功と罪を明らかにし、それを批判的に検証していくのがジャーナリズムの仕事ではないのか。七月二日付の「沖縄タイムス」朝刊で唯一の橋本氏への批判は〈プラスの評価をできる対象ではなかった〉というジャーナリストの大谷昭宏氏の談話だったが、それは共同通信の配信だった。

橋本氏の死によって、旧橋本派を中心とした「沖縄族」が終焉を迎えたとしても、それで沖縄利権が無くなるわけではない。辺野古にV字形滑走路をもつ巨大基地の建設が進められ、那覇軍港やキャンプ・キンザーなどの「返還」が進めば、再開発をめぐる巨大な利権が発生する。ゲーミング＝カジノ導入にからむ利権も含め、政財界から裏社会まで新たな沖縄利権を狙って動いている「新沖縄族」はいくらでもいるだろう。県知事選挙の人選をめぐって保守・「革新」ともに人選がもめているが、沖縄利権をめぐる人脈がそこでどのように動いているのかを注視する必要がある。

（「沖縄タイムス」二〇〇六年八月二日）

沖縄は「癒し」のみの島か

沖縄県宜野湾市の沖縄国際大学に米軍の大型ヘリコプターが墜落してから、今日八月一三日で二年になる。同事故は人口が密集する市街地の真ん中にある普天間基地の危険性をまざまざと見せつけ、住民に死傷者が出なかったことが「奇跡」とさえ言われた。

実際、それは「奇跡」としか言いようがないものだった。機体が落下し爆発炎上した本館ビルの中では、大学職員が勤務中であり、彼らは緊急避難をして難を逃れた。ヘリの回転翼が民家の玄関前に落下してオートバイをなぎ倒し、飛散した部品が住宅の壁や窓を突き破り、屋内にまで飛んできた。夏休み中で学生が少なかったとはいえ、登校していて事故を目撃した学生の中には、死の恐怖を感じた人もいた。

「世界一危険な基地」。市街地の真ん中にある普天間基地はそう呼ばれる。米国内の安全基準に照らし合わせれば、とうてい維持できない基地であることを米軍は自覚している。日本政府にしてもそうだ。

その上で、その危険性を放置してきた。

一九九五年九月に三名の米兵による小学生への暴行事件が発生し、沖縄県民の怒りが大規模な集会やデモとなって噴き出した。それを見て危機感をいだいた日米両政府は、沖縄に関する日米特別行動委員会（SACO）を開き、普天間基地の「返還」を打ち出した。だがその実態は「返還」とは名ばかりで、沖縄県内の別の場所に新たに基地を建設し、「移設」するというものでしかなかった。

どこを見ても基地だらけの沖縄で、どこに新しい基地を造る場所があるというのか。そういう場所を無理に見つけ出しても、新たな基地負担が生じることに間違いなく反対運動が起こり、行き詰まるのは目に見えている。そして結局、普天間基地は動かないまま、住民は危険にさらされ続けるだろう。

沖縄で生活していれば、そういうことは容易に予測できた。事実、SACO合意から一〇年、米軍ヘリ墜落から二年が経った今も、普天間基地の状況は何も変わらず、危険な演習が日々繰り返されている。

それに対して日本政府は、「移設」先の名護市辺野古で反対運動が起こり、そのために「移設」が遅れているのであり、悪いのは沖縄県民自身であるかのように言っている。さらには、人口密集地の宜野湾市から、人口の少ない辺野古地域に移すのだから、それで基地の危険性が減少し、沖縄の「負担軽減」になるとさえ言い放つ。

まるで辺野古やその周辺地域に住む人々の生命や生活はどうでもいいかのようだ。大の虫を生かすために小の虫を殺す。そうやって力の弱い地域に犠牲を強いる論理は、日本全体の安全のために沖縄が犠牲になるのはやむを得ない、という日本政府と日本国民の圧倒的多数が、この六〇年余り選択してきた論理そのものだ。

普天間基地の問題が解決しないのは、その論理に基づき、沖縄県内で基地を「移設」＝たらい回しをし、みずからは基地の負担＝犠牲から逃れ続けようとする日本人（ヤマトゥンチュー）の沖縄に対する差別的意志が、この国で多数を占めているからなのだ。

この数年、沖縄が「癒しの島」としてもてはやされている。沖縄を舞台にした映画やテレビドラマが次々と作られ、それに影響されてか、沖縄に移住してくる人も年々増えている。これから団塊の世代が退職する時代を迎えるが、定年後の人生を沖縄で過ごそうと計画している人も少なくないだろう。

しかし、「癒しの島」として強調される沖縄イメージには、基地被害の実態や沖縄に米軍基地を押しつけている日本人（ヤマトゥンチュー）としての責任、という問題がきれいに取り除かれている。その責任から目をそむけて、「癒しの島」としての沖縄を消費するだけでいいのか。米軍ヘリが墜落した日を忘れず、そのことを考えてほしい。

（「熊本日日新聞」二〇〇六年八月一三日）

天皇陛下万歳！──感傷で覆い隠す呪詛の声

初めて靖国神社に行ったのは、二年前の八月一五日だった。その二日前に宜野湾市の沖縄国際大学に米軍の大型輸送ヘリコプターが墜落し、爆発炎上するという事故が起こっていた。東京にいて事故を伝えるマスコミ報道の小ささに怒りを覚え、参道を行き交う人波を眺めながら、この中のどれだけの人が沖縄で起こった米軍ヘリの事故を重大なものとして考えているだろうか、と苛立ちながら神社の中を見て回った。

軍服を着て行進している老人や茶店で酒を飲みながら『海ゆかば』を合唱して涙ぐんでいる老人たち。「大東亜戦争」を賛美してやまない遊就館。どこを見てもナルシシズムに浸りきった有り様が気持ち悪くてならなかった。日本は何も悪くない、僕たちはみんな立派に戦った、そして美しく死んでいった。そんな甘い夢を見ていられる母胎回帰の空間。民衆を思考停止させ戦争に駆り立てるために、国家にとってはそういう空間がいつの時代でも必要なのだろう。

しかし、米軍の砲弾に吹き飛ばされ、火炎放射器で焼かれ、手榴弾や日本刀で自決を試みたもののすぐに死ねずにのたうち回り、暗い壕の中で血と糞小便にまみれ、ウジ虫に食われたあげくに置き去りにされ、青酸カリを飲まされる。そうやって沖縄戦で死んでいった日本兵たちが、靖国神社に祀られて浮かばれているだろうか。

沖縄に限らず、サイパンで、ガダルカナルで、インパールで、飢えと病気で死んでいった皇軍兵士たちの無惨な死を「玉砕」という言葉で美化し、靖国神社の桜の花の下で会おうと感傷で覆い隠す。だが、実際の戦場での死がそんなきれい事で片づけられるはずがない。桜の木の下には死体が埋まっている。だからあんなに狂ったように美しく咲くのだ。そんな言葉を思い出せば、天皇を呪詛《じゅそ》する声が木々の根本から聞えてきそうだ。

天皇陛下万罪！という声が。

（「週刊金曜日」No.618. 二〇〇六年八月一一日号）

暫定へリポート――対立点ずらし政府支援

八月一六日、与党の県知事選挙候補者選考委員会は、仲井真弘多県商工会議所連合会会長の擁立を決定した。

翌一七日、沖縄県当局は在日米軍再編にともなう普天間飛行場「移設」に関して、政府と自治体の協議機関に参加する方針を固める。V字形滑走路案には反対だが、県の主張する暫定へリポート案も協議されることを確認できたので参加可能になった、と方針転換の理由を県当局は説明した。

明くる一八日には額賀福志郎防衛庁長官が早々に来沖。三日間の滞在の間に、稲嶺恵一知事や島袋吉和名護市長、北部市町村長らと精力的に面談を行ない、稲嶺知事の協議機関参加の「環境整備」を行なっていく。それと同時に、北部振興策の復活を餌に北部市町村長らをからめ取っていった。その上で額賀長官は「今月（八月）中の協議機関開催」を打ち上げた。

額賀長官が離沖した翌日の二一日、与党選考委員会が仲井真氏に正式に出馬を要請し、仲井真氏も前向きな姿勢を示した。そして、政府・防衛庁・内閣府と沖縄県当局、北部市町村長らとの間で交渉が繰り返され、二九日の普天間飛行場「移設」に関する協議会の第一回会議へと突き進んでいく。

まったく、よくできたシナリオではないか。政府・防衛庁主導で書かれたシナリオの一部に稲嶺知事や島袋市長らが反発して、開催が危うくなる場面もあったが、「今月（八月）中の開催」という額賀長官の発言通りに、辺野古沿岸への新基地建設に向けて次の幕が開かれた。

この間には、東村の村長宅で額賀長官と北部の市町村長らがヒージャー汁を食べたかと思えば、東京では小池百合子沖縄担当相が手製のゴーヤーチャンプルーを牧野浩隆副知事や島袋市長にふるまうという、いかにも茶番劇にふさわしい一幕もあった。わざとらしくかりゆしウエアを着て古酒《くーす》を酌み交わす姿は、二一世紀の植民地的風景として映像の記録にでも残りそうだ。

稲嶺知事や島袋市長が、やれ暫定へリポートだ、振興策だと主張しても、政府・防衛庁が敷いたレールに乗った時点で、すでに行き先は決まっている。見解のズレや意見の対立によって予定された進行が遅れたとしても、それは鈍行か急行かの違いでしかない。終着点が辺野古沿岸への新基地建設であることに変わりはない。

政府・防衛庁からすれば、三カ月程で途中下車する稲嶺知事に対しては、とにかく協議会という列車に乗せることが大事だったのであり、決着は一一月に誕生する新しい知事とつければいいだけのこと。そのためには与党候補者に勝ってもらわねばならず、県民の反発を生まないように稲嶺知事のメンツをある程度立てているだけのことだ。暫定へリポートの議論など、まともにやる気がないのは分かり切っている。

稲嶺知事にしても、残された任期内で暫定へリポートにめどがつくとは思っていないだろう。知事の本気度は、普天間基地は県外へ、と言いながら、そのための努力をどれだけやってきたかを見れば分かる。他府県であれ、ハワイやグアムであれ、県外に移すための具体的な現地調査や交渉を稲嶺知事はやってきたか。何もやっていない。それは国のやることと逃げてきただけであり、その姿勢は宜野湾市の伊波洋一市長とは雲泥の差がある。

そもそも稲嶺知事が本気で普天間基地を県外へと思っているなら、沿岸案を前提にした協議会に参加すること自体があり得ないはずだ。稲嶺知事がやっていることは、暫定へリポートを主張することで政府と対立があるかのように見せながら、辺野古の内陸部から工事を着工しようとしている政府を手助けしているだけのことだ。実際、着工前に必要な遺跡調査も、暫定へリポートを持ち出すことで拒否の理由がなくなった。県外移設を強く主張して沿岸案で対立すれば、遺跡調査も認めるのは難しくなる。争点を沿岸案の是非から暫定へリポートの協議にずらすことによって、事実上着工を認めていることから県民の目をそらしているのである。

北部振興策をめぐる議論にしてもおかしなものだ。「出来高払い」にすると基地建設とリンクされるかのような意見があるが、一〇年間で一千億円という北部振興策は、最初から辺野古への新基地建設とリンクしていたではないか。島田懇談会事業や九州・沖縄サミットの開催地決定、二千円札の図柄に守礼門が決まったことなど、相次いで打ち出された沖縄への「格段の配慮」なるものが、沖縄県民に基地を受けいれさせるための毒入りの飴であり、基地問題とリンクしていたことなど分かり切ったことだ。

それを忘れたふりして稲嶺知事や北部の市町村長は、基地問題を地域振興という経済問題にすり替える政府のいつもの手口に同調し、共犯している。しかし、政府の敷いたレールに乗って沖縄の自立などあり得ない。

（「沖縄タイムス」二〇〇六年九月四日）

男子誕生の過剰報道

九月六日、秋篠宮妃紀子さんが三人目の子を出産してから、テレビを中心に集中豪雨的な報道が行なわれている。お世継ぎ誕生という祝賀ムードが作られ、それによって男系男子の皇族にだけ皇位継承を認める皇室典範の改正論議も先送りされそうな雰囲気だ。

それにしても、皇室にとって男子誕生が四一年ぶりであることを強調し、国民全体で祝うべきものとして祝賀ムードを演出している報道の有り様を見ていて、いったい今はいつの時代なのか、と思う。あえて言うなら、今の報道の有り様は「男尊女卑」「身分の差」という意識を改めて作り出しているようにさえ見える。男女差別はいけない、という建前からあからさまに言われることはなくても、生まれたのが男子でよかった、というメッセージは、陰に陽にマスコミから大量に発信されている。そのことに疑問や反発を覚えている人もいると思うが、その声がマスコミに取り上げられることは少ない。

紀子さんが出産を控えて入院していた時期、八月一七日から三一日にかけて、皇太子一家はオランダに静養旅行に出かけていた。雅子さんが長期の静養が必要なほど精神的重荷を背負っているのも、長男の嫁は男子を産むのが役割、という社会的圧力があるからだ。

その圧力を生み出している「国民意識」とそれを煽《あお》るマスコミ報道の有り様は、祝賀ムードを作り出しているそれと裏表の関係にある。その反省を抜きに男子誕生の過剰報道を繰り返すなら、それは皇位継承問題の当事者たちに、さらに精神的重荷を負わせることになりはしないか。

同時に一連の報道で問題だと感じるのは、天皇家という特別な身分・門地があることに何の疑問もはさまず、人間には生まれながらにして差があるということを、こちらはあからさまに市民の意識に刷り込んでいることだ。

幼い子どもにも「さま」を付けて呼び、皇室のしきたりから育児の様子、産着やベビーベッド、オモチャにいたるまで紹介しながら、生まれたときから「平民」とはちがう特別な存在としての天皇家の姿を刷り込んでいく。そうやって作り出される「国民の心性」は、憲法一四条で「法の下の平等」がうたわれようと、同二四条で「家庭生活における個人の尊厳と両性の本質的平等」がうたわれようと、それを内側から崩していくはたらきをするだろう。

作家・ジャーナリストの辺見庸氏は『いまここに在ることの恥』（毎日新聞社）で次のように記している。「日本にはたぶん、ファシズムだからです。ファシズムの精髄ないし精華があるのです。なぜかというと、日本のファシズムは純粋ファシズムだからです。それは上からのファシズムではない。私たちみんなの、下からのファシズムでもあるからです。私たちが躰《からだ》のすみずみまで染みこませたファシズムだからです。天皇制という日本型の協調主義的ファシズム。しかし、これも純粋な天皇制とはちがう。あくまで治世上の天皇利用主義なのです」

マスコミが大量に流す祝賀報道に押し流されないためにも、辺見氏の文章を楔《くさび》として胸に打ち込んでおきたいと思う。ファシズムといえば暴力的に市民を弾圧するものというイメージがあるかもしれない。だが、それはファシズムの一面でしかない。

上から強制されなくても自己規制し、まわりの空気を読んでそれに合わせていく。言いたいことを言わないうちに、しだいに言いたい気持ちもなくなっていく。まわりに合わせて流された方が楽だという諦《あきら》めと妥協。その積み重ねの上に異論が許されない風潮が社会に作られていく。

今の祝賀ムードの中にも「治世上の天皇利用主義」はありはしないか。それを注意深く検証する批判的理性が、マスコミにも私たち市民にも求められている。

（「熊本日日新聞」二〇〇六年九月一〇日）

基地建設のアリバイに　シュワブ文化財調査

辺野古沿岸への新基地建設に向けて、那覇防衛施設局の動きが勢いを増している。九月二〇日には「建設計画資料作成業務」「環境予備調査」「キャンプ・シュワブ隊舎地区の現有建物等調査」の三件の入札を実施し、業者を選定している。それを踏まえた作業も進められ、「キャンプ・シュワブ沿岸部への普天間飛行場代替施設建設計画」の日米両政府による一〇月末の合意が目指されている（「沖縄タイムス」九月二一、二三日付朝刊）。

普天間飛行場代替施設に関する協議会が八月二九日に発足したとはいえ、実質的な協議はまだ行なわれていない。稲嶺恵一知事が唱える暫定へリポート案はたなざらしのままで、滑走路の長さや使用協定をめぐる政府・防衛庁と名護市の議論も進んでいない。自らの選挙公約を破って沿岸案を受け入れた島袋吉和名護市長には批判の声が根強くあり、各種世論調査でも県民の大多数が沿岸案に反対している。それなのに那覇防衛施設局は、陸上部からの着工に向けて急ピッチで準備を進めているのだ。

昨年一〇月、在日米軍再編に関する中間報告を日米両政府が「合意」してから一年になろうとしている。県民の「頭越し」に行なわれたと批判された「合意」に基づき、今まさに反対多数の世論を無視して、沿岸案現実化の動きが県民の「頭越し」に進んでいる。沖縄県民の存在を無視し、その声には耳を傾ける必要もない、と言うかのように。

そういう中で九月一四日と一五日、キャンプ・シュワブのゲート前で那覇防衛施設局と名護市教育委員会、そして新基地建設に反対する市民団体との間でもみ合いがあった。そして九月二五日には、反対派のメンバー一人が逮捕されるという事態が起こった。なぜそうなったのか。その最大の原因は、県民の多数意思を無視して、何が何でも基地建設を強行しようと突っ走る政府・防衛庁、那覇防衛施設局の高圧的な姿勢にある。

埋蔵文化財の調査を学術的にきちんと行ないたい、という名護市教委の姿勢に対しては、市民団体も理解を示している。むしろ時間をかけて広範囲に調査を行ない、実証的な研究を踏まえて遺跡の価値を広く知らしめてほしいとさえ思っている。しかし、現在の那覇防衛施設局の姿勢を見るとき、本当にきちんとした調査が行なえるのか、という不安と疑念を抱かずにいられないのだ。

米軍基地内という特殊な条件下で、マスコミや市民を排除し、具体的な調査範囲も明らかにしないで行なわれる調査を、市民はどうやって信じればいいのか。試掘をして、さらに本格的な発掘調査の必要を訴えても、名護市教委の望む範囲・期間で調査は行なえるのか。今回の兵舎移転先に重なっている思原遺跡一帯では、米軍の水陸両用車による訓練が日常的に行なわれている。米軍の訓練や軍事機密を優先して、調査が制限される危険性はないのか。民間地域と違い、米軍基地内への立ち入りは防衛施設局の許可がなければできない。名護市教委の調査も防衛施設局の思惑に左右されかねないのである。

今回のキャンプ・シュワブ内の埋蔵文化財調査は、沿岸案の建設予定地内にある兵舎を移すためのものであり、本格的着工に向けての事前作業の一環として行なわれる。海上基地が断念され、沿岸案が新たに出てくる過程では、陸上部から工事を始めれば反対派は阻止できない、という防衛庁幹部の発言が何度もあった。さらに、今回の反対派の行動に対して「逮捕も辞さず」の方針が、政府・防衛庁、沖縄県警の間で確認されていたという（「沖縄タイムス」九月二六日付朝刊）。

県民の大多数が反対しようが、逮捕者が出ようが、自分たちのスケジュールで思い通りに工事を強行する。そのような政府・防衛庁、那覇防衛施設局の高圧的な姿勢が貫かれれば、埋蔵文化財調査が短期間・小規模でうち切られ、新基地建設のためのアリバイ的作業におとしめられる危険性は大きい。同時に県民同士が対立しあうような構図がつくられてしまう。そうなっては文化財調査の意義も失われる。

そもそも辺野古沿岸への新基地建設自体が、埋蔵文化財や自然環境を徹底的に破壊するものであり、文化財保護とは相反するものなのだ。一〇月末に日米両政府の「合意」が目指されている「建設計画」では、「移設先は標高六〜一三メートルの辺野古崎を切削・盛り土して一〇メートルの標高にならして造成する」という（「琉球新報」九月二一日付朝刊）。たとえ調査が行なわれても、結局は基地建設にともなう大規模な土地造成によって、遺跡は破壊されてしまうのである。

戦争と軍隊こそが文化財の最大の破壊者である。そのことを県民は、沖縄戦の体験から知っている。

真の文化財保護とは、そこに軍事基地を造らせず、市民のために活用できる場所に変えていくこと以外にない。現在の状況を前にして、考古学や歴史学に携わる人たちは、傍観者のままでいいのだろうか。

（「沖縄タイムス」二〇〇六年一〇月二日）

沖縄の学校で

私の教師時代

教師になったのは三四歳の時である。大学を卒業してからそれまで、港湾労務やガードマン、機械の組み立て作業など色々やった。本を読んだり小説を書くために時間がほしかったのと、何よりも多様な労働現場を知りたいという思いがあった。

そうやってなかなか厳しい日々を過ごし、沖縄県の教員採用試験の年齢制限である三五歳を前に受験して採用された。それから臨時任用の一年間と本採用の九年間、合わせて一〇年間を高校の教員として過ごした。沖縄島北部の今帰仁《なきじん》村にある母校の北山高校で一年、中部の沖縄市にあるコザ高校で三年、宮古島の宮古農林高校で三年、沖縄島に戻って北部の北部農林高校で三年勤めた。

その期間は、一九九五年の九月に米兵三名による少女へのレイプ事件が起こり、沖縄全体が基地問題で大きく揺れた時期で、同時にバブル崩壊以降の「平成不況」が深刻さを増していった時期でもあった。県民所得が全国平均の七割ほどであり、失業率は二倍以上という沖縄では、不況の厳しさは生徒たちの学校生活にもすぐに影響を及ぼす。クラス担任をやると、そのことがよく分かった。

毎月、授業料の振り込み日になると、未納の生徒がクラスから数名出てくる。一〇年の間にその数が目に見えて増えていった。地域や学校によっても差があるのだろうが、北部農林高校に勤めた時には、一割から二割の生徒が振り込み日に未納の状態が当たり前だった。

そういう生徒たちには事務から未納の通知書が出される。それを生徒に渡すのはクラス担任の役割になっていた。朝のショートホームルームで渡すのだが、ほとんど毎月決まった生徒だ。こういう仕事は事務的にやった方がいい。下手に気を遣うと、逆に生徒のプライドを傷つけてしまう。そう思ってさっさと通知書を渡し、それでも生徒の様子は素早く確かめて、職員室に戻った。

職員室の黒板の端には、学校全体の未納者の数が書かれていた。その数字は日に日に減っていくのだが、ゼロになることはない。どうしても払えない生徒が出てくる。事務からの未納通知書が督促状に代わり、二カ月、三カ月と滞納が続くと、家庭訪問をして親に直接交渉する。事務の担当者だけではとても対応できないので、クラス担任も手伝わざるを得ないのだが、払いたくても払えない状況だというのは最初から分かっている。

農業高校は実習があり、普通高校以上に納付する金額が多い。父親が失業中だったり、ヤマトゥに出稼ぎに行っていたり、あるいは女手一つで子育てをしていたり、家庭の事情は様々だ。保護者が困っているからと、一時的にクラス担任が立て替えても、問題が解決するわけではない。授業料免除や奨学金制度はもちろんすすめるが、それで助成されるのは必要としている生徒の一部でしかない。「格差社会」という言葉が流行っているが、その言葉が現実の重さをどれだけ伝えているか。経済的理由で学校を辞めたり、進学をあきらめる生徒の姿を見るのはつらいことだ。

今でも目に焼き付いている光景がある。卒業を間近に控えて、授業料の滞納が続いている生徒がクラスに何名かいた。卒業前に全額を納付しないと卒業式に出席できず、卒業延期になるという決まりが学校にはあった。三年生のクラス担任をやっていて、今日はみんな払うことができただろうか、と毎日気をもんでいた。

卒業証書に氏名と卒業番号を書くためには、待つのも今日が限度という日に、まだ払いきれない生徒が一人いた。大らかでクラスをいつも笑わせている生徒で、「先生、おっかーが払うと言ってるからよ」と口にして、気にしている素振りは見せなかった。ヤマトゥに出稼ぎに行っている父親と家を支えている母親への思い、そして自分のプライドを守ろうとしているのが伝わってきた。

しかし、五時には事務の受付が終わってしまうのに、四時をすぎても母親からの連絡はなかった。四時半頃、「今から支払いに行きます」という電話があった。事務室がある本館の玄関前に立って待っていると、校門から入ってきた車から降り、母親は必死で階段を駆け上がってきた。そして、わき目もふらずに玄関のドアを開け、事務室に走っていった。それは四時五五分のことだった。

その母親の姿を感動的というのは、安っぽい感傷にすぎない。よかったという思いがある一方で、必死で金策に駆け回ったであろうことを想像して胸が痛んだ。沖縄だけでなく全国各地で、子どもの授業料や給食費を払うために、同じように必死になっている親たちの姿があるはずだ。

沖縄では今、授業料を払えない生徒を卒業式に参加させないことがマスコミで取り上げられ、生徒の人権に対する配慮や授業料免除の限度枠の問題などを論じる記事や投稿が増えている。言うまでもなくこれは、学校を悪者にして批判すればすむという問題ではない。授業料や給食費を払えない生徒への具体的な救済策と、失業対策や労働環境の改善、低所得者層への財政支援などが同時になされないと、問題は解決されない。

だが、「勝ち組」「負け組」という言葉が平然と使われ、勝つのも負けるのも「自己責任」という風潮が広がる中で、低所得者層の子どもたちが切り捨てられようとしているのが現状だ。これ以上教育の機会均等が崩され、子どもたちが育った環境によって、学ぶ機会を最初から奪われているような社会にしてはいけない。

戦後の民主教育や平等教育の行き過ぎを批判し、教育現場にも自由競争の市場原理を持ち込もうという議論が盛んだ。しかし、そういう「勝ち組」の論理が幅を利かせるようになれば、この社会は足下から崩れていく。現場を一〇年見てきた経験からそう思う。

（『文藝春秋』二〇〇六年一一月、臨時増刊号）

あとがき

初の評論集『沖縄／草の声・根の意志』を世織書房から出していただいたのは、二〇〇一年の九月一〇日だった。翌日、アメリカの貿易センタービルと国防総省のビルに民間航空機をハイジャックした自爆攻撃が行なわれた。本書には、この事件以降に新聞や雑誌に発表した文章が収められている。

同じことをよくも飽きもせず、芸もなく、書いたものだと呆れられるかもしれない。ただ、私にはヤマトゥの人たちに対して、沖縄の置かれている状況を少しでも知ってほしいという思いがあった。そして、ウチナンチューに対しては、沖縄はこれでいいのか、という切なる思いがあった。

二一世紀に入ってからこの六年の世界、日本、沖縄の状況を見ると暗澹とした思いにもかられるが、たとえ蟷螂の斧にすぎなくても、それをふるっていたいと思う。

前著に続き世織書房の伊藤晶宣氏の尽力によって本書は世に出ることができた。深く感謝したい。

二〇〇六年一〇月三〇日

著者

〈**著者紹介**〉

目取真 俊（めどるま・しゅん）

1960年沖縄県今帰仁《なきじん》村生まれ。琉球大学法文学部卒業。1983年「魚群記」で第11回琉球新報短編小説賞を、1986年には皇太子来沖を扱った「平和通りと名付けられた街を歩いて」で第12回新沖縄文学賞を受賞する。1997年、第27回九州芸術祭文学賞を受賞した「水滴」で第117回芥川賞（『水滴』文藝春秋、1997）、2000年『魂込《まぶいぐみ》め』で木山捷平賞、川端康成賞を受賞（朝日新聞社、1999）。他小説に『群蝶の木』（朝日新聞社、2001）、『平和通りと名付けられた街を歩いて』『虹の鳥』（影書房、2003、2006）が、評論に『沖縄／草の声・根の意志』（世織書房、2001）『沖縄「戦後」ゼロ年』（NHK出版、2005）などがある。

沖縄／地を読む 時を見る

2006年11月19日　第１刷発行©

著　者	目取真俊
装幀者	鈴木一誌
発行者	伊藤晶宣
発行所	(株)世織書房
印刷所	(株)マチダ印刷
製本所	協栄製本(株)

〒220-0042 神奈川県横浜市西区戸部町７丁目240番地 文教堂ビル

電話045(317)3176　振替00250-2-18694

落丁本・乱丁本はお取替いたします　Printed in Japan

ISBN4-902163-26-8